TEATRO DE MACHADO DE ASSIS

Machado de Assis

TEATRO DE MACHADO DE ASSIS

Edição preparada por
JOÃO ROBERTO FARIA

Martins Fontes
São Paulo 2003

Copyright © 2003, Livraria Martins Fontes Editora Ltda.,
São Paulo, para a presente edição.

1ª edição
maio de 2003

Acompanhamento editorial
Helena Guimarães Bittencourt
Revisão gráfica
Adriana Cristina Bairrada
Flávia Schiavo
Produção gráfica
Geraldo Alves
Paginação
Moacir Katsumi Matsusaki

Dados Internacionais de Catalogação na Publicação (CIP)
(Câmara Brasileira do Livro, SP, Brasil)

Assis, Machado de, 1839-1908.
Teatro de Machado de Assis / Machado de Assis ; edição preparada por João Roberto Faria. – São Paulo : Martins Fontes, 2003.
– (Dramaturgos do Brasil)

ISBN 85-336-1765-8

1. Assis, Machado de, 1839-1908 – Crítica e interpretação 2. Teatro brasileiro 3. Teatro brasileiro – História e crítica I. Faria, João Roberto. II. Título. III. Série:

03-2317   CDD-869.92

Índices para catálogo sistemático:
1. Peças teatrais : Literatura brasileira   869.92
2. Teatro : Literatura brasileira   869.92

Todos os direitos desta edição reservados à
Livraria Martins Fontes Editora Ltda.
Rua Conselheiro Ramalho, 330/340 01325-000 São Paulo SP Brasil
Tel. (11) 3241.3677 Fax (11) 3105.6867
e-mail: info@martinsfontes.com.br http://www.martinsfontes.com.br

COLEÇÃO "DRAMATURGOS DO BRASIL"

Vol. V – Machado de Assis

Esta coleção tem como finalidade colocar ao alcance do leitor a produção dramática dos principais escritores e dramaturgos brasileiros. Os volumes têm por base as edições reconhecidas como as melhores por especialistas no assunto e são organizados por professores e pesquisadores no campo da literatura e dramaturgia brasileiras.

João Roberto Faria, que preparou o presente volume, é o coordenador da coleção. Doutor em Letras e Livre-Docente pela Universidade de São Paulo, onde é professor de Literatura Brasileira, publicou, entre outros livros, *Idéias teatrais: o século XIX no Brasil* (São Paulo, Perspectiva/Fapesp, 2001).

ÍNDICE

Introdução IX
Cronologia XXXI
Nota sobre a presente edição XXXV

PEÇAS DE MACHADO DE ASSIS

Hoje avental, amanhã luva 1
Desencantos 41
O caminho da porta 129
O protocolo 183
Quase ministro 235
As forcas caudinas 281
Os deuses de casaca 365
Uma ode de Anacreonte 423
Tu só, tu, puro amor 457
Não consultes médico 511
Lição de botânica 559

INTRODUÇÃO

A COMÉDIA REFINADA DE MACHADO DE ASSIS

João Roberto Faria

1

O envolvimento de Machado de Assis com o teatro, principalmente no início da sua carreira literária, foi bastante expressivo. Entre 1859, quando tinha vinte anos de idade, e 1867, ele foi crítico teatral, dramaturgo, censor do Conservatório Dramático e tradutor de várias peças francesas. Nos anos seguintes, como se sabe, dedicou-se quase que exclusivamente a escrever contos, romances e crônicas, mas sem perder de todo o interesse pelo teatro, como provam os seus textos jornalísticos e algumas comédias escritas na maturidade.

Quando Machado despontou no mundo das letras, por volta de 1855 e 1856, o Rio de Janeiro assistia ao embate de duas estéticas teatrais antagônicas:

a romântica e a realista. De um lado, no Teatro S. Pedro de Alcântara, o famoso ator João Caetano cultivava as tragédias neoclássicas, os dramas românticos e os melodramas de um repertório que as jovens gerações consideravam já envelhecido; de outro, no Teatro Ginásio Dramático, um grupo de artistas inicialmente orientados pelo ensaiador francês Emílio Doux, e depois pelo ator e ensaiador Furtado Coelho, revelava aos espectadores fluminenses as últimas novidades dos palcos parisienses: peças de Alexandre Dumas Filho, Émile Augier, Théodore Barrière, Octave Feuillet, entre outros dramaturgos.

As diferenças entre as duas companhias teatrais eram visíveis também no terreno da interpretação. Enquanto João Caetano não economizava os exageros típicos do ator romântico – gestos arrebatados, fisionomia carregada, voz empostada etc. –, atores como Furtado Coelho e Joaquim Augusto de Sousa, no Ginásio, procuravam atingir o máximo de naturalidade em seus desempenhos, visando ao efeito realista.

Machado, à semelhança de escritores e intelectuais como José de Alencar, Quintino Bocaiúva, Francisco Otaviano, Pinheiro Guimarães e Joaquim Manuel de Macedo, entre outros, acompanhou com muito interesse a rivalidade entre o S. Pedro e o Ginásio. E, ao estrear como crítico teatral no jornal *O Espelho*, em 11 de setembro de 1859, não escondeu suas preferências pelo repertório realista. As peças francesas de Dumas Filho ou Augier lhe pareciam superiores, por trazerem em seus enredos uma nítida feição utilitária. Ou seja, esses dramaturgos, contrários à "arte pela arte", deram às suas obras um caráter edificante e moralizador, na medida em que se empenharam na defesa das chamadas virtudes burguesas. O casamento, a família, a fidelidade conjugal, o trabalho, a inteligência, a honestidade, a honradez: eis os valores éticos que nas comédias realistas suplantam os vícios da sociedade, tais como o casamento por conveniência, o adultério, a prostituição, a agiotagem, o enriquecimento ilícito, o ócio etc.

Machado desenvolveu suas primeiras idéias teatrais à luz das peças francesas que leu ou viu no palco do Ginásio Dramático – peças como *A dama das camélias, O mundo equívoco* e *A questão do dinheiro*, de Dumas Filho; *As mulheres de mármore* e *Os parisienses*, de Théodore Barrière e Lambert Thiboust; *O genro do Sr. Pereira*, de Augier; *A crise*, de Octave Feuillet. E, alinhado com os jovens intelectuais de seu tempo, também defendeu a finalidade educativa do teatro, o palco transformado em tribuna para o debate de questões sociais. Igualmente, aplaudiu o novo estilo de interpretação dos artistas do Ginásio, marcado pela naturalidade dos gestos e da voz, exigência dos "dramas de casaca", como eram chamadas as comédias realistas que colocavam em cena personagens que se vestiam como os espectadores, já que os enredos tratavam de assuntos que lhes eram contemporâneos.

É preciso, por fim, lembrar que Machado acompanhou com bastante entusiasmo o principal desdobramento da renovação teatral levada a cabo pelo Ginásio: a formação de um razoável repertório de peças nacionais, escritas sob a inspiração do realismo teatral francês. José de Alencar havia iniciado esse processo de assimilação já em 1857 e 1858, com quatro peças encenadas, entre elas o grande sucesso que foi *O demônio familiar*. Pois a partir de meados de 1860, outros escritores seguiram o seu exemplo e nossa produção dramática se multiplicou, tornando-se por algum tempo hegemônica no palco do Ginásio, onde foram representados sucessivamente, Quintino Bocaiúva, Joaquim Manuel de Macedo, Aquiles Varejão, Pinheiro Guimarães, Sizenando Barreto Nabuco de Araújo, Valentim José da Silveira Lopes, Francisco Manuel Álvares de Araújo, França Júnior, Constantino do Amaral Tavares e Maria Ribeiro.

2

Como crítico teatral e folhetinista, Machado documentou esse momento de vitalidade do teatro brasileiro e, obviamente estimulado pelo meio, escreveu também as suas primeiras peças. Curiosamente, não seguiu o modelo da comédia realista, que tanto apreciava, começando inclusive por uma "imitação" de uma pequena comédia francesa – *Chasse au lion*, de Gustave Nadeau e Émile de Najac – a qual intitulou *Hoje avental, amanhã luva*. Prática comum na época, "imitar" uma peça significava apropriar-se do enredo original e adaptá-lo à paisagem e aos tipos brasileiros. Assim, a "caça ao dândi", na verdade a caça a um marido, ganha na versão de Machado uma série de referências ao Rio de Janeiro, cidade onde se passam os eventos, que têm como protagonista uma personagem de larga tradição cômica no teatro ocidental: a criada esperta. No carnaval de 1859, na casa da Sra. Sofia de Melo, Rosinha, a criada, recebe Durval, pretendente à mão da patroa, e o entretém com graça, beleza, inteligência e charme, conquistando-o para marido e subindo um degrau na escala social. Pode-se dizer que o jovem autor faz a sua estréia no terreno teatral com um exercício bem realizado de comicidade centrada na caracterização das personagens, nas suas falas e réplicas espirituosas, bem como no próprio enredo que ilustra o título: a mocinha que ontem vestia o avental de criada amanhã passará a usar a luva de senhora casada.

Não há notícias de que essa pequena comédia tenha sido encenada. Machado publicou-a no jornal *A Marmota*, de seu amigo Paula Brito, nos dias 20, 23 e 27 de março de 1860. O mesmo Paula Brito editou, no ano seguinte, a "fantasia dramática" em duas partes, *Desencantos*, que também não subiu à cena. Nessa primeira comédia de autoria individual já se esboça o universo que estará presente na maioria das comédias do escritor: o da alta sociedade brasileira de seu tempo, constituída pela burguesia emergente. Aí ele vai colher sugestões para os enredos e tipos como as viúvas ainda em idade de se casar, homens ricos que veraneiam em Petrópolis, negociantes, diplomatas, políticos, advogados, rapazes e mocinhas bem educados.

Em *Desencantos*, a família brasileira burguesa está representada pela viúva Clara e por seus dois pretendentes, Pedro Alves e Luís Melo, ambos muito cordatos, finos, mas diferentes em suas visões de mundo. O primeiro é mais prático e se define como "homem de juízo e espírito sólido", enquanto o segundo mostra-se um tanto romântico e sonhador. A viúva – também um espírito prático – inclina-se por Pedro Alves, restando a Luís Melo retirar-se e, confirmando sua índole, anunciar uma longa viagem pelo Oriente. A graça da comédia está toda em sua segunda parte, que se passa cinco anos após a primeira: o personagem que se casou, agora deputado, enfrenta um dia-a-dia de contrariedades e discussões com a esposa voluntariosa; o personagem que viajou, curado da velha paixão, volta ao Rio de Janeiro e interessa-se justamente pela filha de Clara. A cena em que pede a mão da mocinha à mãe é repleta de ironias e farpas que trocam entre si. Mas Luís possui melhores armas, e Clara não tem como negar o pedido. Ao nocauteá-la, ele diz: "Se V. Exa. não teve bastante espírito para ser minha esposa, deve tê-lo pelo menos, para ser minha sogra." Tivesse outras tiradas como essa, *Desencantos* seria uma comédia mais cintilante, próxima do gênero da alta comédia curta que Machado parece almejar. Aos diálogos da primeira parte, principalmente, falta o brilho que deveria ser construído com mais falas e réplicas espirituosas, com o ritmo próprio que esse tipo de peça exige. Mesmo assim, a pequena comédia agrada, sobretudo por força de seu surpreendente e bem-humorado desfecho.

Em 1862, Machado tem finalmente a satisfação de ver suas criações dramáticas em cena. Duas novas comédias curtas, *O caminho da porta* e *O protocolo*, são representadas no Ateneu Dramático do Rio de Janeiro, respectivamente em setembro e dezembro. Recebidas com simpatia pelos folhetinistas e críticos teatrais, foram publicadas em um volume no ano seguinte, precedidas de uma carta do autor endereçada a Quintino Bocaiúva e da resposta deste. Modesto, Machado pedia a opinião do amigo a respeito das duas comédias e colocava-se como escritor novel, com forças ainda insuficientes para produzir mais do que os "simples grupos de cenas" que apresentava. A seu ver, o teatro era "coisa muito séria" e as qualidades de um autor dramático desenvolviam-se com o tempo e o trabalho. Em futuro próximo pretendia escrever comédias "de maior alcance, onde o estudo dos caracteres seja consciencioso e acurado, onde a observação da sociedade se case ao conhecimento prático das condições do gênero".

Quintino Bocaiúva fez um julgamento ainda mais severo, considerando as duas comédias um "ensaio", uma "ginástica de estilo". Eram bem escritas – "um brinco de espírito" –, tinham valor literário, inspiravam simpatia, mas não apresentavam idéias. Sem isso, eram "frias e insensíveis", não podiam sensibilizar ou atingir o espectador. Era preciso, pois, ousar, ir além dos resultados já obtidos: "Já fizeste esboços, atira-te à grande pintura."

Tanto as palavras de Machado quanto as de Quintino Bocaiúva não deixam dúvidas sobre o tipo de peça que tinham em mente como parâmetro de julgamento. Ambos consideravam a comédia realista, de alcance edificante e moralizador, como o modelo adequado para a construção de uma dramaturgia brasileira robusta, debruçada sobre as questões sociais do momento. Tudo indica que Machado, muito jovem, não quis arriscar-se de imediato, preferindo adiar um pouco a empreitada que não estava fora de seus planos. Seguiu então um caminho que lhe pareceu mais seguro, identificado por Quintino Bocaiúva e outros intelectuais logo depois da primeira representação de *O caminho da porta*: o dos provérbios dramáticos franceses de Alfred de Musset e Octave Feuillet. Talvez por causa dessa filiação ao escritor que pensou num "théâtre dans un fauteuil", o amigo sentenciou em sua carta que as comédias eram para ser lidas, não encenadas, opinião que vários críticos, equivocadamente, não param de repetir até hoje.

De certa forma, é de se crer que nosso escritor tenha desejado estabelecer um diálogo com a dramaturgia hegemônica naquela altura, a do realismo teatral de origem francesa, pondo igualmente em cena personagens e costumes colhidos na alta sociedade. Isso significava romper definitivamente com a comédia de costumes de traços farsescos que Martins Pena havia criado e à qual Joaquim Manuel de Macedo havia dado continuidade. E significava também que suas pequenas comédias eram aliadas na luta pelo bom gosto, pela vitória do novo repertório, que se contrapunha ao teatro concebido como pura diversão, às comédias construídas com recursos do baixo cômico.

O caminho da porta e *O protocolo*, nesse sentido, são exemplares, principalmente a segunda, que põe em cena quatro personagens refinados, que dialogam com inteligência e brilho, lançando mão da linguagem cifrada e dos ditos espirituosos. O tema da comédia, aliás, parece ter sido inspirado pelo repertório realista: o perigo que ronda os lares honestos quando o marido se ausenta, ou para cuidar dos negócios, ou por causa de algum desentendimento com a esposa. Na França, entre outros autores, Émile Augier e Octave Feuillet já haviam abordado esse tema em *Gabrielle* (1849) e *La crise* (1854), respectivamente. E no Rio de Janeiro, a 10 de outubro de

1862, o Ateneu Dramático estreara *O que é o casamento?*, de José de Alencar, na qual se via um casal em crise e a esposa assediada por um conquistador, enredo que possibilitava a inserção de lições morais e discussões acerca da desonra do adultério e dos papéis do marido e da esposa no casamento.

O enredo de *O protocolo* lembra em parte o da peça de Alencar. Mas Machado, ao contrário do colega brasileiro e dos escritores franceses, não pôs os personagens a emitir conceitos – traço marcante das comédias realistas – e organizou a trama de modo ameno. O casamento de Pinheiro e Elisa não chega a correr perigo, por duas razões: em primeiro lugar, porque eles se amam e o desentendimento é fruto apenas dos caprichos de ambos, que ainda são jovens e não aprenderam a ceder; em segundo, porque Venâncio, o conquistador de plantão, não consegue impressionar Elisa, que o tempo todo o desencoraja. A ação da comédia, na verdade, ilustra o provérbio que aparece tanto na fala do marido quanto na da esposa, quando conversam com a prima Lulu: "para caprichosa, caprichoso", ou, "para caprichoso, caprichosa". É Lulu quem abre os olhos do casal para as intenções de Venâncio, levando Pinheiro a pôr um fim ao desentendimento com Elisa e, educadamente, com bom humor, convidar o rival a retirar-se de sua casa.

Com ação tão rarefeita, *O protocolo* só poderia mesmo ser uma comédia centrada na linguagem. Como, aliás, costumam ser os provérbios dramáticos de Alfred de Musset. Assim, não surpreende que também *O caminho da porta* dependa dos chistes, da ironia, do humor, das tiradas espirituosas e da comicidade que nasce das palavras para adquirir eficácia.

Machado, porém, trabalhou um pouco mais a caracterização dos personagens, dando-lhes traços que colaboram na construção do efeito cômico, mais forte nesta comédia do que na outra. De qualquer modo, trata-se de um legítimo provérbio dramático, cuja ação mostra que "quando não se pode atinar com o caminho do coração toma-se o caminho da porta".

Em outras palavras, estamos diante de um enredo sem grandes conflitos entre os personagens. Tudo se resume a uma situação cômica por natureza: uma viúva, Carlota, tem dois pretendentes, Valentim e Inocêncio, que lhe fazem a corte, e não se decide por nenhum. "Penélope sem juízo", como a chama o Dr. Cornélio, o terceiro personagem masculino da comédia, que também já foi pretendente, ela evita o confronto aberto e se relaciona com todos, tecendo seu charme com inteligência, presença de espírito e uma certa malícia. Com esses poucos elementos, a pequena comédia desperta a curiosidade no leitor/espectador acerca do desfecho da situação armada em torno da viúva namoradeira. Algum dos seus pretendentes conseguirá conquistá-la? Algum deles encontrará o caminho do seu coração ou todos tomarão o caminho da porta?

É bem provável que Machado tenha se inspirado no provérbio *É preciso que uma porta esteja aberta ou fechada*, de Musset, para escrever *O caminho da porta*. Mas, enquanto o escritor francês faz o conde encontrar o caminho do coração da marquesa, ao final de um diálogo ao qual não falta brilho, leveza e atmosfera poética, os personagens Inocêncio e Valentim procuram em vão esse caminho, atrapalhados que são, como tipos cômicos.

A graça da comédia, em boa medida, está nas tentativas que fazem, todas fadadas ao insucesso, porque ambos não estão à altura da inteligência de Carlota. Por outro lado, a eficácia da comicidade elegante de *O caminho da porta* deve-se à linguagem dos diálogos, que prima pelos chistes, mordacidade, ironia e cinismo maroto. Leia-se especialmente a quinta cena, em que dialogam o Doutor e a viúva. Se há, nos provérbios de Machado, momentos que lembram Musset, este é um deles. Observem-se, entre outras características, a presença de espírito das personagens, a guerra lúdica que travam, a elegância do vocabulário, as alusões inteligentes, a graça das réplicas e o próprio ritmo das falas. Tudo é extremamente ágil, agradável e de bom gosto. Mantivesse a comédia esse tipo de diálogo o tempo todo, estaríamos diante de uma pequena obra-prima teatral, de uma autêntica comédia de linguagem, inteiramente digna do mestre francês desse gênero.

À mesma família das comédias elegantes pertence *As forcas caudinas*, escrita provavelmente entre 1863 e 1865, que Machado deixou em forma manuscrita e não fez chegar à cena. Aliás, essa peça teve uma primeira edição apenas em 1956, no volume *Contos sem data*, organizado por R. Magalhães Júnior para a editora Civilização Brasileira. Sua divulgação revelou um fato curioso: a partir dela, o autor escreveu o conto "Linha reta e linha curva", publicado em 1865 no *Jornal das Famílias*. Eis o que explica o seu ineditismo na época.

De certa forma, *As forcas caudinas* pode ser considerada um provérbio dramático. A personagem Emília – vinte e cinco anos, viúva duas vezes! –, já quase no desfecho, resume o que aconteceu com ela: "quis fazer fogo e queimei-me nas mesmas chamas". O que ela quer dizer é que ao tentar fazer Tito apaixonar-se por ela, numa espécie de jogo ou aposta consigo mesma, apaixonou-se por ele. O que ela não sabia é que também ele jogava, representando o papel de homem avesso ao casamento, para conquistá-la.

A comédia tem um bom ritmo, enredo bem estruturado em dois atos, com uma revelação surpreendente no final, diálogos chistosos e personagens refinados, com exceção de um extravagante coronel russo, tipo cômico por excelência, que não sabemos muito bem o que faz em Petrópolis, freqüentando a alta sociedade. De todo modo, o que talvez defina melhor o enredo de *As forcas caudinas* seja outro provérbio, que não é explicitado por nenhum personagem, embora se aplique perfeitamente a Emília: "quem com ferro fere, com ferro será ferido". Troque-se "ferro" por "amor" e teremos a chave do enigma. Ou seja, no passado, cinco anos antes, ela havia desprezado Tito, que sofrera muito. Sem reconhecê-lo, cai em sua armadilha e apaixona-se por ele, sofrendo por sua vez diante de uma indiferença que é aparente, pois ele ainda a ama. A derrota de Emília explica o título da comédia: passar pelas forcas caudinas significa render-se. Machado, conhecedor da história antiga, deu esse título à comédia ao lembrar-se de uma batalha perdida pelo exército romano, em 321 a.C., que obrigou os soldados, na condição de prisioneiros, a passarem por uma estreita passagem entre as montanhas da região de Cápua, na Itália, chamada justamente Forcas Caudinas.

3

Ainda no final de 1862, Machado teve outra comédia encenada, mas não em um teatro. Um dos costumes da época eram os saraus literários em que se reuniam os amigos para declamar poemas, ouvir música e representar pequenas peças. *Quase ministro*, nas palavras do autor, "foi expressamente escrita" para uma dessas representações amadoras, num sarau que "era o sexto ou sétimo dado pelos mesmos amigos".

Como se vê, e a "Nota Preliminar" à comédia confirma, Machado começava a ascender socialmente, já no início de sua vida literária, graças à inteligência e ao talento que não passavam despercebidos de seus contemporâneos. Pela representação de *Quase ministro* abriu-se o sarau, e seguramente os presentes se divertiram muito com os tipos ali criados e que podiam ser identificados na paisagem urbana do Rio de Janeiro: os aproveitadores e oportunistas de plantão, sempre preparados para aplicar o seu golpe em alguém que acaba de chegar ao poder.

Na comédia em questão, o poder apenas se avizinha de Martins, que está bem cotado para uma das pastas do novo gabinete ministerial, segundo os boatos que correm. Pois antes mesmo de ser confirmada a sua nomeação, ei-lo já a receber as visitas de parasitas, bajuladores e espertalhões. Um se insinua como assessor político; outro, que se diz filho das musas, lhe faz uma ode; um terceiro quer dinheiro do governo para fabricar uma arma de guerra; o quarto visitante quer oferecer-lhe um jantar e convidá-lo a batizar um filho; o último quer uma subvenção para explorar o teatro lírico.

A ação da comédia limita-se a esse desfile de tipos ridículos que Machado apresenta com fino senso de humor. Sua capacidade de observação da vida social e política brasileira, que as obras da maturidade revelarão com maestria, já tem aqui uma boa amostra. Em poucas páginas, tem-se um divertido e convincente retrato daquela parcela da humanidade movida pelo vírus da especulação.

É quase certo que a boa acolhida que *Quase ministro* teve no sarau em que foi representada animou o autor a reincidir no gênero "comédia de salão". No final de 1864, ele escreve *Os deuses de casaca*, comédia que passa por revisões até chegar à forma final, que estreou no sarau da Arcádia Fluminense em dezembro de 1865. Eis como o próprio Machado a define: "Uma crítica anódina, uma sátira inocente, uma observação mais ou menos picante, tudo no ponto de vista dos deuses, uma ação simplicíssima, quase nula, travada em curtos diálogos."

De fato, não se pode discordar da apreciação. *Os deuses de casaca* é uma comédia de pequeno alcance, no que diz respeito à observação crítica da vida social no Rio de Janeiro. Mas há algumas farpas bem dirigidas no interior do engraçado enredo que apresenta os deuses depostos do Olimpo e seduzidos pela possibilidade de tornarem-se humanos. Cupido, por exemplo, que é quem mais se empenha para convencer a todos das vantagens de abandonar a divindade, torna-se um elegante da rua do Ouvidor, um tolo fascinado com o novo papel que agora desempenha na sociedade: "Sou o encanto da rua e a vida dos salões/ O alfenim procurado, o ímã dos balões." À semelhança de Cupido, Vênus desonra o

Olimpo, desfilando sua beleza pelos salões da alta sociedade, assediada pelos rapazes que lhe dirigem ditos picantes.

Um a um, os deuses vão cedendo às imperfeições humanas e escolhendo os seus novos papéis. Proteu, com o dom de transformar-se, será político, assim como Mercúrio, que há de ser imbatível na intriga e na eloqüência. Marte não mais fará a guerra com a espada; sua arma agora será o jornal que pretende fundar. Apolo será crítico literário, juiz supremo a emitir "as leis do belo e do gosto". Vulcano transformará os raios em penas, que serão ferinas e aguçadas. Júpiter, o último a ser convencido, escolhe uma profissão digna de sua grandeza: será banqueiro. O recado, evidentemente, está dado: é o dinheiro, acima das crenças, que move o mundo moderno.

O enredo de *Os deuses de casaca* enfatiza também a sedução feminina. Júpiter, Marte, Apolo e Mercúrio se tornarão homens para conquistar as belas Diana, Vênus, Juno e Hebe. Afinal, no céu ou na terra, as mulheres serão sempre "a fonte dos prazeres". Resta dizer que, ao escrever essa comédia, Machado deu mostras de grande versatilidade literária, pois não só fez os deuses exprimirem-se em versos alexandrinos como cumpriu a condição imposta pelos organizadores do sarau de não colocar personagens femininas em cena. Observe-se também que a comédia tem um prólogo e um epílogo, à maneira da comédia latina, na qual um ator rompe a quarta parede e se dirige diretamente à platéia. Isso é feito com muita graça.

Entre os anos de 1864 e 1867, Machado trabalha incessantemente como censor do Conservatório Dramático, crítico – escreve ensaios importantes sobre a dramaturgia de Gonçalves de Magalhães, José de Alencar e Joaquim Manuel de Macedo – e tradutor. Para o Ginásio Dramático traduz *Montjoye*, de Octave Feuillet; *Suplício de uma mulher*, de Dumas Filho e Girandin; *O anjo da meia-noite*, de Barrière e Plouvier; *O barbeiro de Sevilha*, de Beaumarchais; e *A família Benoiton*, de Sardou.

A partir de então, só esporadicamente produzirá obras teatrais. Em 1870, publica, juntamente com os poemas do livro *Falenas*, a pequena comédia *Uma ode de Anacreonte*, na qual mais uma vez evoca o mundo grego em versos alexandrinos. Trata-se, na verdade, de um "a-propósito", inspirado pela leitura da obra lírica de Anacreonte, em especial de uma ode que havia sido traduzida pelo poeta português Antônio Feliciano de Castilho. É o que Machado explica numa nota de rodapé dessa comédia lírica centrada na figura da bela cortesã Mirto, que deve escolher para amante o poeta Cléon ou o rico Lísias. A ação rarefeita e o tratamento poético dado aos diálogos revelam que por vezes o teatro pode ser um instrumento eficaz da poesia.

Coincidentemente, dez anos depois, outro poeta inspira Machado a escrever uma peça teatral. Convidado pelo Real Gabinete Português de Leitura a participar das comemorações do tricentenário de Camões, ele colabora com uma pequena jóia literária, intitulada *Tu só, tu, puro amor*, que é representada no Teatro D. Pedro II a 10 de junho de 1880.

A homenagem a Camões não poderia ser mais singela. Machado não traz à cena o homem já consagrado, mas o jovem impetuoso, apaixonado e sonhador, que na corte portuguesa diverte o rei e os nobres com seus deliciosos epigramas. Admirado também pelos sonetos que compõe, Camões desperta a inveja de um poeta menor, Caminha, que tratará de indispô-lo com D. Antônio, pai de Catarina de Ataíde, sua amada. A peça traz à cena as intrigas palacianas e no desfecho a triste separação dos jovens que se amam. Segundo Machado, esse desfecho "deu lugar à subseqüente aventura na África, e mais tarde à partida para a Índia, donde o poeta devia regressar um dia com a imortalidade nas mãos".

Tu só, tu, puro amor evoca com muita propriedade os ares da corte portuguesa de meados do século XVI, reproduzindo a sua linguagem particular, os seus costumes, valores e rigidez moral. É obra de escritor sensível, que, no mesmo ano em que deu à luz a prosa crua das *Memórias póstumas de Brás Cubas*, derramou poesia no palco do Teatro D. Pedro II para festejar o maior poeta português.

4

As comédias de Machado até aqui comentadas podem ser agrupadas em dois conjuntos. No primeiro, estão *Desencantos*, *O caminho da porta*, *O protocolo* e *As forcas caudinas*, que se aproximam pela maneira de abordar a vida social elegante do Rio de Janeiro e pelos enredos que envolvem relacionamentos amorosos. São ensaios para a alta comédia de maior fôlego que o autor não chegou a escrever. O segundo bloco é formado por comédias diferentes entre si, três delas escritas sob encomenda. *Quase ministro* aborda a vida política, *Os deuses de casaca* é puro divertimento, *Uma ode de Anacreonte* é um a-propósito lírico que se passa na Grécia antiga, e *Tu só, tu, puro amor* nos leva ao século XVI português.

O primeiro conjunto é mais importante para a história do teatro brasileiro, pelo que representa enquanto compromisso de Machado com uma dramaturgia de qualidade literária, refinada, sem apelos ao baixo cômico, que refletisse um pouco do modo de vida da burguesia emergente no Rio de Janeiro. Foi a contribuição que conseguiu dar – além do inestimável apoio como crítico teatral – aos companheiros de geração que estavam criando um repertório razoável de comédias realistas e tentando fortalecer a dramaturgia brasileira.

Difícil saber o que o afastou desse caminho nas peças escritas no segundo conjunto. Por que não tentou o vôo mais alto, sugerido por Quintino Bocaiúva? Talvez a resposta esteja na decepção com os rumos do teatro brasileiro já a partir de 1864-1865, quando diminui drasticamente o número de comédias realistas postas em cena no Rio de Janeiro e aumenta vertiginosamente o prestígio das peças cômicas e musicadas. Essa decepção está explicitada nos artigos "O Teatro Nacional", de 1866, e "Instinto de Nacionalidade", de 1873.

O fato concreto é que o envolvimento de Machado com o teatro diminui muito a partir do final da década de 1860. No entanto, depois de *Tu só, tu, puro amor*, ele escreve duas comédias que poderiam ser colocadas ao lado das que formam o primeiro conjunto. Não foram feitas por encomenda e trazem novamente à cena a família burguesa, elegante, e os enredos envolvendo jovens em idade de se casar.

A primeira é o provérbio *Não consultes médico*, que foi publicado na *Revista Brasileira* em 1896. Voltar a esse gênero de comédia que havia cultivado na mocidade só pode significar que Machado não quis escrever peças com a mesma dimensão que vinha dando aos romances e contos, nos quais dissecou como ninguém a natureza humana e os mecanismos sociais da vida brasileira de seu tempo. A comédia curta, elegante, requer leveza e comicidade espirituosa, características incompatíveis com a densidade que se encontra, por exemplo, em um romance como *Dom Casmurro*. Por isso, *Não consultes médico* parece obra de juventude, dos tempos em que o escritor ainda não abraçara o seu tão evidente ceticismo em relação ao ser humano.

Nessa pequena comédia, os personagens são bons e honestos, assim como os seus sentimentos. O enredo gira em torno de um rapaz, Cavalcante, e uma moça, Carlota, que sofreram decepções amorosas e têm dificuldades em superá-las. Ambos são tímidos, não conseguem conversar direito, ele é um tanto atrapalhado e extravagante, ela se diz "um pouco tonta", de modo que essa falta de maleabilidade ou capacidade de lidar com novas situações os tornam levemente cômicos. Os diálogos, bem escritos, porque a obra é de escritor maduro, conduzem a ação que leva à mútua descoberta de Cavalcante e Carlota: são almas gêmeas, que, após vencidas as barreiras da timidez, podem conversar sobre o sofrimento por amor, se conhecer, se curar pela troca de confidências e experiências e então se amar.

Em seu enredo simples, a comédia mostra que os jovens não precisam de "médicos", nem de remédios despropositados, como os que a mãe da mocinha, D. Leocádia, receita. Ela, que se diz médica dos doentes do coração – traço reiterado que a torna um tanto excêntrica e, portanto, cômica –, quer curar Cavalcante com uma temporada na China, como missionário, e quer mandar a filha para a Grécia, onde o tempo e a distância do Brasil lhe fariam bem. Ora, como diz justamente um provérbio grego que Carlota lê ao folhear um livro, "não consultes médico; consulta alguém que tenha estado doente".

A última comédia de Machado, *Lição de botânica*, escrita em 1905 e publicada em 1906, dois anos antes de sua morte, também se aproxima do provérbio dramático, o que fica explicitado logo na segunda cena. Como Cecília hesita em confessar se ama ou não a Henrique, Helena lhe diz: "Alguma coisa há de ser. *Il faut qu'une porte soit ouverte ou fermée.* Porta neste caso é o coração. O teu coração há de estar fechado ou aberto..."

Mais uma vez Musset inspira Machado a escrever uma comédia cujo enredo ilustra um provérbio. Aqui, temos personagens com o coração aberto para o amor, como Helena, Cecília e Henrique – que na verdade não chega a entrar em cena –, em confronto com um personagem com o coração fechado, o barão Sigismundo de Kernoberg, botânico sueco devotado à ciência. Como ele acredita piamente que o casamento é incompatível com sua atividade, o interesse da comédia está centrado na sua possível transformação. Ou seja, há que se abrir a porta de seu coração. O melhor instrumento? O charme feminino. Como resistir aos encantos de uma jovem e bela viúva de 22 anos?

Machado constrói a pequena trama de sua melhor comédia com delicadeza e mão de mestre. Quando o barão, homem dos seus 39 anos, conhece Helena, que se dispõe a conquistá-lo, de nada valerá a antiga convicção. Nos dois diálogos que há entre ambos, assistimos à vitória do charme, da beleza e da inteligência sobre uma rigidez ingênua e sem base sólida. As hesitações do personagem – quer e não quer ensinar botânica a Helena, quer ir embora, porque percebe o perigo, mas quer ficar porque a viúva o agrada – revelam o que se passa em seu coração, com a porta agora entreaberta: é abri-la para o amor ou fechá-la de vez. Vence o amor, porque Machado quer também dar a sua palavra sobre o papel que ocupa a esposa na vida de um homem de ciência, de um escritor, de um sábio. Ao contrário do que pensava o barão acerca da incompatibilidade entre o amor e a ciência, Helena é que estava certa ao lhe dizer: "A esposa fortifica a alma do sábio. Deve ser um quadro delicioso para o homem que despende as suas horas na investigação da natureza, fazê-lo ao lado da mulher que o ampara e anima, testemunha de seus esforços, sócia de suas alegrias, atenta, dedicada, amorosa."

Machado havia perdido Carolina um ano antes de escrever essas palavras. Difícil não considerá-las uma homenagem à esposa e companheira de tantos anos. Depois, como se sabe, ele lhe dedicará um emocionado soneto e a projetará na doce figura que é a D. Carmo do romance *Memorial de Aires*.

Com *Lição de botânica* nosso escritor encerra, portanto, sua obra teatral. Coerente em relação à produção anterior, não se afastou do modelo do provérbio dramático, gênero que lhe permitiu, tanto na juventude quanto na maturidade, exercitar a fantasia e o bom gosto literário, seja na criação dos enredos e personagens, seja na construção da linguagem dramática, à qual deu brilho, refinamento e vivacidade.

CRONOLOGIA

1839. Nascimento de Joaquim Maria Machado de Assis, a 21 de junho, no Rio de Janeiro.

1854. Machado publica pela primeira vez um poema, a 3 de outubro, no *Periódico dos Pobres*.

1856. Começa a trabalhar como aprendiz de tipógrafo na Tipografia Nacional, ofício que exerce durante dois anos.

1859. Estréia como crítico teatral no jornal *O Espelho*, em setembro, colaboração que se encerra em janeiro de 1860.

1860. Publica no jornal *A Marmota*, nos dias 20, 23 e 27 de março, *Hoje avental, amanhã luva*, comédia em um ato imitada do francês. Torna-se redator do *Diário do Rio de Janeiro*, onde trabalha até 1867. Começa a colaborar também para *A Semana Ilustrada*.

1861. Publica a comédia *Desencantos*, pela gráfica de Paula Brito.

1862. Torna-se censor do Conservatório Dramático e ao longo de três anos emite vários pareceres. O Ateneu Dramático encena *O caminho da porta*, a

12 de setembro, e *O protocolo*, a 4 de dezembro. Em novembro, no sarau de alguns amigos, na rua da Quitanda, é representada *Quase ministro*.

1863. Publica *O caminho da porta* e *O protocolo* num mesmo volume.

1864. Traduz *Montjoye*, de Octave Feuillet, para o Teatro Ginásio Dramático, e publica *Crisálidas*, seu primeiro livro de versos.

1865. Publica no *Jornal das Famílias* o conto "Linha reta e linha curva", versão narrativa da comédia *As forcas caudinas*, escrita provavelmente entre 1863 e 1865. Traduz *Suplício de uma mulher*, de Dumas Filho e Girardin, para o Teatro Ginásio Dramático. Representação de *Os deuses de casaca* no sarau da Arcádia Fluminense, a 28 de dezembro. A comédia é publicada no ano seguinte.

1866. Traduz, para o Ginásio Dramático, *O anjo da meia-noite*, de Barrière e Plouvier, e *O barbeiro de Sevilha*, de Beaumarchais. No ano seguinte, *A família Benoiton*, de Sardou.

1867. A 8 de abril, é nomeado ajudante do diretor do *Diário Oficial*, cargo exercido até janeiro de 1874.

1869. Casa-se, a 12 de novembro, com Carolina Augusta Xavier de Novais. Traduz *Un caprice*, de Alfred de Musset, dando-lhe o título *Como elas são tolas*.

1870. Publica *Contos fluminenses* e *Falenas*, livro de versos em que inclui a comédia *Uma ode de Anacreonte*.

1872. Publica seu primeiro romance, *Ressurreição*.

1873. A 31 de dezembro é nomeado primeiro-oficial da Secretaria de Agricultura, Comércio e Obras Públicas. Traduz *Les plaideurs*, de Racine, com o título *Os demandistas*. Publica o volume de contos *Histórias da meia-noite*.

1874. Publica o romance *A mão e a luva*.

1875. Publica mais um livro de poemas, *Americanas*.

1876. Colabora na revista *Ilustração Brasileira* e publica o romance *Helena*. É promovido, a 7 de dezembro, a chefe de seção da Secretaria da Agricultura.

1878. Publica o romance *Iaiá Garcia*.

1880. Na *Revista Brasileira*, entre março e dezembro, é publicado o romance *Memórias póstumas de Brás Cubas*. No Teatro D. Pedro II, em junho, é representada a comédia *Tu só, tu, puro amor*, escrita para os festejos do tricentenário de Camões, organizados pelo Real Gabinete Português de Leitura. A 28 de março é designado oficial-de-gabinete do Ministro da Agricultura, Manuel Buarque de Macedo.

1881. Publica em volume *Memórias póstumas de Brás Cubas* e *Tu só, tu, puro amor*. Começa a escrever crônicas na *Gazeta de Notícias*, responsável pela coluna "A Semana".

1882. Publica o volume de contos *Papéis avulsos*.

1884. Publica mais um volume de contos, *Histórias sem data*.

1889. É promovido a diretor da Diretoria de Comércio, na Secretaria da Agricultura.

1891. Publica o romance *Quincas Borba*.

1892. Torna-se diretor-geral do Ministério da Viação.

1896. Dirige a primeira reunião preparatória da fundação da Academia Brasileira de Letras, a qual preside até morrer. Publica o volume de contos *Várias histórias*. Na *Revista Brasileira*, publica a comédia *Não consultes médico*.

1899. Publica o romance *Dom Casmurro* e *Páginas recolhidas*, volume que reúne contos, ensaios e a comédia *Tu só, tu, puro amor*.

1901. Publica *Poesias completas*.

1904. Publica o romance *Esaú e Jacó*. A 20 de outubro, morre Carolina, pouco antes de completarem trinta e cinco anos de casados.

1906. Publica *Relíquias de casa velha*, volume que traz contos, ensaios e as comédias *Não consultes médico* e *Lição de botânica*.

1908. Publica o romance *Memorial de Aires*. Na madrugada de 29 de setembro, morre em sua casa, na rua Cosme Velho, no Rio de Janeiro.

NOTA SOBRE A PRESENTE EDIÇÃO

O estabelecimento dos textos reunidos neste volume se fez a partir do cotejo de várias edições, em especial a da Jackson (*Teatro*, Rio de Janeiro, São Paulo, Porto Alegre, 1950) e a do Serviço Nacional de Teatro (*Teatro completo*, Rio de Janeiro, 1982, texto estabelecido por Teresinha Marinho com a colaboração de Carmen Gadelha e Fátima Saadi). Foram igualmente utilizadas: "As forcas caudinas" (in *Contos sem data*, Rio de Janeiro, Civilização Brasileira, 1956, ed. organizada por R. Magalhães Júnior); "Uma ode de Anacreonte" (in *Poesias completas*, Rio de Janeiro, Civilização Brasileira, 1976, ed. preparada pela Comissão Machado de Assis); "Tu só, tu, puro amor" (Rio de Janeiro, Lombarts, 1881); "Não consultes médico" e "Lição de botânica" (in *Relíquias de casa velha*, Rio de Janeiro, 1975, ed. preparada pela Comissão Machado de Assis).

Resta esclarecer que, ao contrário da edição do SNT, esta não inclui os diálogos dramáticos "Antes da missa", "O melhor remédio", "Viver", "Lágrimas de Xerxes", que Machado publicou em revistas e em livros de contos. Não são peças teatrais, à semelhança de outros diálogos dramáticos como "Teoria do medalhão", "O anel de Polícrates" ou "Singular ocorrência". Lembre-se que o autor utilizou a forma dramática não só em contos mas em crônicas e historietas que escreveu para jornais – como "O bote de rapé", por exemplo –, também não aproveitadas neste volume. O critério, aqui, foi reunir os textos de Machado que podem ser classificados como peças teatrais.

HOJE AVENTAL, AMANHÃ LUVA

Comédia em um ato imitada do francês
por Machado de Assis

PERSONAGENS

Durval
Rosinha
Bento

Rio de Janeiro – Carnaval de 1859.

(*Sala elegante. Piano, canapé, cadeiras, uma jarra de flores em uma mesa à direita alta. Portas laterais no fundo.*)

Cena I

Rosinha (*adormecida no canapé*);
Durval (*entrando pela porta do fundo*)

Durval
Onde está a Sra. Sofia de Melo?... Não vejo ninguém. Depois de dois anos como venho encontrar estes sítios! Quem sabe se em vez da palavra dos cumprimentos deverei trazer a palavra dos epitáfios! Como tem crescido isto em opulência!... mas... (*vendo Rosinha*) Oh! Cá está a criadinha. Dorme!... excelente passatempo... Será adepta de Epicuro? Vejamos se a acordo... (*dá-lhe um beijo*)

Rosinha
(*acordando*)
Ah! Que é isto? (*levanta-se*) O Sr. Durval? Há dois anos que tinha desaparecido... Não o esperava.

Durval
Sim, sou eu, minha menina. Tua ama?

Rosinha
Está ainda no quarto. Vou dizer-lhe que V. S. está cá. (*vai para entrar*) Mas, espere; diga-me uma coisa.

Durval
Duas, minha pequena. Estou à tua disposição. (*à parte*) Não é má coisinha!

Rosinha
Diga-me. V. S. levou dois anos sem aqui pôr os pés: por que diabo volta agora sem mais nem menos?

Durval
(*tirando o sobretudo que deita sobre o canapé*)
És curiosa. Pois sabe que venho para... para mostrar a Sofia que estou ainda o mesmo.

Rosinha
Está mesmo? moralmente, não?

Durval
É boa! Tenho então alguma ruga que indique decadência física?

Rosinha
Do físico... não há nada que dizer.

Durval
Pois do moral estou também no mesmo. Cresce com os anos o meu amor; e o amor é como o vinho

do Porto: quanto mais velho, melhor. Mas tu! Tens mudado muito, mas como mudam as flores em botão: ficando mais bela.

ROSINHA
Sempre amável, Sr. Durval.

DURVAL
Costume da mocidade. (*quer dar-lhe um beijo*)

ROSINHA
(*fugindo e com severidade*)
Sr. Durval!...

DURVAL
E então! Foges agora! Em outro tempo não eras difícil nas tuas beijocas. Ora vamos! Não tens uma amabilidade para este camarada que de tão longe volta!

ROSINHA
Não quero graças. Agora é outro cantar! Há dois anos eu era uma tola inexperiente... mas hoje!

DURVAL
Está bem. Mas...

ROSINHA
Tenciona ficar aqui no Rio?

DURVAL
(*sentando-se*)
Como o Corcovado, enraizado como ele. Já me doíam saudades desta boa cidade. A roça, não há

coisa pior! Passei lá dois anos bem insípidos – em uma vida uniforme e matemática como um ponteiro de relógio: jogava gamão, colhia café e plantava batatas. Nem teatro lírico, nem rua do Ouvidor, nem Petalógica! Solidão e mais nada. Mas, viva o amor! Um dia concebi o projeto de me safar e aqui estou. Sou agora a borboleta, deixei a crisálida, e aqui me vou em busca de vergéis. (*tenta um novo beijo*)

Rosinha
(*fugindo*)
Não teme queimar as asas?

Durval
Em que fogo? Ah! Nos olhos de Sofia! Está mudada também?

Rosinha
Sou suspeita. Com seus próprios olhos o verá.

Durval
Era elegante e bela há bons dois anos. Sê-lo-á ainda? Não será? Dilema de Hamleto. E como gostava de flores! Lembras-te? Aceitava-mas sempre não sei se por mim, se pelas flores; mas é de crer que fosse por mim.

Rosinha
Ela gostava tanto de flores!

Durval
Obrigado. Dize-me cá. Por que diabo sendo uma criada, tiveste sempre tanto espírito e mesmo...

ROSINHA

Não sabe? Eu lhe digo. Em Lisboa, donde viemos para aqui, fomos condiscípulas: estudamos no mesmo colégio, e comemos à mesma mesa. Mas, coisas do mundo!... Ela tornou-se ama e eu criada! É verdade que me trata com distinção, e conversamos às vezes em altas coisas.

DURVAL

Ah! é isso? Foram condiscípulas. (*levanta-se*) E conversam agora em altas coisas!... Pois eis-me aqui para conversar também; faremos um *trio* admirável.

ROSINHA

Vou participar-lhe a sua chegada.

DURVAL

Sim, vai, vai. Mas olha cá, uma palavra.

ROSINHA

Uma só, entende?

DURVAL

Dás-me um beijo?

ROSINHA

Bem vê que são três palavras. (*entra à direita*)

Cena II

DURVAL *e* BENTO

DURVAL

Bravo! a pequena não é tola... tem mesmo

muito espírito! Eu gosto dela, gosto! Mas é preciso dar-me ao respeito. (*vai ao fundo e chama*) Bento! (*descendo*) Ora depois de dois anos como virei encontrar isto? Sofia terá por mim a mesma queda? É isso o que vou sondar. É provável que nada perdesse dos antigos sentimentos. Oh! decerto! Vou começar por levá-la ao baile mascarado; há de aceitar, não pode deixar de aceitar! Então, Bento! mariola?

Bento
(*entrando com um jornal*)
Pronto.

Durval
Ainda agora! Tens um péssimo defeito para boleeiro, é não ouvir.

Bento
Eu estava embebido com a interessante leitura do *Jornal do Comércio*: ei-lo. Muito mudadas estão estas coisas por aqui! Não faz uma idéia! E a política? Esperam-se coisas terríveis do parlamento.

Durval
Não me masses, mariola! Vai abaixo ao carro e traz uma caixa de papelão que lá está... Anda!

Bento
Sim, senhor; mas admira-me que V. S. não preste atenção ao estado das coisas.

Durval
Mas que tens tu com isso, tratante?

BENTO
Eu nada; mas creio que...

DURVAL
Salta lá para o carro, e traz a caixa depressa!

Cena III

DURVAL *e* ROSINHA

DURVAL
Pedaço d'asno! Sempre a ler jornais; sempre a tagarelar sobre aquilo que menos lhe deve importar! (*vendo Rosinha*) Ah!... és tu? Então ela... (*levanta-se*)

ROSINHA
Está na outra sala à sua espera.

DURVAL
Bem, aí vou. (*vai entrar e volta*) Ah! recebe a caixa de papelão que trouxer meu boleeiro.

ROSINHA
Sim, senhor.

DURVAL
Com cuidado, meu colibri!

ROSINHA
Galante nome! Não será em seu coração que farei o meu ninho.

Durval
(*à parte*)
Ah! é bem engraçada a rapariga! (*vai-se*)

Cena IV

Rosinha, *depois* Bento

Rosinha
Muito bem, Sr. Durval. Então voltou ainda? É a hora de minha vingança. Há dois anos, tola como eu era, quiseste seduzir-me, perder-me, como a muitas outras! E como? mandando-me dinheiro... dinheiro! – Media as infâmias pela posição. Assentava de... Oh! mas deixa estar! vais pagar tudo... Gosto de ver essa gente que não enxerga sentimento nas pessoas de condição baixa... como se quem traz um avental, não pode também calçar uma luva!

Bento
(*traz uma caixa de papelão*)
Aqui está a caixa em questão... (*põe a caixa sobre uma cadeira*) Ora, viva! Esta caixa é de meu amo.

Rosinha
Deixe-a ficar.

Bento
(*tirando o jornal do bolso*)
Fica entregue, não? Ora bem! Vou continuar a minha interessante leitura... Estou na gazetilha – Estou pasmado de ver como vão as coisas por aqui! –

Vão a pior. Esta folha põe-me ao fato de grandes novidades.

ROSINHA
(*sentando-se de costas para ele*)
Muito velhas para mim.

BENTO
(*com desdém*)
Muito velhas? Concedo. Cá para mim têm toda a frescura da véspera.

ROSINHA
(*consigo*)
Quererá ficar?

BENTO
(*sentando-se do outro lado*)
Ainda uma vista d'olhos! (*abre o jornal*)

ROSINHA
E então não se assentou?

BENTO
(*lendo*)
Ainda um caso: "Ontem à noite desapareceu uma nédia e numerosa criação de aves domésticas. Não se pôde descobrir os ladrões, porque, desgraçadamente havia uma patrulha a dois passos dali."

ROSINHA
(*levantando-se*)
Ora, que aborrecimento!

BENTO
(*continuando*)
"Não é o primeiro caso que se dá nesta casa da rua dos Inválidos." (*consigo*) Como vai isto, meu Deus!

ROSINHA
(*abrindo a caixa*)
Que belo dominó!

BENTO
(*indo a ela*)
Não mexa! Creio que é para ir ao baile mascarado hoje...

ROSINHA
Ah!... (*silêncio*) Um baile... hei de ir também!

BENTO
Aonde? Ao baile? Ora esta!

ROSINHA
E por que não?

BENTO
Pode ser; contudo, quer vás, quer não vás, deixa-me ir acabar a minha leitura naquela sala de espera.

ROSINHA
Não... tenho uma coisa a tratar contigo.

BENTO
(*lisonjeado*)
Comigo, minha bela!

ROSINHA
Queres servir-me em uma coisa?

BENTO
(*severo*)
Eu cá só sirvo ao Sr. Durval, e é na boléia!

ROSINHA
Pois hás de me servir. Não és então um rapaz como os outros boleeiros, amável e serviçal...

BENTO
Vá feito... não deixo de ser amável; é mesmo o meu capítulo de predileção.

ROSINHA
Pois escuta. Vais fazer um papel, um bonito papel.

BENTO
Não entendo desse fabrico. Se quiser algumas lições sobre a maneira de dar uma volta, sobre o governo das rédeas em um trote largo, ou coisa cá do meu ofício, pronto me encontra.

ROSINHA
(*que tem ido buscar o ramalhete no jarro*)
Olha cá: sabes o que é isto?

BENTO
São flores.

Rosinha
É o ramalhete diário de um fidalgo espanhol que viaja incógnito.

Bento
Ah! (*toma o ramalhete*)

Rosinha
(*indo a uma gaveta buscar um papel*)
O Sr. Durval conhece a tua letra?

Bento
Conhece apenas uma. Eu tenho diversos modos de escrever.

Rosinha
Pois bem; copia isto. (*dá-lhe o papel*) Com letra que ele não conheça.

Bento
Mas o que é isto?

Rosinha
Ora, que te importa? És uma simples máquina. Sabes tu o que vais fazer quando teu amo te indica uma direção ao carro? Estamos aqui no mesmo caso.

Bento
Fala como um livro! Aqui vai. (*escreve*)

Rosinha
Que amontoado de garatujas!...

BENTO
Cheira a diplomata. Devo assinar?

ROSINHA
Que se não entenda.

BENTO
Como um perfeito fidalgo. (*escreve*)

ROSINHA
Subscritada para mim. À Sra. Rosinha. (*Bento escreve*) Põe agora este bilhete nesse e leva. Voltarás a propósito. Tens também muitas vozes?

BENTO
Vario de fala, como de letra.

ROSINHA
Imitarás o sotaque espanhol?

BENTO
Como quem bebe um copo d'água!

ROSINHA
Silêncio! Ali está o Sr. Durval.

Cena V

ROSINHA, BENTO, DURVAL

DURVAL
(*a Bento*)
Trouxeste a caixa, palerma?

BENTO
(*escondendo atrás das costas o ramalhete*)
Sim, senhor.

DURVAL
Traz a carruagem para o portão.

BENTO
Sim senhor. (*Durval vai vestir o sobretudo, mirando-se ao espelho*) O jornal? onde pus eu o jornal? (*sentindo-no no bolso*) Ah!...

ROSINHA
(*baixo a Bento*)
Não passes na sala de espera. (*Bento sai*)

Cena VI

DURVAL, ROSINHA

DURVAL
Adeus, Rosinha, é preciso que eu me retire.

ROSINHA
(*à parte*)
Pois não!

DURVAL
Dá essa caixa a tua ama.

ROSINHA
Vai sempre ao baile com ela?

DURVAL
Ao baile? Então abriste a caixa?

ROSINHA
Não vale a pena falar nisso. Já sei, já sei que foi recebido de braços abertos.

DURVAL
Exatamente. Era a ovelha que voltava ao aprisco depois de dois anos de apartamento.

ROSINHA
Já vê que andar longe não é mau. A volta é sempre um triunfo. Use, abuse mesmo da receita. Mas então sempre vai ao baile?

DURVAL
Nada sei de positivo. As mulheres são como os logogrifos. O espírito se perde no meio daquelas combinações...

ROSINHA
Fastidiosas, seja franco.

DURVAL
É um aleive: não é esse o meu pensamento. Contudo devo, parece-me dever crer, que ela irá. Como me alegra, e me entusiasma esta preferência que me dá a bela Sofia!

ROSINHA
Preferência? Há engano: preferir supõe escolha, supõe concorrência...

DURVAL
E então?

ROSINHA
E então, se ela vai ao baile é unicamente pelos seus bonitos olhos, se não fora V. S., ela não ia.

DURVAL
Como é isso?

ROSINHA
(*indo ao espelho*)
Mire-se neste espelho.

DURVAL
Aqui me tens.

ROSINHA
O que vê nele?

DURVAL
Boa pergunta! Vejo-me a mim próprio.

ROSINHA
Pois bem. Está vendo toda a corte da Sra. Sofia, todos os seus adoradores.

DURVAL
Todos! Não é possível. Há dois anos a bela senhora era a flor bafejada por uma legião de zéfiros... Não é possível.

Rosinha
Parece-me criança! Algum dia os zéfiros foram estacionários? Os zéfiros passam e mais nada. É o símbolo do amor moderno.

Durval
E a flor fica no hastil. Mas as flores duram uma manhã apenas. (*severo*) Quererás tu dizer que Sofia passou a manhã das flores?

Rosinha
Ora, isso é loucura. Eu disse isto?

Durval
(*pondo a bengala junto ao piano*)
Parece-me entretanto...

Rosinha
V. S. tem uma natureza de sensitiva; por outra, toma os recados na escada. Acredite ou não, o que lhe digo é a pura verdade. Não vá pensar que o afirmo assim para conservá-lo junto de mim: estimara mais o contrário.

Durval
(*sentando-se*)
Talvez queiras fazer crer que Sofia é alguma fruta passada, ou jóia esquecida no fundo da gaveta por não estar em moda. Estais enganada. Acabo de vê-la; acho-lhe ainda o mesmo rosto: vinte e oito anos, apenas.

Rosinha
Acredito.

Durval
É ainda a mesma: deliciosa.

Rosinha
Não sei se ela lhe esconde algum segredo.

Durval
Nenhum.

Rosinha
Pois esconde. Ainda lhe não mostrou a certidão de batismo. (*vai sentar-se ao lado oposto*)

Durval
Rosinha! E depois, que me importa? Ela é ainda aquele querubim do passado. Tem uma cintura... que cintura!

Rosinha
É verdade. Os meus dedos que o digam!

Durval
Hein? E o corado daquelas faces, o alvo daquele colo, o preto daquelas sobrancelhas?

Rosinha
(*levantando-se*)
Ilusão! Tudo isso é tabuleta do Desmarais; aquela cabeça passa pelas minhas mãos. É uma beleza de pó de arroz: mais nada.

DURVAL
(*levantando-se bruscamente*)
Oh! essa agora!

ROSINHA
(*à parte*)
A pobre senhora está morta!

DURVAL
Mas, que diabo! Não é um caso de me lastimar; não tenho razão disso. O tempo corre para todos, e portanto a mesma onda nos levou a ambos folhagens da mocidade. E depois eu amo aquela engraçada mulher!

ROSINHA
Reciprocidade; ela também o ama.

DURVAL
(*com um grande prazer*)
Ah!

ROSINHA
Duas vezes chegou à estação do campo para tomar o *wagon*, mas duas vezes voltou para casa. Temia algum desastre da maldita estrada de ferro!

DURVAL
Que amor! Só recuou diante da estrada de ferro!

ROSINHA
Eu tenho um livro de notas, donde talvez lhe possa tirar provas do amor da Sra. Sofia. É uma lista

cronológica e alfabética dos colibris que por aqui têm esvoaçado.

DURVAL
Abre lá isso então!

ROSINHA
(*folheando um livro*)
Vou procurar.

DURVAL
Tem aí todas as letras?

ROSINHA
Todas. É pouco agradável para V. S.; mas tem todas desde A até o Z.

DURVAL
Desejara saber quem foi a letra K.

ROSINHA
É fácil; algum alemão.

DURVAL
Ah! Ela também cultiva os alemães?

ROSINHA
Durval é a letra D. – Ah! Ei-lo: (*lendo*) "Durval, quarenta e oito anos de idade..."

DURVAL
Engano! Não tenho mais de quarenta e seis.

ROSINHA
Mas esta nota foi escrita há dois anos.

DURVAL
Razão demais. Se tenho hoje quarenta e seis, há dois tinha quarenta e quatro... é claro!

ROSINHA
Nada. Há dois anos devia ter cinqüenta.

DURVAL
Esta mulher é um logogrifo!

ROSINHA
V. S. chegou a um período em sua vida em que a mocidade começa a voltar; em cada ano, são doze meses de verdura que voltam como andorinhas na primavera.

DURVAL
Já me cheirava a epigrama. Mas vamos adiante com isso.

ROSINHA
(*fechando o livro*)
Bom! Já sei onde estão as provas. (*vai a uma gaveta e tira dela uma carta*) Ouça: – "Querida Amélia...

DURVAL
Que é isso?

ROSINHA
Uma carta da ama a uma sua amiga. "Querida Amélia: o Sr. Durval é um homem interessante, rico, amável, manso como um cordeiro, e submisso como o meu Cupido..." (*a Durval*) Cupido é um cão d'água que ela tem.

DURVAL
A comparação é grotesca na forma, mas exata no fundo. Continua, rapariga.

ROSINHA
(*lendo*)
"Acho-lhe contudo alguns defeitos...

DURVAL
Defeitos?

ROSINHA
"Certas maneiras, certos ridículos, pouco espírito, muito falatório, mas afinal um marido com todas as virtudes necessárias...

DURVAL
É demais!

ROSINHA
"Quando eu conseguir isso, peço-te que venhas vê-lo como um urso na chácara do Souto.

DURVAL
Um urso!

Rosinha
(*lendo*)
"Esquecia-me de dizer-te que o Sr. Durval usa de cabeleira." (*fecha a carta*)

Durval
Cabeleira! É uma calúnia! Uma calúnia atroz! (*levando a mão ao meio da cabeça, que está calva*) Se eu usasse de cabeleira...

Rosinha
Tinha cabelos, é claro.

Durval
(*passeando com agitação*)
Cabeleira! E depois fazer-me seu urso como um marido na chácara do Souto.

Rosinha
(*às gargalhadas*)
Ah! ah! ah! (*vai-se pelo fundo*)

Cena VII

Durval
(*passeando*)
É demais! E então quem fala! uma mulher que tem umas faces... Oh! é o cúmulo da impudência! É aquela mulher furta-cor, aquele arco-íris que tem a liberdade de zombar de mim!... (*procurando*) Rosinha! Ah! foi-se embora... (*sentando-se*) Oh! Se eu

me tivesse conservado na roça, ao menos lá não teria destas apoquentações!... Aqui na cidade, o prazer é misturado com zangas de acabrunhar o espírito mais superior! Nada! (*levanta-se*) Decididamente volto para lá... Entretanto, cheguei há pouco... Não sei se deva ir; seria dar cavaco com aquela mulher; e eu... Que fazer? Não sei, deveras!

Cena VIII

Durval e Bento (*de paletó, chapéu de palha, sem botas*)

Bento
(*mudando a voz*)
Para a Sra. Rosinha. (*põe o ramalhete sobre a mesa*)

Durval
Está entregue.

Bento
(*à parte*)
Não me conhece! Ainda bem.

Durval
Está entregue.

Bento
Sim, senhor! (*sai pelo fundo*)

Cena IX

Durval
(*só, indo buscar o ramalhete*)
Ah! ah! flores! A Sra. Rosinha tem quem lhe mande flores! Algum boleeiro estúpido. Estas mulheres são de um gosto esquisito às vezes! – Mas como isto cheira! Dir-se-ia um presente de fidalgo! (*vendo a cartinha*) Oh! que é isto? Um bilhete de amores! E como cheira! Não conheço esta letra; o talho é rasgado e firme, como de quem desdenha. (*levando a cartinha ao nariz*) Essência de violeta, creio eu. É uma planta obscura, que também tem os seus satélites. Todos os têm. Esta cartinha é um belo assunto para uma dissertação filosófica e social. Com efeito: quem diria que esta moça, colocada tão baixo, teria bilhetes perfumados!... (*leva ao nariz*) Decididamente é essência de magnólias!

Cena X

Rosinha (*no fundo*) Durval (*no proscênio*)

Rosinha
(*consigo*)
Muito bem! Lá foi ela visitar a sua amiga no Botafogo. Estou completamente livre. (*desce*)

Durval
(*escondendo a carta*)
Ah! és tu? Quem te manda destes presentes?

Rosinha
Mais um. Dê-me a carta.

Durval
A carta? É boa! é coisa que não vi.

Rosinha
Ora não brinque! Devia trazer uma carta. Não vê que um ramalhete de flores é um estafeta mais seguro do que o correio da corte!

Durval
(*dando-lhe a carta*)
Aqui a tens; não é possível mentir.

Rosinha
Então! (*lê o bilhete*)

Durval
Quem é o feliz mortal?

Rosinha
Curioso!

Durval
É moço ainda?

Rosinha
Diga-me: é muito longe daqui a sua roça?

Durval
É rico, é bonito?

ROSINHA
Dista muito da última estação?

DURVAL
Não me ouves, Rosinha?

ROSINHA
Se o ouço! É curioso, e vou satisfazer-lhe a curiosidade. É rico, é moço e é bonito. Está satisfeito?

DURVAL
Deveras! E chama-se?...

ROSINHA
Chama-se... Ora eu não me estou confessando!

DURVAL
És encantadora!

ROSINHA
Isso é velho. É o que me dizem os homens e os espelhos. Nem uns nem outros mentem.

DURVAL
Sempre graciosa!

ROSINHA
Se eu o acreditar, arrisca-se a perder a liberdade... tomando uma capa...

DURVAL
De marido, queres dizer (*à parte*) ou de um urso! (*alto*) Não tenho medo disso. Bem vês a alta

posição... e depois eu prefiro apreciar-te as qualidades de fora. Talvez leve a minha amabilidade a fazer-te uma madrigal.

ROSINHA
Ora essa!

DURVAL
Mas, fora com tanto tagarelar! Olha cá! Eu estou disposto a perdoar aquela carta; Sofia vem sempre ao baile?

ROSINHA
Tanto como o imperador dos turcos... Recusa.

DURVAL
Recusa! É o cúmulo da... E por que recusa?

ROSINHA
Eu sei lá! Talvez um nervoso; não sei!

DURVAL
Recusa! Não faz mal... Não quer vir, tanto melhor! Tudo está acabado, Sra. Sofia de Melo! Nem uma atenção ao menos comigo, que vim da roça por sua causa unicamente! Recebe-me com agrado, e depois faz-me destas!

ROSINHA
Boa noite, Sr. Durval.

DURVAL
Não te vás assim; conversemos ainda um pedaço.

ROSINHA
Às onze horas e meia... interessante conversa!

DURVAL
(*sentando-se*)
Ora que tem isso? Não são as horas que fazem a conversa interessante, mas os interlocutores.

ROSINHA
Ora tenha a bondade de não dirigir cumprimentos.

DURVAL
(*pegando-lhe na mão*)
Mal sabes que tens as mãos, como as de uma patrícia romana; parecem calçadas de luva, se é que uma luva pode ter estas veias azuis como rajadas de mármore.

ROSINHA
(*à parte*)
Ah! hein!

DURVAL
E esses olhos de Helena!

ROSINHA
Ora!

DURVAL
E estes braços de Cleópatra!

ROSINHA
(*à parte*)
Bonito!

Durval
Apre! Queres que esgote a história?

Rosinha
Oh! não!

Durval
Então por que se recolhe tão cedo a estrela d'alva?

Rosinha
Não tenho outra coisa a fazer diante do sol.

Durval
Ainda um cumprimento! (*vai à caixa de papelão*) Olha cá. Sabes o que há aqui? um dominó.

Rosinha
(*aproximando-se*)
Cor-de-rosa! Ora vista, há de ficar-lhe bem.

Durval
Dizia um célebre grego: dê-me pancadas, mas ouça-me! – Parodio aquele dito: – Ri, graceja, como quiseres, mas hás de escutar-me: (*desdobrando o dominó*) não achas bonito?

Rosinha
(*aproximando-se*)
Oh! decerto!

Durval
Parece que foi feito para ti!... É da mesma altura. E como te há de ficar! Ora, experimenta!

ROSINHA
Obrigado.

DURVAL
Ora vamos! experimenta; não custa.

ROSINHA
Vá feito se é só para experimentar.

DURVAL
(*vestindo-lhe o dominó*)
Primeira manga.

ROSINHA
E segunda! (*veste-o de todo*)

DURVAL
Delicioso. Mira-te naquele espelho. (*Rosinha obedece*) Então!

ROSINHA
(*passeando*)
Fica-me bem?

DURVAL
(*seguindo-a*)
A matar! a matar! (*à parte*) A minha vingança começa, Sra. Sofia de Melo! (*a Rosinha*) Estás esplêndida! Deixa dar-te um beijo?

ROSINHA
Tenha mão.

Durval
Isso agora é que não tem graça!

Rosinha
Em que oceano de fitas e de sedas estou mergulhada! (*dá meia-noite*) Meia-noite!

Durval
Meia-noite!

Rosinha
Vou tirar o dominó... é pena!

Durval
Qual tirá-lo! fica com ele. (*pega no chapéu e nas luvas*)

Rosinha
Não é possível.

Durval
Vamos ao baile mascarado.

Rosinha
(*à parte*)
Enfim. (*alto*) Infelizmente não posso.

Durval
Não pode? e então por quê?

Rosinha
É segredo.

DURVAL

Recusas? Não sabes o que é um baile. Vais ficar extasiada. É um mundo fantástico, ébrio, movediço, que corre, que salta, que ri, em um turbilhão de harmonias extravagantes!

ROSINHA

Não posso ir. (*batem à porta*) [*à parte*] É Bento.

DURVAL

Quem será?

ROSINHA

Não sei. (*indo ao fundo*) Quem bate?

BENTO
(*fora com a voz contrafeita*)
O hidalgo Don Alonso da Sylveira y Zorrilla y Gudines y Guatinara y Marouflas de la Vega!

DURVAL
(*assustado*)
É um batalhão que temos à porta! A Espanha muda-se para cá?

ROSINHA

Caluda! não sabe quem está ali? É um fidalgo da primeira nobreza de Espanha. Fala à rainha de chapéu na cabeça.

DURVAL

E que quer ele?

Rosinha
A resposta daquele ramalhete.

Durval
(*dando um pulo*)
Ah! foi ele...

Rosinha
Silêncio!

Bento
(*fora*)
É meia-noite. O baile vai começar.

Rosinha
Espere um momento.

Durval
Que espere! Mando-o embora. (*à parte*) É um fidalgo!

Rosinha
Mandá-lo embora? pelo contrário; vou mudar de dominó e partir com ele.

Durval
Não, não; não faças isso!

Bento
(*fora*)
É meia-noite e cinco minutos. Abre a porta a quem deve ser teu marido.

Durval
Teu marido!

Rosinha
E então!

Bento
Abre! abre!

Durval
É demais! Estás com o meu dominó... hás de ir comigo ao baile!

Rosinha
Não é possível; não se trata a um fidalgo espanhol como a um cão. Devo ir com ele.

Durval
Não quero que vás.

Rosinha
Hei de ir. (*dispõe-se a tirar o dominó*) Tome lá...

Durval
(*impedindo-a*)
Rosinha, ele é um espanhol, e além de espanhol, fidalgo. Repara que é uma dupla cruz com que tens de carregar.

Rosinha
Qual cruz! E não se casa ele comigo?

DURVAL

Não caias nessa!

BENTO
(*fora*)

Meia-noite e dez minutos! então vem ou não vem?

ROSINHA

Lá vou. (*a Durval*) Vê como se impacienta! Tudo aquilo é amor!

DURVAL
(*com explosão*)

Amor! E se eu te desse em troca daquele amor castelhano, um amor brasileiro ardente e apaixonado? Sim, eu te amo, Rosinha; deixa esse espanhol tresloucado!

ROSINHA

Sr. Durval!

DURVAL

Então, decide!

ROSINHA

Não grite! Aquilo é mais forte do que um tigre de Bengala.

DURVAL

Deixa-o; eu matei as onças do Maranhão e já estou acostumado com esses animais. Então? vamos! eis-me a teus pés, ofereço-te a minha mão e a minha fortuna!

ROSINHA
(*à parte*)
Ah... (*alto*) Mas o fidalgo?

BENTO
(*fora*)
É meia-noite e doze minutos!

DURVAL
Manda-o embora, ou senão, espera. (*levanta-se*) Vou matá-lo; é o meio mais pronto.

ROSINHA
Não, não; evitemos a morte. Para não ver correr sangue, aceito a sua proposta.

DURVAL
(*com regozijo*)
Venci o castelhano! É um magnífico triunfo! Vem, minha bela; o baile nos espera!

ROSINHA
Vamos. Mas repare na enormidade do sacrifício.

DURVAL
Serás compensada, Rosinha. Que linda peça de entrada! (*à parte*) São dois os enganados – o fidalgo e Sofia (*alto*) Ah! ah! ah!

ROSINHA
(*rindo também*)
Ah! ah! ah! (*à parte*) Eis-me vingada!

DURVAL
Silêncio! (*vão pé ante pé pela porta da esquerda. Sai Rosinha primeiro, e Durval, da soleira da porta para a porta do fundo, a rir às gargalhadas*)

Cena última

BENTO
(*abrindo a porta do fundo*)
Ninguém mais! Desempenhei o meu papel: estou contente! Aquela subiu um degrau na sociedade. Deverei ficar assim? Alguma baronesa não me desdenharia decerto. Virei mais tarde. Por enquanto, vou abrir a portinhola. (*vai a sair e cai o pano*)

DESENCANTOS

Fantasia dramática

A
Quintino Bocaiúva

PERSONAGENS

Clara de Souza
Luís de Melo
Pedro Alves

PRIMEIRA PARTE

Em Petrópolis

(*Um jardim. Terraço no fundo.*)

Cena I

CLARA, LUÍS DE MELO

CLARA
Custa a crer o que me diz. Pois, deveras, saiu aborrecido do baile?

LUÍS
É verdade.

CLARA
Dizem entretanto que esteve animado…

LUÍS
Esplêndido!

CLARA
Esplêndido, sim!

LUÍS
Maravilhoso!

CLARA
Essa é pelo menos a opinião geral. Se eu lá fosse, estou certa de que seria a minha.

LUÍS
Pois eu lá fui e não é essa a minha opinião.

CLARA
É difícil de contentar nesse caso.

LUÍS
Oh! não.

CLARA
Então as suas palavras são um verdadeiro enigma.

LUÍS
Enigma de fácil decifração.

CLARA
Nem tanto.

LUÍS
Quando se dá preferência a uma flor, à violeta, por exemplo, todo o jardim onde ela não apareça, embora esplêndido, é sempre incompleto.

CLARA
Faltava então uma violeta nesse jardim?

LUÍS
Faltava. Compreende agora?

CLARA
Um pouco.

LUÍS
Ainda bem!

CLARA
Venha sentar-se neste banco de relva, à sombra desta árvore copada. Nada lhe falta para compor um idílio, já que é dado a esse gênero de poesia. Tinha então muito interesse em ver lá essa flor?

LUÍS
Tinha. Com a mão na consciência, falo-lhe a verdade; essa flor não é uma predileção do espírito, é uma escolha do coração.

CLARA
Vejo que se trata de uma paixão. Agora compreendo a razão por que não lhe agradou o baile, e o que era enigma, passa a ser a coisa mais natural do mundo. Está absolvido do seu delito.

LUÍS
Bem vê que tenho circunstâncias atenuantes a meu favor.

CLARA
Então o Senhor ama?

LUÍS
Loucamente, e como se pode amar aos vinte e dois anos, com todo o ardor de um coração cheio de vida. Na minha idade o amor é uma preocupação exclusiva, que se apodera do coração e da cabeça. Experimentar outro sentimento, que não seja esse, pensar em outra coisa, que não seja o objeto escolhido pelo coração, é impossível. Desculpe se lhe falo assim...

CLARA
Pode continuar. Fala com um entusiasmo tal, que me faz parecer estar ouvindo algumas das estrofes do nosso apaixonado Gonzaga.

LUÍS
O entusiasmo do amor é porventura o mais vivo e ardente.

CLARA
E por isso o menos duradouro. É como a palha que se inflama com intensidade, mas que se apaga logo depois.

LUÍS
Não aceito a comparação. Pois Deus havia de inspirar ao homem esse sentimento, tão suscetível de morrer assim? Demais, a prática mostra o contrário.

CLARA
Já sei. Vem falar-me de Heloísa e Abelardo, Píramo e Tisbe, e quanto exemplo a história e a fábula

nos dão. Esses não provam. Mesmo porque são exemplos raros, é que a história os aponta. Fogo de palha, fogo de palha e nada mais.

Luís
Pesa-me que de seus lábios saiam essas palavras.

Clara
Por quê?

Luís
Porque eu não posso admitir a mulher sem os grandes entusiasmos do coração. Chamou-me há pouco de poeta; com efeito eu assemelho-me por esse lado aos filhos queridos das musas. Esses imaginam a mulher um ente intermediário que separa os homens dos anjos e querem-na participante das boas qualidades de uns e de outros. Dir-me-á que se eu fosse agiota não pensaria assim; eu responderei que não são os agiotas os que têm razão neste mundo.

Clara
Isso é que é ver as coisas através de um vidro de cor. Diga-me: sente deveras o que diz a respeito do amor, ou está fazendo uma profissão de fé de homem político?

Luís
Penso e sinto assim.

Clara
Dentro de pouco tempo verá que tenho razão.

Luís
Razão de quê?

Clara
Razão de chamar fogo de palha ao fogo que lhe devora o coração.

Luís
Espero em Deus que não.

Clara
Creia que sim.

Luís
Falou-me há pouco em fazer um idílio, e eu estou com desejos de compor uma ode sáfica.

Clara
A que respeito?

Luís
Respeito à crueldade das violetas.

Clara
E depois ia atirar-se à torrente do Itamarati? Ah! Como anda atrasado do seu século!

Luís
Ou adiantado...

Clara
Adiantado, não creio. Voltaremos nós à simplicidade antiga?

Luís
Oh! Tinha razão aquela pobre poetisa de Lesbos em atirar-se às ondas. Encontrou na morte o esquecimento das suas dores íntimas. De que lhe servia viver amando sem esperança?

Clara
Dou-lhe de conselho que perca esse entusiasmo pela Antiguidade. A poetisa de Lesbos quis figurar na história com uma face melancólica; atirou-se de Leucate. Foi cálculo e não virtude.

Luís
Está pecando, minha senhora.

Clara
Por blasfemar do seu ídolo?

Luís
Por blasfemar de si. Uma mulher nas condições da décima musa nunca obra por cálculo. E V. Exa., por mais que [não] queira, deve estar nas mesmas condições de sensibilidade, que a poetisa antiga, bem como está nas de beleza.

Cena II

Luís de Melo, Clara, Pedro Alves

Pedro Alves
Boa tarde, minha interessante vizinha. Sr. Luís de Melo!

CLARA

Faltava o primeiro folgazão de Petrópolis, a flor da emigração!

PEDRO ALVES

Nem tanto assim.

CLARA

Estou encantada por ver assim a meu lado os meus dois vizinhos, o da direita e o da esquerda.

PEDRO ALVES

Estavam conversando? Era segredo?

CLARA

Oh! não. O Sr. Luís de Melo fazia-me um curso de história depois de ter feito outro de botânica. Mostrava-me a sua estima pela violeta e pela Safo.

PEDRO ALVES

E que dizia a respeito de uma e de outra?

CLARA

Erguia-as às nuvens. Dizia que não considerava jardim sem violeta, e quanto ao salto de Leucate, batia palmas com verdadeiro entusiasmo.

PEDRO ALVES

E ocupava V. Exa. com essas coisas? Duas questões banais. Uma não tem valor moral, outra não tem valor atual.

LUÍS
Perdão, o senhor chegava quando eu ia concluir o meu curso botânico e histórico. Ia dizer que também detesto as parasitas de todo o gênero, e que tenho asco aos histriões de Atenas. Terão estas duas questões valor moral e atual?

PEDRO ALVES
(*enfiado*)
Confesso que não compreendo.

CLARA
Diga-me, Sr. Pedro Alves: foi à partida de ontem à noite?

PEDRO ALVES
Fui, minha senhora.

CLARA
Divertiu-se?

PEDRO ALVES
Muito. Dancei e joguei a fartar, e quanto a doces, não enfardei mal o estômago. Foi uma deslumbrante função. Ah! notei que não estava lá.

CLARA
Uma maldita enxaqueca reteve-me em casa.

PEDRO ALVES
Maldita enxaqueca!

CLARA
Consola-me a idéia de que não fiz falta.

PEDRO ALVES
Como? Não fez falta?

CLARA
Cuido que todos seguiram o seu exemplo e que dançaram e jogaram a fartar, não enfardando mal o estômago, quanto a doces.

PEDRO ALVES
Deu um sentido demasiado literal às minhas palavras.

CLARA
Pois não foi isso que me disse?

PEDRO ALVES
Mas eu queria dizer outra coisa.

CLARA
Ah! Isso é outro caso. Entretanto acho que é dado a qualquer divertir-se ou não num baile, e por conseqüência dizê-lo.

PEDRO ALVES
A qualquer, D. Clara!

CLARA
Aqui está o nosso vizinho que acaba de me dizer que se aborreceu no baile...

PEDRO ALVES
(*consigo*)

Ah! (*alto*) De fato, eu o vi entrar e sair pouco depois com ar assustadiço e penalizado.

LUÍS

Tinha de ir tomar chá em casa de um amigo e não podia faltar.

PEDRO ALVES

Ah! foi tomar chá. Entretanto correram certos boatos depois que o senhor saiu.

LUÍS

Boatos?

PEDRO ALVES

É verdade. Houve quem se lembrasse de dizer que o senhor saíra logo por não ter encontrado da parte de uma dama que lá estava o acolhimento que esperava.

CLARA
(*olhando para Luís*)

Ah!

LUÍS

Oh! isso é completamente falso. Os maldizentes estão por toda parte, mesmo nos bailes; e desta vez não houve tino na escolha dos convidados.

PEDRO ALVES

Também é verdade. (*baixo a Clara*) Recebeu o meu bilhete?

CLARA
(*depois de um olhar*)
Como é bonito o pôr-do-sol! Vejam que magnífico espetáculo!

LUÍS
É realmente encantador!

PEDRO ALVES
Não é feio; tem mesmo alguma coisa de grandioso. (*vão ao terraço*)

LUÍS
Que colorido e que luz!

CLARA
Acho que os poetas têm razão em celebrarem esta hora final do dia!

LUÍS
Minha senhora, os poetas têm sempre razão. E quem não se extasiará diante deste quadro?

CLARA
Ah!

LUÍS E PEDRO ALVES
O que é?

CLARA
É o meu leque que caiu! Vou mandar apanhá-lo.

Pedro Alves
Como apanhar? Vou eu mesmo.

Clara
Ora, tinha que ver! Vamos para a sala e eu mandarei buscá-lo.

Pedro Alves
Menos isso. Deixe-me a glória de trazer-lhe o leque.

Luís
Se consente, eu faço concorrência ao desejo do Sr. Pedro Alves...

Clara
Mas então apostaram-se?

Luís
Mas se isso é um desejo de nós ambos. Decida.

Pedro Alves
Então o senhor quer ir?

Luís
(*a Pedro Alves*)
Não vê que espero a decisão?

Pedro Alves
Mas a idéia é minha. Entretanto, Deus me livre de dar-lhe motivo de queixa, pode ir.

Luís
Não espero mais nada.

Cena III

Pedro Alves, Clara

Pedro Alves
Este nosso vizinho tem uns ares de superior que me desagradam. Pensa que não compreendi a alusão da parasita e dos histriões? O que não me fazia conta era desrespeitar a presença de V. Exa., mas não faltam ocasiões para castigar um insolente.

Clara
Não lhe acho razão para falar assim. O Sr. Luís de Melo é um moço de maneiras delicadas e está longe de ofender a quem quer que seja, muito menos a uma pessoa que eu considero...

Pedro Alves
Acha?

Clara
Acho sim.

Pedro Alves
Pois eu não. São modos de ver. Tal seja o ponto de vista em que V. Exa. se coloca... Cá o meu olhar apanha-o em cheio e diz-me que ele merece bem uma lição.

Clara
Que espírito belicoso é esse?

PEDRO ALVES
Este espírito belicoso é o ciúme. Eu sinto ter por concorrente a este vizinho que se antecipa a visitá-la, e a quem V. Exa. dá tanta atenção.

CLARA
Ciúme!

PEDRO ALVES
Ciúme, sim. O que me respondeu V. Exa. à pergunta que lhe fiz sobre o meu bilhete? Nada, absolutamente nada. Talvez nem o lesse; entretanto eu pintava-lhe nele o estado do meu coração, mostrava-lhe os sentimentos que me agitam, fazia-lhe uma autópsia, era uma autópsia, que eu lhe fazia de meu coração. Pobre coração! Tão mal pago dos seus extremos, e entretanto tão pertinaz em amar!

CLARA
Parece-me bem apaixonado. Devo considerar-me feliz por ter perturbado a quietação do seu espírito. Mas a sinceridade nem sempre é companheira da paixão.

PEDRO ALVES
Raro se aliam é verdade, mas desta vez não é assim. A paixão que eu sinto é sincera, e pesa-me que meus avós não tivessem uma espada para eu sobre ela jurar...

CLARA
Isso é mais uma arma de galantaria que um testemunho de verdade. Deixe antes que o tempo ponha em relevo os seus sentimentos.

Pedro Alves

O tempo! Há tanto que me diz isso! Entretanto continua o vulcão em meu peito e só pode ser apagado pelo orvalho do seu amor.

Clara

Estamos em pleno outeiro. As suas palavras parecem um mote glosado em prosa. Ah! a sinceridade não está nessas frases gastas e ocas.

Pedro Alves

O meu bilhete, entretanto, é concebido em frases bem tocantes e simples.

Clara

Com franqueza, eu não li o bilhete.

Pedro Alves

Deveras?

Clara

Deveras.

Pedro Alves
(*tomando o chapéu*)

Com licença.

Clara

Onde vai? Não compreende que quando digo que não li o seu bilhete é porque quero ouvir da sua própria boca as palavras que nele se continham?

PEDRO ALVES
Como? Será por isso?

CLARA
Não acredita?

PEDRO ALVES
É capricho de moça bonita e nada mais. Capricho sem exemplo.

CLARA
Dizia-me então?...

PEDRO ALVES
Dizia-lhe que, com o espírito vacilante como baixel prestes a soçobrar, eu lhe escrevia à luz do relâmpago que me fuzila n'alma aclarando as trevas que uma desgraçada paixão aí me deixa. Pedia-lhe a luz dos seus olhos sedutores para servir de guia na vida e poder encontrar sem perigo o porto de salvamento. Tal é no seu espírito a segunda edição de minha carta. As cores que nela empreguei são a fiel tradução do que sentia e sinto. Está pensativa?

CLARA
Penso em que, se me fala verdade, a sua paixão é rara e nova para estes tempos.

PEDRO ALVES
Rara e muito rara; pensa que eu sou lá desses que procuram vencer pelas palavras melífluas e falsas? Sou rude, mas sincero.

CLARA
Apelemos para o tempo.

PEDRO ALVES
É um juiz tardio. Quando a sua sentença chegar, eu estarei no túmulo e será tarde.

CLARA
Vem agora com idéias fúnebres!

PEDRO ALVES
Eu não apelo para o tempo. O meu juiz está em face de mim, e eu quero já beijar antecipadamente a mão que há de lavrar a minha sentença de absolvição. (*quer beijar-lhe a mão. Clara sai*) Ouça! Ouça!

Cena IV

LUÍS DE MELO, PEDRO ALVES

PEDRO ALVES
(*só*)
Fugiu! Não tarda ceder. Ah! o meu adversário!

LUÍS
D. Clara?

PEDRO ALVES
Foi para a outra parte do jardim.

LUÍS
Bom. (*vai sair*)

PEDRO ALVES

Disse-me que o fizesse esperar; e eu estimo bem estarmos a sós porque tenho de lhe dizer algumas palavras.

LUÍS

Às suas ordens. Posso ser-lhe útil?

PEDRO ALVES

Útil a mim e a si. Eu gosto das situações claras e definidas. Quero poder dirigir a salvo e seguro o meu ataque. Se lhe falo deste modo é porque, simpatizando com as suas maneiras, desejo não trair a uma pessoa a quem me ligo por um vínculo secreto. Vamos ao caso: é preciso que me diga quais as suas intenções, qual o seu plano de guerra; assim, cada um pode atacar por seu lado a praça, e o triunfo será do que melhor tiver empregado os seus tiros.

LUÍS

A que vem essa belicosa parábola?

PEDRO ALVES

Não compreende?

LUÍS

Tenha a bondade de ser mais claro.

PEDRO ALVES

Mais claro ainda? Pois serei claríssimo: a viúva do coronel é uma praça sitiada.

LUÍS

Por quem?

PEDRO ALVES
Por mim, confesso. E afirmo que por nós ambos.

LUÍS
Informaram-no mal. Eu não faço a corte à viúva do coronel.

PEDRO ALVES
Creio em tudo quanto quiser, menos nisso.

LUÍS
A sua simpatia por mim vai até desmentir as minhas asserções?

PEDRO ALVES
Isso não é discutir. Deveras, não faz a corte à nossa interessante vizinha?

LUÍS
Não, as minhas atenções para com ela não passam de uma retribuição a que, como homem delicado, não me poderia furtar.

PEDRO ALVES
Pois eu faço.

LUÍS
Seja-lhe para bem! Mas a que vem isso?

PEDRO ALVES
A coisa alguma. Desde que me afiança não ter a menor intenção oculta nas suas atenções, a explicação está dada. Quanto a mim, faço-lhe a corte e

digo-o bem alto. Apresento-me candidato no seu coração e para isso mostro títulos valiosos. Dirão que sou presumido; podem dizer o que quiser.

Luís
Desculpe a curiosidade: quais são esses títulos?

Pedro Alves
A posição que a fortuna me dá, um físico que pode-se chamar belo, uma coragem capaz de afrontar todos os muros e grades possíveis e imagináveis, e para coroar a obra uma discrição de pedreiro-livre.

Luís
Só?

Pedro Alves
Acha pouco?

Luís
Acho.

Pedro Alves
Não compreendo que haja precisão de mais títulos além destes.

Luís
Pois há. Essa posição, esse físico, essa coragem e essa discrição, são decerto apreciáveis, mas duvido que tenham valor diante de uma mulher de espírito.

Pedro Alves
Se a mulher de espírito for da sua opinião.

LUÍS
Sem dúvida alguma que há de ser.

PEDRO ALVES
Mas continue, quero ouvir o fim de seu discurso.

LUÍS
Onde fica no seu plano de guerra, já que aprecia este gênero de figura, onde fica, digo eu, o amor verdadeiro, a dedicação sincera, o respeito, filho de ambos, e que essa D. Clara sitiada deve inspirar?

PEDRO ALVES
A corda em que acaba de tocar está desafinada há muito tempo e não dá som. O amor, o respeito, e a dedicação! Se o não conhecesse diria que o senhor acaba de chegar do outro mundo.

LUÍS
Com efeito, pertenço a um mundo que não é absolutamente o seu. Não vê que tenho um ar de quem não está em terra própria e fala com uma variedade da espécie?

PEDRO ALVES
Já sei; pertence à esfera dos sonhadores e dos visionários. Conheço boa soma de seus semelhantes que me tem dado bem boas horas de riso e de satisfação. É uma tribo que se não acaba, pelo que vejo?

LUÍS
Ao que parece, não?

PEDRO ALVES
Mas é evidente que perecerá.

LUÍS
Não sei. Se eu quisesse concorrer ao bloqueio da praça em questão, era azada ocasião para julgarmos do esforço recíproco e vermos até que ponto a ascendência do elemento positivo exclui a influência do elemento ideal.

PEDRO ALVES
Pois experimente.

LUÍS
Não; disse-lhe já que respeito muito a viúva do coronel e estou longe de sentir por ela a paixão do amor.

PEDRO ALVES
Tanto melhor. Sempre é bom não ter pretendentes para combater. Ficamos amigos, não?

LUÍS
Decerto.

PEDRO ALVES
Se eu vencer o que dirá?

LUÍS
Direi que há certos casos em que com toda a satisfação se pode ser padrasto e direi que esse é o seu caso.

PEDRO ALVES

Oh! se a Clarinha não tiver outro padrasto senão eu...

Cena V

PEDRO ALVES, LUÍS, D. CLARA

CLARA

Estimo bem vê-los juntos.

PEDRO ALVES

Discutíamos.

LUÍS

Aqui tem o seu leque; está intacto.

CLARA

Meu Deus, que trabalho que foi tomar. Agradeço-lhe do íntimo. É uma prenda que tenho em grande conta; foi-me dado por minha irmã Matilde, em dia de anos meus. Mas tenha cuidado; não aumente tanto a lista das minhas obrigações; a dívida pode engrossar e eu não terei por fim com que solvê-la.

LUÍS

De que dívida me fala? A dívida aqui é minha, dívida perene, que eu mal amortizo por uma gratidão sem limite. Posso eu pagá-la nunca?

CLARA

Pagar o quê?

Luís
Pagar essas horas de felicidade calma que a sua graciosa urbanidade me dá e que constituem os meus fios de ouro no tecido da vida.

Pedro Alves
Reclamo a minha parte nessa ventura.

Clara
Meu Deus, declaram-se em justa? Não vejo senão quebrarem lanças em meu favor. Cavalheiros, ânimo, a liça está aberta, e a castelã espera o reclamo do vencedor.

Luís
Oh! a castelã pode quebrar o encanto do vencedor desamparando a galeria e deixando-o só com as feridas abertas no combate.

Clara
Tão pouca fé o anima?

Luís
Não é a fé das pessoas que me falta, mas a fé da fortuna. Fui sempre tão mal-aventurado que nem tento acreditar por um momento na boa sorte.

Clara
Isso não é natural num cavalheiro cristão.

Luís
O cavalheiro cristão está prestes a mourar.

CLARA

Oh!

LUÍS

O sol do Oriente aquece os corações, ao passo que o de Petrópolis esfria-os.

CLARA

Estude antes o fenômeno e não vá sacrificar a sua consciência. Mas, na realidade, tem sempre encontrado a derrota nas suas pelejas?

LUÍS

A derrota foi sempre a sorte das minhas armas. Será que elas sejam mal temperadas? Será que eu não as maneje bem? Não sei.

PEDRO ALVES

É talvez uma e outra coisa.

LUÍS

Também pode ser.

CLARA

Duvido.

PEDRO ALVES

Duvida?

CLARA

E sabe quais são as vantagens de seus vencedores?

Luís
Demais até.

Clara
Procure alcançá-las.

Luís
Menos isso. Quando dois adversários se medem, as mais das vezes o vencedor é sempre aquele, que à elevada qualidade de tolo reúne uma sofrível dose de presunção. A esse, as palmas da vitória, a esse a boa fortuna da guerra: quer que o imite?

Clara
Disse – as mais das vezes – confessa, pois, que há exceções.

Luís
Fora absurdo negá-las, mas declaro que nunca as encontrei.

Clara
Não deve desesperar, porque a fortuna aparece quando menos se conta com ela.

Luís
Mas aparece às vezes tarde. Chega quando a porta está cerrada e tudo que nos cerca é silencioso e triste. Então a peregrina demorada entra como uma amiga consoladora, mas sem os entusiasmos do coração.

CLARA
Sabe o que o perde? É a fantasia.

LUÍS
A fantasia?

CLARA
Não lhe disse há pouco que o senhor via as coisas através de um vidro de cor? É o óculo da fantasia, óculo brilhante, mas mentiroso, que transtorna o aspecto do panorama social, e que faz vê-lo pior do que é, para dar-lhe um remédio melhor do que pode ser.

PEDRO ALVES
Bravo! Deixe-me, V. Exa., beijar-lhe a mão.

CLARA
Por quê?

PEDRO ALVES
Pela lição que acaba de dar ao Sr. Luís de Melo.

CLARA
Ah! por que o acusei de visionário? O nosso vizinho carece de quem lhe fale assim. Perder-se-á se continuar a viver no mundo abstrato das suas teorias platônicas.

PEDRO ALVES
Ou por outra, e mais positivamente, V. Exa. mostrou-lhe que acabou o reinado das baladas e da pasmaceira para dar lugar ao império dos homens de juízo e dos espíritos sólidos.

Luís
V. Exa. toma então o partido que me é adverso?

Clara
Eu não tomo partido nenhum.

Luís
Entretanto, abriu brecha aos assaltos do Sr. Pedro Alves, que se compraz em mostrar-se espírito sólido e homem de juízo.

Pedro Alves
E de muito juízo. Pensa que eu adoto o seu sistema de fantasia, e por assim dizer, de choradeira? Nada, o meu sistema é absolutamente oposto; emprego os meios bruscos por serem os que estão de acordo com o verdadeiro sentimento. Os da minha têmpera são assim.

Luís
E o caso é que são felizes.

Pedro Alves
Muito felizes. Temos boas armas e manejamo-las bem. Chame a isso toleima e presunção, pouco nos importa; é preciso que os vencidos tenham um desafogo.

Clara
(*a Luís de Melo*)
O que diz a isto?

Luís

Digo que estou muito fora do meu século. O que fazer contra adversários que se contam em grande número, número infinito, a admitir a versão dos livros santos?

Clara

Mas, realmente, não vejo que pudesse responder com vantagem.

Luís

E V. Exa. sanciona a teoria contrária?

Clara

A castelã não sanciona, anima os lidadores.

Luís

Animação negativa para mim. V. Exa. dá-me licença?

Clara

Onde vai?

Luís

Tenho uma pessoa que me espera em casa. V. Exa. janta às seis, o meu relógio marca cinco. Dá-me este primeiro quarto de hora?

Clara

Com pesar, mas não quero tolhê-lo. Não falte.

Luís

Volto já.

Cena VI

Clara, Pedro Alves

Pedro Alves
Estou contentíssimo.

Clara
Por quê?

Pedro Alves
Porque lhe demos uma lição.

Clara
Ora, não seja mau!

Pedro Alves
Mau! Eu sou bom até demais. Não vê como ele me provoca a cada instante?

Clara
Mas, quer que lhe diga uma coisa? É preciso acabar com essas provocações contínuas.

Pedro Alves
Pela minha parte, nada há; sabe que sou sempre procurado na minha gruta. Ora, não se toca impunemente no leão...

Clara
Pois seja leão até a última, seja magnânimo.

Pedro Alves
Leão apaixonado e magnânimo? Se fosse por mim só, não duvidaria perdoar. Mas diante de V. Exa., por quem tenho presa a alma, é virtude superior às minhas forças. E, entretanto, V. Exa. obstina-se em achar-se razão.

Clara
Nem sempre.

Pedro Alves
Mas vejamos, não é exigência minha, mas eu desejo, imploro, uma decisão definitiva da minha sorte. Quando se ama como eu amo, todo o paliativo é uma tortura que se não pode sofrer!

Clara
Com que fogo se exprime! Que ardor, que entusiasmo!

Pedro Alves
É sempre assim. Zombeteira!

Clara
Mas o que quer então?

Pedro Alves
Franqueza.

Clara
Mesmo contra os seus interesses?

Pedro Alves
Mesmo... contra tudo.

CLARA

Reflita: prefere à dubiedade da situação, uma declaração franca que lhe vá destruir as suas mais queridas ilusões?

PEDRO ALVES
Prefiro isso a não saber se sou amado ou não.

CLARA
Admiro a sua força d'alma.

PEDRO ALVES
Eu sou o primeiro a admirar-me.

CLARA
Desesperou alguma vez da sorte?

PEDRO ALVES
Nunca.

CLARA
Pois continue a confiar nela.

PEDRO ALVES
Até quando?

CLARA
Até um dia.

PEDRO ALVES
Que nunca há de chegar.

CLARA
Que está... muito breve.

PEDRO ALVES
Oh! meu Deus!

CLARA
Admirou-se?

PEDRO ALVES
Assusto-me com a idéia da felicidade. Deixe-me beijar a sua mão?

CLARA
A minha mão vale bem dois meses de espera e receio; não vale?

PEDRO ALVES
(*enfiado*)
Vale.

CLARA
(*sem reparar*)
Pode beijá-la! É o penhor dos esponsais.

PEDRO ALVES
(*consigo*)
Fui longe demais! (*alto, beijando a mão de Clara*) Este é o mais belo dia de minha vida!

Cena VII

CLARA, PEDRO ALVES, LUÍS

LUÍS
(*entrando*)
Ah!...

PEDRO ALVES
Chegou a propósito.

CLARA
Dou-lhe parte do meu casamento com o Sr. Pedro Alves.

PEDRO ALVES
O mais breve possível.

LUÍS
Os meus parabéns a ambos.

CLARA
A resolução foi um pouco súbita, mas nem por isso deixa de ser refletida.

LUÍS
Súbita, decerto, porque eu não contava com uma semelhante declaração neste momento. Quando são os desposórios?

CLARA
Pelos fins do verão, não, meu amigo?

PEDRO ALVES
(*com importância*)
Sim, pelos fins do verão.

CLARA
Faz-nos a honra de ser uma das testemunhas?

PEDRO ALVES
Oh! isso é demais.

LUÍS
Desculpe-me, mas eu não posso. Vou fazer uma viagem.

CLARA
Até onde?

LUÍS
Pretendo abjurar em qualquer cidade mourisca e fazer depois a peregrinação da Meca. Preenchido este dever de um bom maometano irei entre as tribos do deserto procurar a exceção que não encontrei ainda no nosso clima cristão.

CLARA
Tão longe, meu Deus! Parece-me que trabalhará debalde.

LUÍS
Vou tentar.

PEDRO ALVES
Mas tenta um sacrifício.

Luís
Não faz mal.

Pedro Alves
(a Clara, baixo)
Está doido!

Clara
Mas virá despedir-se de nós?

Luís
Sem dúvida. (*baixo a Pedro Alves*) Curvo-me ao vencedor, mas consola-me a idéia de que, contra as suas previsões, paga as despesas da guerra. (*alto*) V. Exa. dá-me licença?

Clara
Onde vai?

Luís
Retiro-me para casa.

Clara
Não fica para jantar?

Luís
Vou aprontar a minha bagagem.

Clara
Leva a lembrança dos amigos no fundo das malas, não?

Luís
Sim, minha senhora, ao lado de alguns volumes de Alphonse Karr.

SEGUNDA PARTE

Na Corte

(*Uma sala em casa de Pedro Alves.*)

Cena I

CLARA, PEDRO ALVES

PEDRO ALVES
Ora, não convém por modo algum que a mulher de um deputado ministerialista vá à partida de um membro da oposição. Em rigor, nada há de admirar nisso. Mas o que não dirá a imprensa governista! O que não dirão os meus colegas da maioria! Está lendo?

CLARA
Estou folheando este álbum.

PEDRO ALVES
Nesse caso, repito-lhe que não convém...

CLARA
Não precisa, ouvi tudo.

PEDRO ALVES
(*levantando-se*)
Pois aí está; fique com a minha opinião.

CLARA
Prefiro a minha.

PEDRO ALVES
Prefere...

CLARA
Prefiro ir à partida do membro da oposição.

PEDRO ALVES
Isso não é possível. Oponho-me com todas as forças.

CLARA
Ora, veja o que é o hábito do parlamento! Opõe-se a mim, como se eu fosse um adversário político. Veja que não está na câmara, e que eu sou mulher.

PEDRO ALVES
Mesmo por isso. Deve compreender os meus interesses e não querer que seja alvo dos tiros dos maldizentes. Já não lhe falo nos direitos que me estão confiados como marido...

CLARA

Se é tão aborrecido na câmara como é cá em casa, tenho pena do ministério e da maioria.

PEDRO ALVES

Clara!

CLARA

De que direitos me fala? Concedo-lhe todos quantos queira, menos o de me aborrecer; e privar-me de ir a esta partida, é aborrecer-me.

PEDRO ALVES

Falemos como amigos. Dizendo que desistas do teu intento, tenho dois motivos: um político e outro conjugal. Já te falei do primeiro.

CLARA

Vamos ao segundo.

PEDRO ALVES

O segundo é este. As nossas primeiras vinte e quatro horas de casamento, passaram para mim rápidas como um relâmpago. Sabes por quê? Porque a nossa lua-de-mel não durou mais que esse espaço. Supus que unindo-te a mim, deixasses um pouco a vida dos passeios, dos teatros, dos bailes. Enganei-me; nada mudaste em teus hábitos; eu posso dizer que não me casei para mim. Fui forçado a acompanhar-te por toda a parte, ainda que isso me custasse grande aborrecimento.

CLARA

E depois?

PEDRO ALVES
Depois, é que esperando ver-te cansada dessa vida, reparo com pesar que continuas na mesma e muito longe ainda de a deixar.

CLARA
Conclusão: devo romper com a sociedade e voltar a alongar as suas vinte e quatro horas de lua-de-mel, vivendo beatificamente ao lado um do outro, debaixo do teto conjugal...

PEDRO ALVES
Como dois pombos.

CLARA
Como dois pombos ridículos! Gosto de ouvi-lo com essas recriminações. Quem o atender, supõe que se casou comigo pelos impulsos do coração. A verdade é que me esposou por vaidade, e que quer continuar essa lua-de-mel, não por amor, mas pelo susto natural de um proprietário, que receia perder um cabedal precioso.

PEDRO ALVES
Oh!

CLARA
Não serei um cabedal precioso?

PEDRO ALVES
Não digo isso. Protesto, sim, contra as tuas conclusões.

CLARA
O protesto é outro hábito do parlamento! Exemplo às mulheres futuras do quanto, no mesmo homem, fica o marido suplantado pelo deputado.

PEDRO ALVES
Está bom, Clara, concedo-te tudo.

CLARA
(*levantando-se*)
Ah! vou fazer cantar o triunfo!

PEDRO ALVES
Continua a divertir-te como for de teu gosto.

CLARA
Obrigada!

PEDRO ALVES
Não se dirá que te contrariei nunca.

CLARA
A história há de fazer-te justiça.

PEDRO ALVES
Acabemos com isto. Estas pequenas rixas azedam-me o espírito, e não lucramos nada com elas.

CLARA
Acho que sim. Deixe de ser ridículo, que eu continuarei nas mais benévolas disposições. Para começar, não vou à partida da minha amiga Carlota. Está satisfeito?

PEDRO ALVES
Estou.

CLARA
Bem. Não se esqueça de ir buscar minha filha. É tempo de apresentá-la à sociedade. A pobre Clarinha deve estar bem desconhecida. Está moça e ainda no colégio. Tem sido um descuido nosso.

PEDRO ALVES
Irei buscá-la amanhã.

CLARA
Pois bem. (*sai*)

Cena II

PEDRO ALVES *e* UM CRIADO

PEDRO ALVES
Safa! Que maçada!

O CRIADO
Está aí uma pessoa que lhe quer falar.

PEDRO ALVES
Faze-a entrar.

Cena III

PEDRO ALVES, LUÍS DE MELO

PEDRO ALVES
Que vejo!

LUÍS
Luís de Melo, lembra-se?

PEDRO ALVES
Muito. Venha um abraço! Então como está? quando chegou?

LUÍS
Pelo último paquete.

PEDRO ALVES
Ah! não li nos jornais...

LUÍS
O meu nome é tão vulgar que facilmente se confunde com os outros.

PEDRO ALVES
Confesso que só agora sei que está no Rio de Janeiro. Sentemo-nos. Então andou muito pela Europa?

LUÍS
Pela Europa quase nada; a maior parte do tempo gastei em atravessar o Oriente.

PEDRO ALVES
Sempre realizou a sua idéia?

LUÍS
· É verdade, vi tudo o que a minha fortuna podia oferecer aos meus instintos artísticos.

PEDRO ALVES

Que de impressões havia de ter! muito turco, muito árabe, muita mulher bonita, não? Diga-me uma coisa, há também ciúmes por lá?

LUÍS

Há.

PEDRO ALVES

Contar-me-á a sua viagem por extenso.

LUÍS

Sim, com mais descanso. Está de saúde a senhora D. Clara Alves?

PEDRO ALVES

De perfeita saúde. Tenho muito que lhe dizer respeito ao que se passou depois que se foi embora.

LUÍS

Ah!

PEDRO ALVES

Passei estes cinco anos no meio da mais completa felicidade. Ninguém melhor saboreou as delícias do casamento. A nossa vida conjugal pode-se dizer que é um céu sem nuvens. Ambos somos felizes, e ambos nos desvelamos por agradar um ao outro.

LUÍS

É uma lua-de-mel sem ocaso.

PEDRO ALVES

E lua cheia.

Luís
Tanto melhor! Folgo de vê-los felizes. A felicidade na família é uma cópia, ainda que pálida, da bem-aventurança celeste. Pelo contrário, os tormentos domésticos representam na terra o purgatório.

Pedro Alves
Apoiado!

Luís
Por isso estimo que acertasse com a primeira.

Pedro Alves
Acertei. Ora, do que eu me admiro não é do acerto, mas do modo por que de pronto me habituei à vida conjugal. Parece-me incrível. Quando me lembro da minha vida de solteiro, vida de borboleta, ágil e incapaz de pousar definitivamente sobre uma flor...

Luís
A coisa explica-se. Tal seria o modo por que o enredaram e pregaram com o competente alfinete no fundo desse quadro chamado – lar doméstico!

Pedro Alves
Sim, creio que é isso.

Luís
De maneira que hoje é pelo casamento?

Pedro Alves
De todo o coração.

LUÍS
Está feito, perdeu-se um folgazão, mas ganhou-se um homem de bem.

PEDRO ALVES
Ande lá. Aposto que também tem vontade de romper a cadeia do passado?

LUÍS
Não será difícil.

PEDRO ALVES
Pois é o que deve fazer.

LUÍS
Veja o que é o egoísmo humano. Como renegou da vida de solteiro, quer que todos professem a religião do matrimônio.

PEDRO ALVES
Escusa moralizar.

LUÍS
É verdade que é uma religião tão doce!

PEDRO ALVES
Ah!... Sabe que estou deputado?

LUÍS
Sei e dou-lhe os meus parabéns.

PEDRO ALVES
Alcancei um diploma na última eleição. Na minha idade ainda é tempo de começar a vida política,

e nas circunstâncias eu não tinha outra a seguir mais apropriada. Fugindo às antigas parcialidades políticas, defendo os interesses do distrito que represento, e como o governo mostra zelar esses interesses, sou pelo governo.

Luís
É lógico.

Pedro Alves
Graças a esta posição independente, constituí-me um dos chefes da maioria da câmara.

Luís
Ah! ah!

Pedro Alves
Acha que vou depressa? Os meus talentos políticos dão razão da celeridade da minha carreira. Se eu fosse uma nulidade, nem alcançaria um diploma. Não acha?

Luís
Tem razão.

Pedro Alves
Por que não tenta a política?

Luís
Porque a política é uma vocação e quando não é vocação é uma especulação. Acontece muitas vezes que, depois de ensaiar diversos caminhos para chegar ao futuro, depara-se finalmente com o da política para

o qual convergem as aspirações íntimas. Comigo não se dá isso. Quando mesmo o encontrasse juncado de flores, passaria por ele para tomar outro mais modesto. Do contrário seria fazer política de especulação.

PEDRO ALVES

Pensa bem.

LUÍS

Prefiro a obscuridade ao remorso que me ficaria de representar um papel ridículo.

PEDRO ALVES

Gosto de ouvir falar assim. Pelo menos, é franco e vai logo dando o nome às coisas. Ora, depois de uma ausência de cinco anos parece que há vontade de passar algumas horas juntos, não? Fique para jantar conosco.

Cena IV

CLARA, PEDRO ALVES, LUÍS

PEDRO ALVES

Clara, aqui está um velho amigo que não vemos há cinco anos.

CLARA

Ah! o Sr. Luís de Melo!

LUÍS

Em pessoa, minha senhora.

Clara
Seja muito bem-vindo! Causa-me uma surpresa agradável.

Luís
V. Exa. honra-me.

Clara
Venha sentar-se. O que nos conta?

Luís
(*conduzindo-a para uma cadeira*)
Para contar tudo fora preciso um tempo interminável.

Clara
Cinco anos de viagem!

Luís
Vi tudo quanto se pode ver nesse prazo. Diante de V. Exa. está um homem que acampou ao pé das pirâmides.

Clara
Oh!

Pedro Alves
Veja isto!

Clara
Contemplado pelos quarenta séculos!

PEDRO ALVES
E nós que o fazíamos a passear pelas capitais da Europa.

CLARA
É verdade, não supúnhamos outra coisa.

LUÍS
Fui comer o pão da vida errante dos meus camaradas árabes. Boa gente! Podem crer que deixei saudades de mim.

CLARA
Admira que entrasse no Rio de Janeiro com esse lúgubre vestuário da nossa prosaica civilização. Devia trazer calça larga, alfange e *burnous*. Nem ao menos *burnous*! Aposto que foi Cádi?

LUÍS
Não, minha senhora; só os filhos de Islã têm direito a esse cargo.

CLARA
Está feito. Vejo que sacrificou cinco anos, mas salvou a sua consciência religiosa.

PEDRO ALVES
Teve saudades de cá?

LUÍS
À noite, na hora de repouso, lembrava-me dos amigos que deixara, e desta terra onde vi a luz. Lembrava-me do Clube, do teatro Lírico, de Petrópolis e

de todas as nossas distrações. Mas vinha o dia, voltava-me eu à vida ativa, e tudo desvanecia-se como um sonho amargo.

PEDRO ALVES
Bem lhe disse eu que não fosse.

LUÍS
Por quê? Foi a idéia mais feliz da minha vida.

CLARA
Faz-me lembrar o justo de que fala o poeta de *Olgiato*, que entre rodas de navalhas diz estar em um leito de rosas.

LUÍS
São versos lindíssimos, mas sem aplicação ao caso atual. A minha viagem foi uma viagem de artista e não de peralvilho; observei com os olhos do espírito e da inteligência. Tanto basta para que fosse uma excursão de rosas.

CLARA
Vale então a pena perder cinco anos?

LUÍS
Vale.

PEDRO ALVES
Se não fosse o meu distrito sempre quisera ir ver essas coisas de perto.

CLARA
Mas que sacrifício! Como é possível trocar os conchegos do repouso e da quietação pelas aventuras de tão penosa viagem?

LUÍS
Se as coisas boas não se alcançassem à custa de um sacrifício, onde estaria o valor delas? O fruto maduro ao alcance da mão do bem-aventurado a quem as huris embalam, só existe no paraíso de Maomé.

CLARA
Vê-se que chega de tratar com árabes?

LUÍS
Pela comparação? Dou-lhe outra mais ortodoxa: o fruto provado por Eva custou-lhe o sacrifício do paraíso terrestre.

CLARA
Enfim, ajunte exemplo sobre exemplo, citação sobre citação, e ainda assim não me fará sair dos meus cômodos.

LUÍS
O primeiro passo é difícil. Dado ele, apodera-se da gente um furor de viajar, que eu chamarei febre de locomoção.

CLARA
Que se apaga pela saciedade?

Luís
Pelo cansaço. E foi o que me aconteceu: parei de cansado. Volto a repousar com as recordações colhidas no espaço de cinco anos.

Clara
Tanto melhor para nós.

Luís
V. Exa. honra-me.

Clara
Já não há medo de que o pássaro abra de novo as asas.

Pedro Alves
Quem sabe?

Luís
Tem razão; dou por findo o meu capítulo de viagem.

Pedro Alves
O pior é não querer abrir agora o da política. A propósito: são horas de ir para a câmara; há hoje uma votação a que não posso faltar.

Luís
Eu vou fazer uma visita na vizinhança.

Pedro Alves
À casa do comendador, não é? Clara, o Sr. Luís de Melo faz-nos a honra de jantar conosco.

CLARA
Ah! quer ser completamente amável.

LUÍS
V. Exa. honra-me sobremaneira... (*a Clara*) Minha senhora! (*a Pedro Alves*) Até logo, meu amigo!

Cena V

CLARA, PEDRO ALVES

PEDRO ALVES
Ouviu como está contente? Reconheço que não há nada para curar uma paixão do que seja uma viagem.

CLARA
Ainda se lembra disso?

PEDRO ALVES
Se me lembro!

CLARA
E teria ele paixão?

PEDRO ALVES
Teve. Posso afiançar que a participação do nosso casamento causou-lhe a maior dor deste mundo.

CLARA
Acha?

PEDRO ALVES
É que o gracejo era pesado demais.

CLARA
Se assim é, mostrou-se generoso, porque mal chegou, já nos veio visitar.

PEDRO ALVES
Também é verdade. Fico conhecendo que as viagens são um excelente remédio para curar paixão.

CLARA
Tenha cuidado.

PEDRO ALVES
Em quê?

CLARA
Em não soltar alguma palavra a esse respeito.

PEDRO ALVES
Descanse, porque eu, além de compreender as conveniências, simpatizo com este moço e agradam-me as suas maneiras. Creio que não há crime nisto, pelo que se passou há cinco anos.

CLARA
Ora, crime!

PEDRO ALVES
Demais, ele mostrou-se hoje tão contente com o nosso casamento, que parece completamente estranho a ele.

CLARA

Pois não vê que é um cavalheiro perfeito? Obrar de outro modo seria cobrir-se de ridículo.

PEDRO ALVES

Bem, são onze horas, vou para a câmara.

CLARA
(*da porta*)

Volta cedo?

PEDRO ALVES

Mal acabar a sessão. O meu chapéu? Ah! (*vai buscá-lo a uma mesa. Clara sai*) Vamos lá com esta famosa votação.

Cena VI

LUÍS, PEDRO ALVES

PEDRO ALVES

Oh!

LUÍS

O comendador não estava em casa, lá deixei o meu cartão de visita. Aonde vai?

PEDRO ALVES

À câmara.

LUÍS

Ah!

PEDRO ALVES
Venha comigo.

LUÍS
Não se pode demorar alguns minutos?

PEDRO ALVES
Posso.

LUÍS
Pois conversemos.

PEDRO ALVES
Dou-lhe meia hora.

LUÍS
Demais o seu boleeiro dorme tão a sono solto que é uma pena acordá-lo.

PEDRO ALVES
O tratante não faz outra coisa.

LUÍS
O que lhe vou comunicar é grave e importante.

PEDRO ALVES
Não me assuste.

LUÍS
Não há de quê. Ouça, porém. Chegado há três dias, tive eu tempo de ir ontem mesmo a um baile. Estava com sede de voltar à vida ativa em que me eduquei e não perdi a oportunidade.

Pedro Alves
Compreendo a sofreguidão.

Luís
O baile foi na casa do colégio da sua enteada.

Pedro Alves
Minha mulher não foi por causa de um leve incômodo. Dizem que esteve uma bonita função.

Luís
É verdade.

Pedro Alves
Não achou a Clarinha uma bonita moça?

Luís
Se achei bonita? Tanto que venho pedi-la em casamento.

Pedro Alves
Oh!

Luís
De que se admira? Acha extraordinário?

Pedro Alves
Não, pelo contrário, acho natural.

Luís
Faço-lhe o pedido com franqueza; peço-lhe que responda com igual franqueza.

PEDRO ALVES
Oh! da minha parte a resposta é toda afirmativa.

LUÍS
Posso contar com igual resposta da outra parte?

PEDRO ALVES
Se houver dúvida, aqui estou eu para pleitear a sua causa.

LUÍS
Tanto melhor.

PEDRO ALVES
Tencionávamos trazê-la amanhã cedo para casa.

LUÍS
Graças a Deus! Cheguei a tempo.

PEDRO ALVES
Com franqueza, causa-me com isso um grande prazer.

LUÍS
Sim?

PEDRO ALVES
Confirmaremos pelos laços do parentesco os vínculos da simpatia.

LUÍS
Obrigado. O casamento é contagioso, e a felicidade alheia é um estímulo. Quando ontem saí do

baile trouxe o coração aceso, mas nada tinha assentado de definitivo. Porém tanto lhe ouvi falar de sua felicidade que não pude deixar de pedir-lhe me auxilie no intento de ser também feliz.

PEDRO ALVES
Bem lhe dizia eu há pouco que havia de me acompanhar os passos.

LUÍS
Achei essa moça, que apenas sai da infância, tão simples e tão cândida, que não pude deixar de olhá-la como o gênio benfazejo da minha sorte futura. Não sei se ao meu pedido corresponderá a vontade dela, mas resigno-me às conseqüências.

PEDRO ALVES
Tudo será feito a seu favor.

LUÍS
Eu mesmo irei pedi-la à Sra. D. Clara. Se porventura encontrar oposição, peço-lhe então que interceda por mim.

PEDRO ALVES
Fica entendido.

LUÍS
Hoje que volto ao repouso, creio que me fará bem a vida pacífica, no meio dos afagos de uma esposa terna e bonita. Para que o pássaro não torne a abrir as asas, é preciso dar-lhe gaiola e uma linda gaiola.

PEDRO ALVES
Bem; eu vou para a câmara e volto apenas acabada a votação. Fique aqui e exponha a sua causa à minha mulher que o ouvirá com benevolência.

LUÍS
Dá-me esperanças?

PEDRO ALVES
Todas. Seja firme e instante.

Cena VII

CLARA, LUÍS

LUÍS
Parece-me que vou entrar em uma batalha.

CLARA
Ah! não esperava encontrá-lo.

LUÍS
Estive com o Sr. Pedro Alves. Neste momento foi ele para a câmara. Ouça: lá partiu o carro.

CLARA
Conversaram muito?

LUÍS
Alguma coisa, minha senhora.

CLARA
Como bons amigos?

Luís
Como excelentes amigos.

Clara
Contou-lhe a sua viagem?

Luís
Já tive a honra de dizer a V. Exa. que a minha viagem pede muito tempo para ser narrada.

Clara
Escreva-a então. Há muito episódio?

Luís
Episódios de viagem, tão-somente, mas que trazem sempre a sua novidade.

Clara
O seu escrito brilhará pela imaginação, pelos belos achados da sua fantasia.

Luís
É o meu pecado original.

Clara
Pecado?

Luís
A imaginação.

Clara
Não vejo pecado nisso.

Luís
A fantasia é um vidro de cor, um óculo brilhante, porém mentiroso...

Clara
Não me lembra de lhe ter dito isso.

Luís
Também eu não digo que V. Exa. mo tenha dito.

Clara
Faz mal em vir do deserto, só para recordar algumas palavras que me escaparam há cinco anos.

Luís
Repeti-as como de autoridade. Não eram a sua opinião?

Clara
Se quer que lhe minta, respondo afirmativamente.

Luís
Então deveras vale alguma coisa elevar-se acima dos espíritos vulgares e ver a realidade das coisas pela porta da imaginação?

Clara
Se vale! A vida fora bem prosaica se lhe não emprestássemos cores nossas e não a vestíssemos à nossa maneira.

Luís
Perdão, mas...

CLARA
Pode averbar-me de suspeita, está no seu direito. Nós outras as mulheres, somos as filhas da fantasia; é preciso levar em conta que eu falo em defesa da mãe comum.

LUÍS
Está-me fazendo crer em milagres?

CLARA
Onde vê o milagre?

LUÍS
Na conversão de V. Exa.

CLARA
Não crê que eu esteja falando a verdade?

LUÍS
Creio que é tão verdadeira hoje, como foi há cinco anos, e é nisso que está o milagre da conversão.

CLARA
Pois será conversão. Não tem mais que bater palmas pela ovelha rebelde que volta ao aprisco. Os homens tomaram tudo e mal deixaram às mulheres as regiões do ideal. As mulheres ganharam. Para a maior parte o ideal da felicidade é a vida plácida, no meio das flores, ao pé de um coração que palpita. Elas sonham com o perfume das flores, com as escumas do mar, com os raios da lua e todo o material da poesia moderna. São almas delicadas, mal compreendidas e muito caluniadas.

LUÍS
Não defenda com tanto ardor o seu sexo, minha senhora. É de uma alma generosa, mas não de um gênio observador.

CLARA
Anda assim mal com ele?

LUÍS
Mal por quê?

CLARA
Eu sei!

LUÍS
Aprendi a respeitá-lo, e quando assim não fosse, sei perdoar.

CLARA
Perdoar, como os reis, as ofensas por outrem recebidas.

LUÍS
Não, perdoar as próprias.

CLARA
Ah! foi vítima! Tinha vontade de conhecer o seu algoz. Como se chama?

LUÍS
Não costumo a conservar tais nomes.

CLARA
Reparo uma coisa.

Luís
O que é?

Clara
É que em vez de voltar mouro, voltou profundamente cristão.

Luís
Voltei como fui: fui homem e voltei homem.

Clara
Chama ser homem o ser cruel?

Luís
Cruel em quê?

Clara
Cruel, cruel como todos são! A generosidade humana não pára no perdão das culpas, vai até o conforto do culpado. Nesta parte não vejo os homens de acordo com o evangelho.

Luís
É que os homens que inventaram a expiação legal, consagram também uma expiação moral. Quando esta não se dá, o perdão não é um dever, porém uma esmola que se faz à consciência culpada, e tanto basta para desempenho da caridade cristã.

Clara
O que é essa expiação moral?

Luís
É o remorso.

Clara
Conhece tabeliães que passam certificados de remorso? É uma expiação que pode não ser acreditada e existir entretanto.

Luís
É verdade. Mas para os casos morais há provas morais.

Clara
Adquiriu essa rigidez no trato com os árabes?

Luís
Valia a pena ir tão longe para adquiri-la, não acha?

Clara
Valia.

Luís
Posso elevar-me assim até ser um espírito sólido.

Clara
Espírito sólido? Não há dessa gente por onde andou?

Luís
No Oriente tudo é poeta, e os poetas dispensam bem a glória de espíritos sólidos.

Clara
Predomina lá a imaginação, não é?

Luís
Com toda a força do verbo.

Clara
Faz-me crer que encontrou a suspirada exceção que... lembra-se?

Luís
Encontrei, mas deixei-a passar.

Clara
Oh!

Luís
Escrúpulo religioso, orgulho nacional, que sei eu?

Clara
Cinco anos perdidos!

Luís
Cinco anos ganhos. Gastei-os a passear, enquanto a minha violeta se educava cá num jardim.

Clara
Ah!... viva então o nosso clima!

Luís
Depois de longos dias de solidão, há necessidade de quem nos venha fazer companhia, compartir as nossas alegrias e mágoas, e arrancar o primeiro cabelo que nos alvejar.

Clara
Há.

Luís
Não acha?

Clara
Mas quando pensando encontrar a companhia desejada, encontra-se o aborrecimento e a insipidez encarnadas no objeto da nossa escolha?

Luís
Nem sempre é assim.

Clara
As mais das vezes é. Tenha cuidado!

Luís
Oh! por esse lado estou livre de errar.

Clara
Mas onde está essa flor?

Luís
Quer saber?

Clara
Quero, e também o seu nome.

Luís
O seu nome é lindíssimo. Chama-se Clara.

Clara
Obrigada! E eu conheço-a?

Luís
Tanto como a si própria.

CLARA
Sou sua amiga?

LUÍS
Tanto como o é de si.

CLARA
Não sei quem seja.

LUÍS
Deixemos o terreno das alusões vagas; é melhor falar francamente. Venho pedir-lhe a mão de sua filha.

CLARA
De Clara!

LUÍS
Sim, minha senhora. Vi-a há dois dias; está bela como a adolescência em que entrou. Revela uma expressão de candura tão angélica que não pode deixar de agradar a um homem de imaginação, como eu. Tem além disso uma vantagem: não entrou ainda no mundo, está pura de todo contato social; para ela os homens estão na mesma plana e o seu espírito ainda não pode fazer distinção entre o espírito sólido e o homem do ideal. É-lhe fácil aceitar um ou outro.

CLARA
Com efeito, é uma surpresa com que eu menos contava.

Luís
Posso considerar-me feliz?

Clara
Eu sei! Por mim decido, mas eu não sou a cabeça do casal.

Luís
Pedro Alves já me deu seu consentimento.

Clara
Ah!

Luís
Versou sobre isso a nossa conversa.

Clara
Nunca pensei que chegássemos a esta situação.

Luís
Falo como um parente. Se V. Exa. não teve bastante espírito para ser minha esposa, deve tê-lo pelo menos, para ser minha sogra.

Clara
Ah!

Luís
Que quer? Todos temos um dia de desencantos. O meu foi há cinco anos, hoje o desencantado não sou eu.

Cena VIII

Luís, Pedro Alves, Clara

PEDRO ALVES
Não houve sessão: a minoria fez gazeta. (*a Luís*) Então?

LUÍS
Tenho o consentimento de ambos.

PEDRO ALVES
Clara não podia deixar de atender ao seu pedido.

CLARA
Peço-lhe que faça a felicidade dela.

LUÍS
Consagrarei nisso minha vida.

PEDRO ALVES
Por mim, hei de sempre ver se posso resolvê-lo a aceitar um distrito nas próximas eleições.

LUÍS
Não será melhor ver primeiro se o distrito me aceitará?

O CAMINHO DA PORTA
e
O PROTOCOLO

CARTA A QUINTINO BOCAIÚVA*

Meu amigo,

Vou publicar as minhas duas comédias de estréia; e não quero fazê-lo sem conselho da tua competência.

Já uma crítica benévola e carinhosa, em que tomaste parte, consagrou a estas duas composições palavras de louvor e animação.

Sou imensamente reconhecido, por tal, aos meus colegas da imprensa.

Mas o que recebeu na cena o batismo do aplauso pode, sem inconveniente, ser trasladado para o papel? A diferença entre os dois meios de publicação não modifica o juízo, não altera o valor da obra?

É para a solução destas dúvidas que recorro à tua autoridade literária.

---

* Esta carta e a resposta de Quintino Bocaiúva foram incluídas por Machado de Assis na 1ª edição de suas peças *O caminho da porta* e *O protocolo*, em 1863.

O juízo da imprensa viu nestas duas comédias – simples tentativas de autor tímido e receoso. Se a minha afirmação não envolve suspeitas de vaidade disfarçada e mal cabida, declaro que nenhuma outra solução levo nesses trabalhos. Tenho o teatro por coisa muito séria, e as minhas forças por coisa muito insuficiente; penso que as qualidades necessárias ao autor dramático desenvolvem-se e apuram-se com o tempo e o trabalho; cuido que é melhor tatear para achar; é o que procurei e procuro fazer.

Caminhar destes simples grupos de cenas – à comédia de maior alcance, onde o estudo dos caracteres seja consciencioso e acurado, onde a observação da sociedade se case ao conhecimento prático das condições do gênero – eis uma ambição própria de ânimo juvenil, e que eu tenho a imodéstia de confessar.

E, tão certo estou da magnitude da conquista, que me não dissimulo o longo estádio que há percorrer para alcançá-la. E mais. Tão difícil me parece este gênero literário, que, sob as dificuldades aparentes, se me afigura que outras haverão menos superáveis e tão sutis, que ainda as não posso ver.

Até onde vai a ilusão dos meus desejos? Confio demasiado na minha perseverança? Eis o que espero saber de ti.

E dirijo-me a ti, entre outras razões, por mais duas, que me parecem excelentes: razão de estima literária e razão de estima pessoal. Em respeito à tua modéstia, calo o que te devo de admiração e reconhecimento.

O que nos honra, a mim e a ti, é que a tua imparcialidade e a minha submissão ficam salvas da mínima suspeita. Serás justo e eu dócil; terás ainda por isso o meu reconhecimento; e eu escapo a esta terrível sentença de um escritor: *"Les amitiés que ne résistent pas à la franchise, valent-elles un regret?"*

Teu amigo e colega,

    Machado de Assis.

CARTA AO AUTOR

Machado de Assis,

Respondo à tua carta. Pouco preciso dizer-te. Fazes bem em dar ao prelo os teus primeiros ensaios dramáticos. Fazes bem, porque essa publicação envolve uma promessa e acarreta sobre ti uma responsabilidade para com o público. E o público tem o direito de ser exigente contigo. És moço, e foste dotado pela Providência com um belo talento. Ora, o talento é uma arma divina que Deus concede aos homens para que estes a empreguem no melhor serviço dos seus semelhantes. A idéia é uma força. Inoculá-la no seio das massas é inocular-lhe o sangue puro da regeneração moral. O homem que se civiliza, cristianiza-se. Quem se ilustra, edifica-se. Porque a luz que nos esclarece a razão é a que nos alumia a consciência. Quem aspira a ser grande, não pode deixar de aspirar a ser bom. A virtude é a primeira grandeza deste mundo. O grande homem é o homem de bem. Repito, pois, nessa obra de cultivo literário há uma obra de edificação moral.

Das muitas e variadas formas literárias que existem e que se prestam ao conseguimento desse fim escolheste a forma dramática. Acertaste. O drama é a forma mais popular, a que mais se nivela com a alma do povo, a que mais recursos possui para atuar sobre o seu espírito, a que mais facilmente o comove e exalta; em resumo, a que tem meios mais poderosos para influir sobre o seu coração.

Quando assim me exprimo, é claro que me refiro às tuas comédias, aceitando-as como elas devem ser aceitas por mim e por todos, isto é, como um ensaio, como uma experiência, e, se podes admitir a frase, como uma ginástica de estilo.

A minha franqueza e a lealdade que devo à estima que me confessas obrigam-me a dizer-te em público o que já te disse em particular. As tuas duas comédias, modeladas ao gosto dos provérbios franceses, não revelam nada mais do que a maravilhosa aptidão do teu espírito, a profusa riqueza do teu estilo. Não inspiram nada mais do que simpatia e consideração por um talento que se amaneira a todas as formas da concepção.

Como lhes falta a idéia, falta-lhes a base. São belas, porque são bem escritas. São valiosas, como artefatos literários, mas até onde a minha vaidosa presunção crítica pode ser tolerada, devo declarar-te que elas são frias e insensíveis, como todo o sujeito sem alma.

Debaixo deste ponto de vista, e respondendo a uma interrogação direta que me diriges, devo dizer-te que havia mais perigo em apresentá-las ao público sobre a rampa da cena do que há em oferecê-las à leitura calma e refletida. O que no teatro podia servir de obstáculo à apreciação da tua obra, favorece-a no gabinete. As tuas comédias são para serem lidas e não representadas. Como elas são um brinco de espírito podem distrair o espírito. Como não têm coração não podem pretender sensibilizar a ninguém. Tu mesmo assim as consideras, e reconhecer isso é dar prova de bom critério consigo mesmo, qualidade rara de encontrar-se entre os autores.

O que desejo, o que te peço, é que apresentes nesse mesmo gênero algum trabalho mais sério, mais novo, mais original e mais completo. Já fizeste esboços, atira-te à grande pintura.

Posso garantir-te que conquistarás aplausos mais convencidos e mais duradouros.

Em todo caso, repito-te que fazes bem. Sujeita-te à crítica de todos, para que possas corrigir-te a ti mesmo. Como te mostras despretensioso, colherás o fruto são da tua modéstia não fingida. Pela minha parte estou sempre disposto a acompanhar-te, retribuindo-te em simpatia toda a consideração que me impõe a tua jovem e vigorosa inteligência.

Teu

   Q. Bocaiúva.

O CAMINHO DA PORTA

Comédia em um ato

Representada pela primeira vez no
Ateneu Dramático do Rio de Janeiro
em setembro de 1862.

PERSONAGENS

Doutor Cornélio
Valentim
Inocêncio
Carlota

Atualidade.

Em casa de Carlota

(*Sala elegante. – Duas portas no fundo, portas laterais, consolos, piano, divã, poltronas, cadeiras, mesa, tapete, espelhos, quadros; figuras sobre os consolos; álbum, alguns livros, lápis, etc. sobre a mesa.*)

Cena I

Valentim (*assentado à esquerda alta*);
o Doutor (*entrando*)

Valentim

Ah! És tu?

Doutor

Oh! Hoje é o dia das surpresas. Acordo, leio os jornais e vejo anunciado para hoje o *Trovador*. Primeira surpresa. Lembro-me de passar por aqui para saber se D. Carlota queria ir ouvir a ópera de Verdi, e vinha pensando na triste figura que devia fazer em casa de uma moça do tom às 10 horas da manhã, quando te encontro firme como uma sentinela no posto. Duas surpresas.

Valentim
A triste figura sou eu?

Doutor
Acertaste. Lúcido como uma sibila. Fazes uma triste figura, não to devo ocultar.

Valentim
(*irônico*)
Ah!

Doutor
Tens ar de não dar crédito ao que digo! Pois olha, tens diante de ti a verdade em pessoa, com a diferença de não sair de um poço mas da cama, e de vir em traje menos primitivo. Quanto ao espelho, se o não trago comigo, há nesta sala um que nos serve com a mesma sinceridade. Mira-te ali. Estás ou não uma triste figura?

Valentim
Não me aborreças.

Doutor
Confessas então?

Valentim
És divertido como os teus protestos de virtuoso! Aposto que me queres fazer crer no desinteresse das tuas visitas a D. Carlota?

Doutor
Não.

Valentim
Ah!

Doutor
Sou hoje mais assíduo do que era há um mês, e a razão é que há um mês que começaste a fazer-lhe corte.

Valentim
Já sei: não me queres perder de vista.

Doutor
Presumido! Eu sou lá inspetor dessas coisas? Ou antes, sou; mas o sentimento que me leva a estar presente a essa batalha pausada e paciente está muito longe do que pensas; estudo o amor.

Valentim
Somos então os teus compêndios?

Doutor
É verdade.

Valentim
E o que tens aprendido?

Doutor
Descobri que o amor é uma pescaria…

Valentim
Queres saber de uma coisa? Estás prosaico como os teus libelos.

Doutor
Descobri que o amor é uma pescaria...

Valentim
Vai-te com os diabos!

Doutor
Descobri que o amor é uma pescaria. O pescador senta-se sobre um penedo, à beira do mar. Tem ao lado uma cesta com iscas; vai pondo uma por uma no anzol, e atira às águas a pérfida linha. Assim gasta horas e dias até que o descuidado filho das águas agarra no anzol, ou não agarra e...

Valentim
És um tolo.

Doutor
Não contesto; pelo interesse que tomo por ti. Realmente dói-me ver-te há tantos dias exposto ao sol, sobre o penedo, com o caniço na mão, a gastar as tuas iscas e a tua saúde, quero dizer, a tua honra.

Valentim
A minha honra?

Doutor
A tua honra, sim. Pois para um homem de senso e um tanto sério o ridículo não é uma desonra? Tu estás ridículo. Não há um dia em que não venhas gastar três, quatro, cinco horas a cercar esta viúva de galanteios e atenções, acreditando talvez ter adiantado muito, mas estando ainda hoje como quando co-

meçaste. Olha, há Penélopes da virtude e Penélopes do galanteio. Umas fazem e desmancham teias por terem muito juízo; outras as fazem e desmancham por não terem nenhum.

VALENTIM
Não deixas de ter uma tal ou qual razão.

DOUTOR
Ora, graças a Deus!

VALENTIM
Devo porém prevenir-te de uma coisa: é que ponho nesta conquista a minha honra. Jurei aos meus deuses casar-me com ela e hei de manter o meu juramento.

DOUTOR
Virtuoso romano!

VALENTIM
Faço o papel de Sísifo. Rolo a minha pedra pela montanha; quase a chegar com ela ao cimo, uma mão invisível fá-la despenhar de novo, e aí volto a repetir o mesmo trabalho. Se isto é um infortúnio, não deixa de ser uma virtude.

DOUTOR
A virtude da paciência. Empregavas melhor essa virtude em fazer palitos do que em fazer a roda a esta namoradeira. Sabes o que aconteceu aos companheiros de Ulisses passando pela ilha de Circe? Ficaram transformados em porcos. Melhor sorte teve

Actéon que por espreitar Diana no banho passou de homem a veado. Prova evidente de que é melhor pilhá-las no banho do que andar-lhes à roda nos tapetes da sala.

Valentim
Passas de prosaico a cínico.

Doutor
É uma modificação. Tu estás sempre o mesmo ridículo.

Cena II

Os mesmos, Inocêncio (*trazido por um criado*)

Inocêncio
Oh!

Doutor
(baixo a Valentim)
Chega o teu competidor.

Valentim
(baixo)
Não me vexes.

Inocêncio
Meus senhores! Já por cá? Madrugaram hoje!

Doutor
É verdade. E V. S.?

INOCÊNCIO
Como está vendo. Levanto-me sempre com o sol.

DOUTOR
Se V. S. é outro.

INOCÊNCIO
(*não compreendendo*)
Outro quê? Ah! Outro sol! Este doutor tem umas expressões tão... fora do vulgar! Ora veja, a mim ainda ninguém se lembrou de dizer isto. Sr. Doutor, V. S. há de tratar de um negócio que trago pendente no foro. Quem fala assim é capaz de seduzir a própria lei!

DOUTOR
Obrigado!

INOCÊNCIO
Onde está a encantadora D. Carlota? Trago-lhe este ramalhete que eu próprio colhi e arranjei. Olhem como estas flores estão bem combinadas: rosas, paixão; açucenas, candura. Que tal?

DOUTOR
Engenhoso!

INOCÊNCIO
(*dando-lhe o braço*)
Agora ouça, Sr. Doutor. Decorei umas quatro palavras para dizer ao entregar-lhe estas flores. Veja se condizem com o assunto.

DOUTOR
Sou todo ouvidos.

INOCÊNCIO
"Estas flores são um presente que a primavera faz à sua irmã por intermédio do mais ardente admirador de ambas." Que tal?

DOUTOR
Sublime! (*Inocêncio ri-se à socapa*) Não é da mesma opinião?

INOCÊNCIO
Pudera não ser sublime: se eu próprio copiei isto de um *Secretário dos Amantes*!

DOUTOR
Ah!

VALENTIM
(*baixo ao Doutor*)
Gabo-te a paciência!

DOUTOR
(*dando-lhe o braço*)
Pois que tem! É miraculosamente tolo. Não é da mesma espécie que tu...

VALENTIM
Cornélio!

DOUTOR
Descansa; é de outra muito pior.

Cena III

Os mesmos, C<small>ARLOTA</small>

C<small>ARLOTA</small>
Perdão, meus senhores, de os haver feito esperar... (*distribui apertos de mão*)

V<small>ALENTIM</small>
Nós é que lhe pedimos desculpa de havermos madrugado deste modo...

D<small>OUTOR</small>
A mim, traz-me um motivo justificável.

C<small>ARLOTA</small>
(*rindo*)
Ver-me? (*vai sentar-se*)

D<small>OUTOR</small>
Não.

C<small>ARLOTA</small>
Não é um motivo justificável, esse?

D<small>OUTOR</small>
Sem dúvida; incomodá-la é que o não é. Ah! minha senhora, eu aprecio mais do que nenhum outro o despeito que deve causar a uma moça uma interrupção no serviço da *toilette*. Creio que é coisa tão séria como uma quebra de relações diplomáticas.

CARLOTA

O Sr. Doutor graceja e exagera. Mas qual é esse motivo que justifica a sua entrada em minha casa, a esta hora?

DOUTOR

Venho receber as suas ordens acerca da representação desta noite.

CARLOTA

Que representação?

DOUTOR

Canta-se o *Trovador*.

INOCÊNCIO

Bonita peça!

DOUTOR

Não pensa que deve ir?

CARLOTA

Sim, e agradeço-lhe a sua amável lembrança. Já sei que vem oferecer-me o seu camarote. Olhe, há de desculpar-me este descuido, mas prometo que vou quanto antes tomar uma assinatura.

INOCÊNCIO
(*a Valentim*)
Ando desconfiado do Doutor!

VALENTIM

Por quê?

INOCÊNCIO

Veja como ela o trata! Mas eu vou desbancá-lo, com minha frase do *Secretário dos Amantes*... (*indo a Carlota*) Minha senhora, estas flores são um presente que a primavera faz à sua irmã...

DOUTOR
(*completando a frase*)
Por intermédio do mais ardente admirador de ambas.

INOCÊNCIO
Sr. Doutor!

CARLOTA
O que é?

INOCÊNCIO
(*baixo*)
Isto não se faz! (*a Carlota*) Aqui tem, minha senhora...

CARLOTA
Agradecida. Por que se retirou ontem tão cedo? Não lho quis perguntar... de boca; mas creio que o interroguei com o olhar.

INOCÊNCIO
(*no cúmulo da satisfação*)
De boca?... Com o olhar?... Ah! queira perdoar, minha senhora... mas um motivo imperioso...

DOUTOR
Imperioso... não é delicado.

CARLOTA
Não exijo saber o motivo; supus que se houvesse passado alguma coisa que o desgostasse...

INOCÊNCIO
Qual, minha senhora; o que se poderia passar? Não estava eu diante de V. Exa. para consolar-me com seus olhares de algum desgosto que houvesse? E não houve nenhum.

CARLOTA
(*ergue-se e bate-lhe com o leque no ombro*)
Lisonjeiro!

DOUTOR
(*descendo entre ambos*)
V. Exa. há de desculpar-me se interrompo uma espécie de idílio com uma coisa prosaica, ou antes com outro idílio, de outro gênero, um idílio do estômago; o almoço...

CARLOTA
Almoça conosco?

DOUTOR
Oh! minha senhora, não seria capaz de interrompê-la; peço simplesmente licença para ir almoçar com um desembargador da relação a quem tenho de prestar umas informações.

CARLOTA
Sinto que na minha perda, ganhe um desembargador; não sabe como odeio a toda essa gente do foro; faço apenas uma exceção.

DOUTOR

Sou eu.

CARLOTA
(*sorrindo*)
É verdade. Donde concluiu?

DOUTOR

Estou presente!

CARLOTA

Maldoso!

DOUTOR

Fica, não, Sr. Inocêncio?

INOCÊNCIO

Vou. (*baixo ao Doutor*) Estalo de felicidade!

DOUTOR

Até logo!

INOCÊNCIO

Minha senhora!

Cena IV

CARLOTA, VALENTIM

CARLOTA

Ficou?

VALENTIM
(indo buscar o chapéu)
Se a incomodo...

CARLOTA
Não. Dá-me prazer até. Ora, por que há de ser tão suscetível a respeito de tudo o que lhe digo?

VALENTIM
É muita bondade. Como não quer que seja suscetível? Só depois de estarmos a sós é que V. Exa. se lembra de mim. Para um velho gaiteiro acha V. Exa. palavras cheias de bondade e sorrisos cheios de doçura.

CARLOTA
Deu-lhe agora essa doença? *(vai sentar-se junto à mesa)*

VALENTIM
(senta-se junto à mesa defronte de Carlota)
Oh! não zombe, minha senhora! Estou certo de que os mártires romanos prefeririam a morte rápida à luta com as feras do circo. O seu sarcasmo é uma fera indomável; V. Exa. tem certeza disso e não deixa de lançá-lo em cima de mim.

CARLOTA
Então sou temível? Confesso que ainda agora o sei. *(uma pausa)* Em que cisma?

VALENTIM
Eu?... em nada!

CARLOTA
Interessante colóquio!

VALENTIM
Devo crer que não faço uma figura nobre e séria. Mas não me importa isso! A seu lado eu afronto todos os sarcasmos do mundo. Olhe, eu nem sei o que penso, nem sei o que digo. Ridículo que pareça, sinto-me tão elevado o espírito que chego a supor em mim algum daqueles toques divinos com que a mão dos deuses elevava os mortais e lhes inspirava forças e virtudes fora do comum.

CARLOTA
Sou eu a deusa...

VALENTIM
Deusa, como ninguém sonhara nunca; com a graça de Vênus e a majestade de Juno. Sei eu mesmo defini-la? Posso eu dizer em língua humana o que é esta reunião de atrativos únicos feitos pela mão da natureza como uma prova suprema do seu poder? Dou-me por fraco, certo de que nem pincel nem lira poderão fazer mais do que eu.

CARLOTA
Oh! é demais! Deus me livre de o tomar por espelho. Os meus são melhores. Dizem coisas menos agradáveis, porém mais verdadeiras.

VALENTIM
Os espelhos são obras humanas; imperfeitos, como todas as obras humanas. Que melhor espelho, quer V. Exa., que uma alma ingênua e cândida?

CARLOTA
Em que corpo encontrarei... esse espelho?

VALENTIM
No meu.

CARLOTA
Supõe-se cândido e ingênuo?

VALENTIM
Não me suponho, sou.

CARLOTA
É por isso que traz perfumes e palavras que embriagam? Se há candura é em querer fazer-me crer...

VALENTIM
Oh! não queira V. Exa. trocar os papéis. Bem sabe que os seus perfumes e as suas palavras é que embriagam. Se eu falo um tanto diversamente do comum é porque falam em mim o entusiasmo e a admiração. Quanto a V. Exa. basta abrir os lábios para deixar cair dele aromas e filtros cujo segredo só a natureza conhece.

CARLOTA
Estimo antes vê-lo assim. (*começa a desenhar distraidamente em um papel*)

VALENTIM
Assim... como?

CARLOTA
Menos... melancólico.

VALENTIM
É esse o caminho do seu coração?

CARLOTA
Queria que eu própria lho indicasse? Seria trair-me, e tirava-lhe a graça e a glória de o encontrar por seus próprios esforços.

VALENTIM
Onde encontrarei um roteiro?...

CARLOTA
Isso não tinha graça! A glória está em achar o desconhecido depois da luta e do trabalho... Amar e fazer-se amar por um roteiro... oh! que coisa de mau gosto!

VALENTIM
Prefiro esta franqueza. Mas V. Exa. deixa-me no meio de uma encruzilhada com quatro ou cinco caminhos diante de mim, sem saber qual hei de tomar. Acha que isto é de coração compassivo?

CARLOTA
Ora! siga por um deles, à direita ou à esquerda.

VALENTIM
Sim, para chegar ao fim e encontrar um muro; voltar, tomar depois por outro...

CARLOTA

E encontrar outro muro? É possível. Mas a esperança acompanha os homens e com a esperança, neste caso, a curiosidade. Enxugue o suor, descanse um pouco, e volte a procurar o terceiro, o quarto, o quinto caminho, até encontrar o verdadeiro. Suponho que todo o trabalho se compensará com o achado final.

VALENTIM

Sim. Mas, se depois de tanto esforço for encontrar-me no verdadeiro caminho com algum outro viandante de mais tino e fortuna?

CARLOTA

Outro?... que outro? Mas... isto é uma simples conversa... O Sr. faz-me dizer coisas que não devo... (*cai o lápis ao chão, Valentim apressa-se em apanhá-lo e ajoelha nesse ato*)

CARLOTA

Obrigada. (*vendo que ele continua ajoelhado*) Mas levante-se!

VALENTIM

Não seja cruel!

CARLOTA

Faça o favor de levantar-se!

VALENTIM
(*levantando-se*)
É preciso pôr um termo a isto!

CARLOTA
(*fingindo-se distraída*)
A isto o quê?

VALENTIM
V. Exa. é de um sangue-frio de matar!

CARLOTA
Queria que me fervesse o sangue? Tinha razão para isso. A que propósito fez esta cena de comédia?

VALENTIM
V. Exa. chama a isto comédia?

CARLOTA
Alta comédia, está entendido. Mas que é isto? Está com lágrimas nos olhos?

VALENTIM
Eu? ora... ora... que lembrança!

CARLOTA
Quer que lhe diga? Está ficando ridículo.

VALENTIM
Minha senhora!

CARLOTA
Oh! ridículo! ridículo!

VALENTIM
Tem razão. Não devo parecer outra coisa a seus olhos! O que sou eu para V. Exa.? Um ente vulgar,

uma fácil conquista que V. Exa. entretém, ora animando, ora repelindo, sem deixar nunca conceber esperanças fundadas e duradouras. O meu coração virgem deixou-se arrastar. Hoje, se quisesse arrancar de mim este amor, era preciso arrancar com ele a vida. Oh! não ria, que é assim!

Carlota
Sinto que não possa ouvi-lo com interesse.

Valentim
Por que motivo havia de me ouvir com interesse?

Carlota
Não é por ter a alma seca; é por não acreditar nisso.

Valentim
Não acredita?

Carlota
Não.

Valentim
(*esperançoso*)
E se acreditasse?

Carlota
(*com indiferença*)
Se acreditasse, acreditava!

Valentim
Oh! é cruel!

CARLOTA
(*depois de um silêncio*)
Que é isso? Seja forte! Se não por si, ao menos pela posição esquerda em que me coloca.

VALENTIM
(*sombrio*)
Serei forte! Fraco no parecer de alguns... forte no meu... Minha senhora!

CARLOTA
(*assustada*)
Onde vai?

VALENTIM
Até... minha casa! Adeus! (*sai arrebatadamente. Carlota pára estacada; depois vai ao fundo, volta ao meio da cena, vai à direita; entra o Doutor*)

Cena V

CARLOTA, O DOUTOR

DOUTOR
Não me dirá, minha senhora, o que tem Valentim que passou por mim como um raio, agora, na escada?

CARLOTA
Eu sei! Ia mandar em procura dele. Disse-me aqui umas palavras ambíguas, estava exaltado, creio que...

DOUTOR

Que se vai matar?... (*correndo para a porta*) Faltava mais esta!... (*estaca*) Não, não se há de matar!

CARLOTA

Ah! por quê?

DOUTOR

Porque mora longe. No caminho há de refletir e mudar de parecer. Os olhos das damas já perderam o condão de levar um pobre diabo à sepultura; raros casos provam uma diminuta exceção.

CARLOTA

De que olhos e de que condão me fala?

DOUTOR

Do condão de seus olhos, minha senhora! Mas que influência é essa que V. Exa. exerce sobre o espírito de quantos se deixam apaixonar por seus encantos? A um inspira a idéia de matar-se; a outro, exalta-o de tal modo, com algumas palavras e um toque de seu leque, que quase chega a ser causa de um ataque apoplético!

CARLOTA

Está-me falando grego!

DOUTOR

Quer português, minha senhora? Vou tra-duzir o meu pensamento. Valentim é meu amigo. É um rapaz, não direi virgem de coração, mas com tendências às paixões de sua idade. V. Exa. por sua graça e beleza inspirou-lhe, ao que parece, um desses amores profundos de que os romances dão exemplo. Com vinte e cinco anos, inteligente, benquisto, podia fazer um melhor papel que o de namorado sem ventura. Graças a V. Exa., todas as suas qualidades estão anuladas: o rapaz não pensa, não vê, não conhece, não compreende ninguém mais que não seja V. Exa.

CARLOTA
Pára aí a fantasia?

DOUTOR
Não, senhora. Ao seu carro atrelou-se com o meu amigo, um velho, um velho, minha senhora, que, com o fim de lhe parecer melhor, pinta a coroa venerável de seus cabelos brancos. De sério que era, fê-lo V. Exa. uma figurinha de papelão, sem vontade nem ação própria. Destes sei eu; ignoro se mais alguns dos que freqüentam esta casa andam atordoados como estes dois. Creio, minha senhora, que lhe falei no português mais vulgar e próprio para me fazer entender.

CARLOTA
Não sei até que ponto é verdadeira toda essa história, mas consinta que lhe observe quanto andou errado em bater à minha porta. Que lhe posso eu fazer? Sou eu culpada de alguma coisa? A ser verdade isso que contou, a culpa é da natureza que os fez fáceis de amar, e a mim, me fez... bonita?

DOUTOR
Pode dizer mesmo – encantadora.

CARLOTA

Obrigada!

DOUTOR

Em troca do adjetivo deixe acrescentar outro não menos merecido: namoradeira.

CARLOTA

Hein?

DOUTOR

Na-mo-ra-dei-ra!

CARLOTA

Está dizendo coisas que não têm senso comum.

DOUTOR

O senso comum é comum a dois modos de entender. É mesmo a mais de dois. É uma desgraça que nos achemos em divergência.

CARLOTA

Mesmo que fosse verdade não era delicado dizer...

DOUTOR

Esperava por essa. Mas V. Exa. esquece que eu, lúcido como estou hoje, já tive os meus momentos de alucinação. Já fiei como Hércules a seus pés. Lembra-se? Foi há três anos. Incorrigível a respeito de amores, tinha razões para estar curado, quando vim cair em suas mãos. Alguns alopatas costumam mandar chamar os homeopatas nos últimos momentos de um enfermo e há casos de salvação para o moribundo. V. Exa. serviu-me de homeopatia, desculpe a comparação; deu-me uma dose de veneno tremenda, mas eficaz; desde esse tempo fiquei curado.

CARLOTA
Admiro a sua facúndia! Em que tempo padeceu dessa febre de que tive a ventura de o curar?

DOUTOR
Já tive a honra de dizer que foi há três anos.

CARLOTA
Não me recordo. Mas considero-me feliz por ter conservado ao foro um dos advogados mais distintos da capital.

DOUTOR
Pode acrescentar: e à humanidade um dos homens mais úteis. Não se ria, sou um homem útil.

CARLOTA
Não me rio. Conjecturo em que se empregará a sua utilidade.

DOUTOR
Vou auxiliar a sua penetração. Sou útil pelos serviços que presto aos viajantes novéis relativamente ao conhecimento das costas e dos perigos do curso marítimo; indico os meios de chegar sem maior risco à ilha desejada de Citera.

Carlota
Ah!

Doutor
Essa exclamação é vaga e não me indica se V. Exa. está satisfeita ou não com a minha explicação. Talvez não acredite que eu possa servir aos viajantes?

Carlota
Acredito. Acostumei-me a olhá-lo como a verdade nua e crua.

Doutor
É o que dizia há bocado àquele doido Valentim.

Carlota
A que propósito dizia?...

Doutor
A que propósito? Queria que fosse a propósito da guerra dos Estados Unidos? da questão do algodão? do poder temporal? da revolução na Grécia? Foi a respeito da única coisa que nos pode interessar, a ele, como marinheiro novel, e a mim, como capitão experimentado.

Carlota
Ah! foi...

Doutor
Mostrei-lhe os pontos negros do meu roteiro.

Carlota
Creio que ele não ficou convencido...

DOUTOR
Tanto não, que se ia deitando ao mar.

CARLOTA
Ora, venha cá. Falemos um momento sem paixão nem rancor. Admito que o seu amigo ande apaixonado por mim. Quero admitir também que eu seja uma namoradeira...

DOUTOR
Perdão: uma encantadora namoradeira...

CARLOTA
Dentada de morcego; aceito.

DOUTOR
Não; atenuante e agravante; sou advogado!

CARLOTA
Admito isso tudo. Não me dirá donde tira o direito de intrometer-se nos atos alheios, e de impor as suas lições a uma pessoa que o admira e estima, mas que não é, nem sua irmã, nem sua pupila?

DOUTOR
Donde? Da doutrina cristã: ensino os que erram.

CARLOTA
A sua delicadeza não me há de incluir entre os que erram.

DOUTOR
Pelo contrário; dou-lhe um lugar de honra: é a primeira.

CARLOTA
Sr. Doutor!

DOUTOR
Não se zangue, minha senhora. Todos erramos; mas V. Exa. erra muito. Não me dirá de que serve, o que aproveita usar uma mulher bonita de seus encantos para espreitar um coração de vinte e cinco anos e atraí-lo com as suas cantilenas, sem outro fim mais do que contar adoradores e dar um público testemunho do que pode a sua beleza? Acha que é bonito? Isto não revolta? (*movimento de Carlota*)

CARLOTA
Por minha vez pergunto: donde lhe vem o direito de pregar-me sermões de moral?

DOUTOR
Não há direito escrito para isto, é verdade. Mas, eu que já tentei trincar o cacho de uvas pendente, não faço como a raposa da fábula, fico ao pé da parreira para dizer ao outro animal que vier: "Não sejas tolo! não as alcançarás com o seu focinho!" e à parreira impassível: "Seca as tuas uvas ou deixa-as cair; é melhor do que tê-las aí a fazer cobiça às raposas avulsas!" É o direito da desforra!

CARLOTA
Ia-me zangando. Fiz mal. Com o Sr. Doutor é inútil discutir: fala-se pela razão, responde pela parábola.

DOUTOR
A parábola é a razão do evangelho, e o evangelho é o livro que mais tem convencido.

CARLOTA
Por tais disposições vejo que não deixa o posto de sentinela dos corações alheios?

DOUTOR
Avisador de incautos; é verdade.

CARLOTA
Pois declaro que dou às suas palavras o valor que merecem.

DOUTOR
Nenhum?

CARLOTA
Absolutamente nenhum. Continuarei a receber com a mesma afabilidade o seu amigo Valentim.

DOUTOR
Sim, minha senhora!

CARLOTA
E ao Doutor também.

DOUTOR
É magnanimidade.

CARLOTA
E ouvirei com paciência evangélica as suas prédicas não encomendadas.

Doutor
E eu pronto a proferi-las. Ah! minha senhora, se as mulheres soubessem quanto ganhariam se não fossem vaidosas! É negócio de cinqüenta por cento.

Carlota
Estou resignada: crucifique-me!

Doutor
Em outra ocasião.

Carlota
Para ganhar forças quer almoçar segunda vez?

Doutor
Há de consentir que recuse.

Carlota
Por motivo de rancor?

Doutor
(*pondo a mão no estômago*)
Por motivo de incapacidade. (*cumprimenta e dirige-se à porta. Carlota sai pelo fundo. Entra Valentim*)

Cena VI

O Doutor, Valentim

Doutor
Oh! A que horas é o enterro?

VALENTIM
Que enterro? De que enterro me falas tu?

DOUTOR
Do teu. Não ias procurar o descanso, meu Werther?

VALENTIM
Ah! não me fales! Esta mulher... onde está ela?

DOUTOR
Almoça.

VALENTIM
Sabes que a amo. Ela é invencível. Às minhas palavras amorosas respondeu com a frieza do sarcasmo. Exaltei-me e cheguei a proferir algumas palavras que poderiam indicar, da minha parte, uma intenção trágica. O ar da rua fez-me bem; acalmei-me...

DOUTOR
Tanto melhor!...

VALENTIM
Mas eu sou teimoso.

DOUTOR
Pois ainda crês?...

VALENTIM
Ouve: sinceramente aflito e apaixonado, apresentei-me a D. Carlota como era. Não houve meio de torná-la compassiva. Sei que não me ama; mas creio que não está longe disso; acha-se em um

estado que basta uma faísca para acender-se-lhe no coração a chama do amor. Se não se comoveu à franca manifestação do meu afeto, há de comover-se a outro modo de revelação. Talvez não se incline ao homem poético e apaixonado; há de inclinar-se ao heróico ou até cético... ou a outra espécie. Vou tentar um por um.

DOUTOR

Muito bem. Vejo que raciocinas; é porque o amor e a razão dominam em ti com força igual. Graças a Deus, mais algum tempo e o predomínio da razão será certo.

VALENTIM

Achas que faço bem?

DOUTOR

Não acho, não, senhor!

VALENTIM

Por quê?

DOUTOR

Amas muito esta mulher? É próprio da tua idade e da força das coisas. Não há caso que desminta esta verdade reconhecida e provada: que a pólvora e o fogo, uma vez próximos fazem explosão.

VALENTIM

É uma doce fatalidade esta!

DOUTOR
Ouve-me calado. A que queres chegar com este amor? Ao casamento; é honesto e digno de ti. Basta que ela se inspire da mesma paixão, e a mão do himeneu virá converter em uma só as duas existências. Bem. Mas não te ocorre uma coisa: é que esta mulher, sendo uma namoradeira, não pode tornar-se vestal muito cuidadosa da ara matrimonial.

VALENTIM
Oh!

DOUTOR
Protestas contra isto? É natural. Não serias o que és se aceitasses à primeira vista a minha opinião. É por isso que te peço reflexão e calma. Meu caro, o marinheiro conhece as tempestades e os navios; eu conheço os amores e as mulheres; mas avalio no sentido inverso do homem do mar; as escumas veleiras são preferidas pelo homem do mar, eu voto contra as mulheres veleiras.

VALENTIM
Chamas a isto uma razão?

DOUTOR
Chamo a isto uma opinião. Não é a tua! Há de sê-lo com o tempo. Não me faltará ocasião de chamar-te ao bom caminho. A tempo o ferro é mezinha, disse Sá de Miranda. Empregarei o ferro.

VALENTIM
O ferro?

DOUTOR
O ferro. Só as grandes coragens é que se salvam. Devi a isso salvar-me das unhas deste gavião disfarçado de quem queres fazer tua mulher.

VALENTIM
O que estás dizendo?

DOUTOR
Cuidei que sabias. Também eu já trepei pela escada de seda para cantar a cantiga do Romeu à janela de Julieta.

VALENTIM
Ah!

DOUTOR
Mas não passei da janela. Fiquei ao relento, do que me resultou uma constipação.

VALENTIM
É natural. Pois como havia ela de amar a um homem que quer levar tudo pela razão fria dos seus libelos e embargos de terceiro?

DOUTOR
Foi isso que me salvou; os amores como os desta mulher precisam um tanto ou quanto de chicana. Passo pelo advogado mais chicaneiro do foro; imagina se a tua viúva podia haver-se comigo! Veio o meu dever com embargos de terceiro e eu ganhei a demanda. Se, em vez de comer tranqüilamente a fortuna de teu pai, tivesses cursado a academia de

S. Paulo ou Olinda, estavas, como eu, armado de broquel e cota de malhas.

Valentim
É o que te parece. Podem acaso as ordenações e o código penal contra os impulsos do coração? É querer reduzir a obra de Deus à condição da obra dos homens. Mas bem vejo que és o advogado mais chicaneiro do foro.

Doutor
E portanto, o melhor.

Valentim
Não, o pior, porque não me convenceste.

Doutor
Ainda não?

Valentim
Nem me convencerás nunca.

Doutor
Pois é pena!

Valentim
Vou tentar os meios que tenho em vista; se nada alcançar talvez me resigne à sorte.

Doutor
Não tentes nada. Anda jantar comigo e vamos à noite ao teatro.

Valentim
Com ela? Vou.

Doutor
Nem me lembrava que a tinha convidado.

Valentim
Espero que hei de vencer.

Doutor
Com que contas? Com a tua estrela? Boa fiança!

Valentim
Conto comigo.

Doutor
Ah! Melhor ainda!

Cena VII

Doutor, Valentim, Inocêncio

Inocêncio
O corredor está deserto.

Doutor
Os criados servem à mesa. D. Carlota está almoçando. Está melhor?

Inocêncio
Um tanto.

Valentim
Esteve doente, Sr. Inocêncio?

Inocêncio
Sim, tive uma ligeira vertigem. Passou. Efeitos do amor... quero dizer... do calor.

Valentim
Ah!

Inocêncio
Pois olhe, já sofri calor de estalar passarinho. Não sei como isto foi. Enfim, são coisas que dependem das circunstâncias.

Valentim
Houve circunstâncias?

Inocêncio
Houve... (*sorrindo*) Mas não as digo... não!

Valentim
É segredo?

Inocêncio
Se é!

Valentim
Sou discreto como uma sepultura; fale!

Inocêncio
Oh! não! É um segredo meu e de mais ninguém... ou a bem dizer, meu e de outra pessoa... ou não, meu só!

Doutor
Respeitamos os segredos, seus ou de outros!

Inocêncio
V. S. é um portento! Nunca hei de esquecer que me comparou ao sol! A certos respeitos andou avisado: eu sou uma espécie de sol, com uma diferença, é que não nasço para todos, nasço para todas!

Doutor
Oh! Oh!

Valentim
Mas V. S. está mais na idade de morrer que de nascer.

Inocêncio
Apre lá! Com trinta e oito anos, a idade viril! V. S. é que é uma criança!

Valentim
Enganaram-me então. Ouvi dizer que V. S. fora dos últimos a beijar a mão de Dom João VI, quando daqui se foi, e que nesse tempo era já taludo...

Inocêncio
Há quem se divirta em caluniar a minha idade. Que gente invejosa! Onde vai, Doutor?

Doutor
Vou sair.

Valentim
Sem falar a D. Carlota?

DOUTOR
Já me havia despedido quando chegaste. Hei de voltar. Até logo. Adeus, Sr. Inocêncio!

INOCÊNCIO
Felizes tardes, Sr. Doutor!

Cena VIII

VALENTIM, INOCÊNCIO

INOCÊNCIO
É uma pérola este doutor! Delicado e bem falante! Quando abre a boca parece um deputado na assembléia ou um cômico na casa da ópera!

VALENTIM
Com trinta e oito anos e ainda fala na casa da ópera!

INOCÊNCIO
Parece que V. S. ficou engasgado com os meus trinta e oito anos! Supõe talvez que eu seja um Matusalém? Está enganado. Como me vê, faço andar à roda muita cabecinha de moça. A propósito, não acha esta viúva uma bonita senhora?

VALENTIM
Acho.

INOCÊNCIO
Pois é da minha opinião! Delicada, graciosa, elegante, faceira, como ela só... Ah!

VALENTIM
Gosta dela?

INOCÊNCIO
(*com indiferença*)
Eu? gosto. E V. S.?

VALENTIM
(*com indiferença*)
Eu? gosto.

INOCÊNCIO
(*com indiferença*)
Assim, assim?

VALENTIM
(*com indiferença*)
Assim, assim.

INOCÊNCIO
(*contentíssimo, apertando-lhe a mão*)
Ah! meu amigo!

Cena IX

VALENTIM, INOCÊNCIO, CARLOTA

VALENTIM
Aguardávamos a sua chegada com a sem-cerimônia de pessoas íntimas.

CARLOTA
Oh! Fizeram muito bem! (*senta-se*)

Inocêncio
Não ocultarei que estava ansioso pela presença de V. Exa.

Carlota
Ah! obrigada... Aqui estou! (*um silêncio*) Que novidades há, Sr. Inocêncio?

Inocêncio
Chegou o paquete.

Carlota
Ah! (*outro silêncio*) Ah! chegou o paquete? (*levanta-se*)

Inocêncio
Já tive a honra de...

Carlota
Provavelmente traz notícias de Pernambuco?... do cólera?...

Inocêncio
Costuma a trazer...

Carlota
Vou mandar ver cartas... tenho um parente no Recife... Tenham a bondade de esperar...

Inocêncio
Por quem é... não se incomode. Vou eu mesmo.

CARLOTA

Ora! tinha que ver...

INOCÊNCIO

Se mandar um escravo ficará na mesma... demais, eu tenho relações com a administração do correio... O que talvez ninguém possa alcançar já e já, eu me encarrego de obter.

CARLOTA

A sua dedicação corta-me a vontade de impedi-lo. Se me faz o favor...

INOCÊNCIO

Pois não, até já! (*beija-lhe a mão e sai*)

Cena X

CARLOTA, VALENTIM

CARLOTA

Ah! ah! ah!

VALENTIM

V. Exa. ri-se?

CARLOTA

Acredita que foi para despedi-lo que o mandei ver cartas ao correio?

VALENTIM

Não ouso pensar...

CARLOTA
Ouse, porque foi isso mesmo.

VALENTIM
Haverá indiscrição em perguntar com que fim?

CARLOTA
Com o fim de poder interrogá-lo acerca do sentido de suas palavras quando daqui saiu.

VALENTIM
Palavras sem sentido...

CARLOTA
Oh!

VALENTIM
Disse algumas coisas... tolas!

CARLOTA
Está tão calmo para poder avaliar desse modo as suas palavras?

VALENTIM
Estou.

CARLOTA
Demais, o fim trágico que queria dar a uma coisa que começou por idílio... devia assustá-lo.

VALENTIM
Assustar-me? Não conheço o termo.

CARLOTA

É intrépido?

VALENTIM

Um tanto. Quem se expõe à morte não deve temê-la em caso nenhum.

CARLOTA

Oh! Oh! poeta, e intrépido de mais a mais.

VALENTIM

Como lord Byron.

CARLOTA

Era capaz de uma segunda prova do caso de Leandro?

VALENTIM

Era. Mas eu já tenho feito coisas equivalentes.

CARLOTA

Matou algum elefante, algum hipopótamo?

VALENTIM

Matei uma onça.

CARLOTA

Uma onça?

VALENTIM

Pele malhada das cores mais vivas e esplêndidas; garras largas e possantes; olhar fulvo, peito largo e duas ordens de dentes afiados como espadas.

CARLOTA
Jesus! Esteve diante desse animal!

VALENTIM
Mais do que isso; lutei com ele e matei-o.

CARLOTA
Onde foi isso?

VALENTIM
Em Goiás.

CARLOTA
Conte essa história, novo Gaspar Correia.

VALENTIM
Tinha eu vinte anos. Andávamos à caça eu e mais alguns. Internamo-nos mais do que devíamos pelo mato. Eu levava comigo uma espingarda, uma pistola e uma faca de caça. Os meus companheiros afastaram-se de mim. Tratava de procurá-los quando senti passos... Voltei-me...

CARLOTA
Era a onça?

VALENTIM
Era a onça. Com o olhar fito sobre mim parecia disposta a dar-me o bote. Encarei-a, tirei cautelosamente a pistola e atirei sobre ela. O tiro não lhe fez mal. Protegido pelo fumo da pólvora, acastelei-me atrás de um tronco de árvore. A onça foi-me no encalço, e durante algum tempo andamos, eu e ela, a

dançar à roda do tronco. Repentinamente levantou as patas e tentou esmagar-me abraçando a árvore, mais rápido que o raio, agarrei-lhe as mãos e apertei-a contra o tronco. Procurando escapar-me, a fera quis morder-me em uma das mãos; com a mesma rapidez tirei a faca de caça e cravei-lhe no pescoço; agarrei-lhe de novo a pata e continuei a apertá-la, até que os meus companheiros, orientados pelo tiro, chegaram ao lugar do combate.

CARLOTA
E mataram?...

VALENTIM
Não foi preciso. Quando larguei as mãos da fera, um cadáver pesado e tépido caiu no chão.

CARLOTA
Ora, mas isto é a história de um quadro da Academia!

VALENTIM
Só há um exemplar de cada feito heróico?

CARLOTA
Pois, deveras, matou uma onça?

VALENTIM
Conservo-lhe a pele como uma relíquia preciosa.

CARLOTA
É valente; mas pensando bem não sei de que vale ser valente.

Valentim
Oh!

Carlota
Palavra que não sei. Essa valentia fora do comum não é dos nossos dias. As proezas tiveram seu tempo; não me entusiasma essa luta do homem com a fera, que nos aproxima dos tempos bárbaros da humanidade. Compreendo agora a razão por que usa dos perfumes mais ativos; é para disfarçar o cheiro dos filhos do mato, que naturalmente há de ter encontrado mais de uma vez. Faz bem.

Valentim
Fera verdadeira é a que V. Exa. me atira com esse riso sarcástico. O que pensa então que possa excitar o entusiasmo?

Carlota
Ora, muita coisa! Não o entusiasmo dos heróis de Homero; um entusiasmo mais condigno nos nossos tempos. Não precisa ultrapassar as portas da cidade para ganhar títulos à admiração dos homens.

Valentim
V. Exa. acredita que seja uma verdade o aperfeiçoamento moral dos homens na vida das cidades?

Carlota
Acredito.

Valentim
Pois acredita mal. A vida das cidades estraga os sentimentos. Aqueles que eu pude ganhar e entreter

na assistência das florestas, perdi-os depois que entrei na vida tumultuária das cidades. V. Exa. ainda não conhece as mais verdadeiras opiniões.

CARLOTA
Dar-se-á caso que venha pregar contra o amor?...

VALENTIM
O amor! V. Exa. pronuncia essa palavra com uma veneração que parece estar falando de coisas sagradas! Ignora que o amor é uma invenção humana?

CARLOTA
Oh!

VALENTIM
Os homens, que inventaram tanta coisa, inventaram também este sentimento. Para dar justificação moral à união dos sexos inventou-se o amor, como se inventou o casamento para dar-lhe justificação legal. Esses pretextos, com o andar do tempo, tornaram-se motivos. Eis o que é o amor!

CARLOTA
É mesmo o senhor quem me fala assim?

VALENTIM
Eu mesmo.

CARLOTA
Não parece. Como pensa a respeito das mulheres?

Valentim
Aí é mais difícil. Penso muita coisa e não penso nada. Não sei como avaliar essa outra parte da humanidade extraída das costelas de Adão. Quem pode pôr leis ao mar? É o mesmo com as mulheres. O melhor é navegar descuidadamente, a pano largo.

Carlota
Isso é leviandade.

Valentim
Oh! minha senhora!

Carlota
Chamo leviandade para não chamar despeito.

Valentim
Então há muito tempo que sou leviano ou ando despeitado, porque esta é a minha opinião de longos anos. Pois ainda acredita na afeição íntima entre a descrença masculina e... dá licença? A leviandade feminina?

Carlota
É um homem perdido, Sr. Valentim. Ainda há santas afeições, crenças nos homens, e juízo nas mulheres. Não queira tirar a prova real pelas exceções. Some a regra geral e há de ver. Ah! mas agora percebo!

Valentim
O quê?

CARLOTA
(*rindo*)
Ah! ah! ah! Ouça muito baixinho, para que nem as paredes possam ouvir: este não é ainda o caminho do meu coração, nem a valentia, tampouco.

VALENTIM
Ah! tanto melhor! Volto ao ponto da partida e desisto da glória...

CARLOTA
Desanima? (*entra o Doutor*)

VALENTIM
Dou-me por satisfeito. Mas já se vê, como cavalheiro, sem rancor nem hostilidade. (*entra Inocêncio*)

CARLOTA
É arriscar-se a novas tentativas.

VALENTIM
Não.

CARLOTA
Não seja vaidoso. Está certo?

VALENTIM
Estou. E a razão é esta: quando não se pode atinar com o caminho do coração toma-se o caminho da porta. (*cumprimenta e dirige-se para a porta*)

CARLOTA
Ah – Pois que vá! – Estava aí Sr. Doutor? Tome cadeira.

DOUTOR
(*baixo*)
Com uma advertência: Há muito tempo que me fui pelo caminho da porta.

CARLOTA
(*séria*)
Prepararam ambos esta comédia?

DOUTOR
Comédia, com efeito, cuja moralidade Valentim incumbiu-se de resumir: – Quando não se pode atinar com o caminho do coração, deve-se tomar sem demora o caminho da porta. (*saem o Doutor e Valentim*)

CARLOTA
(*vendo Inocêncio*)
Pode sentar-se. (*indica-lhe uma cadeira. Risonha*) Como passou?

INOCÊNCIO
(*senta-se meio desconfiado, mas
levanta-se logo*)
Perdão: eu também vou pelo caminho da porta! (*sai. Carlota atravessa arrebatadamente a cena. Cai o pano*)

O PROTOCOLO

Comédia em um ato

Representada pela primeira vez no
Ateneu Dramático do Rio de Janeiro
em novembro de 1862.

PERSONAGENS

Pinheiro
Venâncio Alves
Elisa
Lulu

Atualidade.

Em casa de Pinheiro

(*Sala de visitas.*)

Cena I

ELISA, VENÂNCIO ALVES

ELISA
Está meditando?

VENÂNCIO
(*como que acordando*)
Ah! perdão!

ELISA
Estou afeita à alegria constante de Lulu, e não posso ver ninguém triste.

VENÂNCIO
Exceto a senhora mesma.

ELISA

Eu!

VENÂNCIO

A senhora!

ELISA

Triste, por quê, meu Deus?

VENÂNCIO

Eu sei! Se a rosa dos campos me fizesse a mesma pergunta, eu responderia que era falta de orvalho e de sol. Quer que lhe diga que é falta de... de amor?

ELISA
(*rindo-se*)

Não diga isso!

VENÂNCIO

Com certeza, é.

ELISA

Donde conclui?

VENÂNCIO

A senhora tem um sol oficial e um orvalho legal que não sabem animá-la. Há nuvens...

ELISA

É suspeita sem fundamento.

VENÂNCIO

É realidade.

ELISA
Que franqueza a sua!

VENÂNCIO
Ah! é que o meu coração é virginal, e portanto sincero.

ELISA
Virginal a todos os respeitos?

VENÂNCIO
Menos a um.

ELISA
Não serei indiscreta: é feliz.

VENÂNCIO
Esse é o engano. Basta essa exceção para trazer-me em um temporal. Tive até certo tempo o sossego e a paz do homem que está fechado no gabinete sem se lhe dar da chuva que açoita as vidraças.

ELISA
Por que não se deixou ficar no gabinete?

VENÂNCIO
Podia acaso fazê-lo? Passou fora a melodia do amor; o coração é curioso e bateu-me que saísse, levantei-me, deixei o livro que estava lendo; era *Paulo e Virgínia*! Abri a porta e nesse momento a fada passava. (*reparando nela*) Era de olhos negros e cabelos castanhos.

ELISA
Que fez?

VENÂNCIO
Deixei o gabinete, o livro, tudo para seguir a fada do amor!

ELISA
Não reparou se ela ia só?

VENÂNCIO
(*suspirando*)
Não ia só!

ELISA
(*em tom de censura*)
Fez mal.

VENÂNCIO
Talvez. Curioso animal que é o homem! Em criança deixa a casa paterna para acompanhar os batalhões que vão à parada; na mocidade deixa os conchegos e a paz para seguir a fada do amor; na idade madura deixa-se levar pelo deus Momo da política ou por qualquer outra fábula do tempo. Só na velhice deixa passar tudo sem mover-se, mas... é porque já não tem pernas!

ELISA
Mas que tencionava fazer se ela não ia só?

VENÂNCIO
Nem sei.

ELISA
Foi loucura. Apanhou chuva!

VENÂNCIO
Ainda estou apanhando.

ELISA
Então é um extravagante.

VENÂNCIO
Sim. Mas um extravagante por amor... ó poesia!

ELISA
Mau gosto!

VENÂNCIO
A Sra. é a menos competente para dizer isso.

ELISA
É sua opinião?

VENÂNCIO
É opinião deste espelho.

ELISA
Ora!

VENÂNCIO
E dos meus olhos também.

ELISA
Também dos seus olhos?

####### Venâncio
Olhe para eles.

####### Elisa
Estou olhando.

####### Venâncio,
O que vê dentro?

####### Elisa
Vejo... (*com enfado*) Não vejo nada!

####### Venâncio
Ah! está convencida!

####### Elisa
Presumido!

####### Venâncio
Eu! Essa agora não é má!

####### Elisa
Para que seguiu quem passava quieta pela rua? Supunha abrandá-la com as suas mágoas?

####### Venâncio
Acompanhei-a, não para abrandá-la, mas para servi-la; viver do rasto de seus pés, das migalhas dos seus olhares; apontar-lhe os regos a saltar, apanhar-lhe o leque quando caísse... (*cai o leque a Elisa. Venâncio Alves apressa-se a apanhá-lo e entrega-lho*) Finalmente...

ELISA
Finalmente... fazer profissão de presumido!

VENÂNCIO
Acredita deveras que o seja?

ELISA
Parece.

VENÂNCIO
Pareço, mas não sou. Presumido seria se eu exigisse a atenção exclusiva da fada da noite. Não quero! Basta-me ter coração para amá-la, é a minha maior ventura!

ELISA
A que pode levá-lo esse amor? Mais vale sufocar no coração a chama nascente do que condená-la a arder em vão.

VENÂNCIO
Não; é uma fatalidade! Arder e renascer, como a fênix, suplício eterno, mas amor eterno também.

ELISA
Eia! Ouça uma... amiga. Não dê a esse sentimento tanta importância. Não é a fatalidade da fênix, é a fatalidade...do relógio. Olhe para aquele. Lá anda correndo e regulando; mas se amanhã não lhe derem corda, ele parará. Não dê corda à paixão, que ela parará por si.

VENÂNCIO
Isso não!

ELISA

Faça isso... por mim!

VENÂNCIO

Pela senhora! Sim... não...

ELISA

Tenha ânimo!

Cena II

VENÂNCIO ALVES, ELISA, PINHEIRO

PINHEIRO
(*a Venâncio*)

Como está?

VENÂNCIO

Bom. Conversávamos sobre coisas da moda. Viu os últimos figurinos? São de apurado gosto.

PINHEIRO

Não vi.

VENÂNCIO

Está com um ar triste...

PINHEIRO

Triste, não; aborrecido... É a minha moléstia do domingo.

VENÂNCIO

Ah!

PINHEIRO
Ando a abrir e fechar a boca; é um círculo vicioso.

ELISA
Com licença.

VENÂNCIO
Oh! minha senhora!

ELISA
Faço anos hoje; venha jantar conosco.

VENÂNCIO
Venho. Até logo.

Cena III

PINHEIRO, VENÂNCIO ALVES

VENÂNCIO
Anda então em um círculo vicioso?

PINHEIRO
É verdade. Tentei dormir, não pude; tentei ler, não pude. Que tédio, meu amigo!

VENÂNCIO
Admira!

PINHEIRO
Por quê?

VENÂNCIO
Porque não sendo viúvo nem solteiro...

PINHEIRO
Sou casado...

VENÂNCIO
É verdade.

PINHEIRO
Que adianta?

VENÂNCIO
É boa! adianta ser casado. Compreende nada melhor que o casamento?

PINHEIRO
O que pensa da China, Sr. Venâncio?

VENÂNCIO
Eu? penso...

PINHEIRO
Já sei, vai repetir-me o que tem lido nos livros e visto nas gravuras; não sabe mais nada.

VENÂNCIO
Mas as narrações verídicas...

PINHEIRO
São minguadas ou exageradas. Vá à China, e verá como as coisas mudam tanto ou quanto de figura.

VENÂNCIO
Para adquirir essa certeza não vou lá.

PINHEIRO
É o que lhe aconselho; não se case!

VENÂNCIO
Que não me case?

PINHEIRO
Ou não vá à China, como queira. De fora, conjecturas, sonhos, castelos no ar, esperanças, comoções... Vem o padre, dá a mão aos noivos, leva-os, chegam às muralhas... Upa! estão na China! Com a altura da queda fica-se atordoado, e os sonhos de fora continuam dentro: é a lua-de-mel; mas, à proporção que o espírito se restabelece, vai vendo o país como ele é; então poucos lhe chamam celeste império, alguns infernal império, muitos purgatorial império!

VENÂNCIO
Ora, que banalidade!

PINHEIRO
Parece-lhe?

VENÂNCIO
E que sofisma!

PINHEIRO
Quantos anos tem, Sr. Venâncio?

VENÂNCIO
Vinte e quatro.

PINHEIRO
Está com a mania que eu tinha na sua idade.

VENÂNCIO
Qual mania?

PINHEIRO
A de querer acomodar todas as coisas à lógica, e a lógica a todas as coisas. Viva, experimente e convencer-se-á de que nem sempre se pode alcançar isso.

VENÂNCIO
Quer-me parecer que há nuvens no céu conjugal?

PINHEIRO
Há. Nuvens pesadas.

VENÂNCIO
Já eu as tinha visto com o meu telescópio.

PINHEIRO
Ah! se eu não estivesse preso...

VENÂNCIO
É exageração de sua parte. Capitule, Sr. Pinheiro, capitule. Com mulheres bonitas é um consolo capitular. Há de ser o meu preceito de marido.

PINHEIRO
Capitular é vergonha.

VENÂNCIO
Com uma moça encantadora?...

PINHEIRO
Não é uma razão.

VENÂNCIO
Alto lá! Beleza obriga.

PINHEIRO
Pode ser verdade, mas eu peço respeitosamente licença para declarar-lhe que estou com o novo princípio de não-intervenção nos Estados. Nada de intervenções.

VENÂNCIO
A minha intervenção é toda conciliatória.

PINHEIRO
Não duvido, nem duvidava. Não veja no que disse injúria pessoal. Folgo de recebê-lo e de contá-lo entre os afeiçoados de minha família.

VENÂNCIO
Muito obrigado. Dá-me licença?

PINHEIRO
Vai rancoroso?

VENÂNCIO
Ora qual! Até a hora do jantar.

PINHEIRO

Há de desculpar-me, não janto em casa. Mas considere-se com a mesma liberdade. (*sai Venâncio. Entra Lulu*)

Cena IV

PINHEIRO, LULU

LULU

Viva primo!

PINHEIRO

Como estás, Lulu?

LULU

Meu Deus, que cara feia!

PINHEIRO

Pois é a que trago sempre.

LULU

Não é, não, senhor; a sua cara de costume é uma cara amável; essa é de afugentar a gente. Deu agora para andar arrufado com sua mulher!

PINHEIRO

Mau!

LULU

Escusa de zangar-se também comigo. O primo é um bom marido; a prima é uma excelente esposa;

ambos formam um excelente casal. É bonito andarem amuados, sem se olharem nem se falarem? Até parece namoro!

PINHEIRO
Ah! tu namoras assim?

LULU
Eu não namoro.

PINHEIRO
Com essa idade?

LULU
Pois então! Mas escute: estes arrufos vão continuar?

PINHEIRO
Eu sei lá.

LULU
Sabe, sim. Veja se isto é bonito na lua-de-mel; ainda não há cinco meses que se casaram.

PINHEIRO
Não há, não. Mas a data não vem ao caso. A lua-de-mel ofuscou-se; é alguma nuvem que passa; deixá-la passar. Queres que eu faça como aquele doido que, ao enublar-se o luar, pedia a Júpiter que espevitasse o candeeiro? Júpiter é independente, e me apagaria de todo o luar, como fez com o doido. Aguardemos antes que algum vento sopre do norte, ou do sul, e venha dissipar a passageira sombra.

LULU

Pois sim! Ela é o norte, o primo é o sul; faça com que o vento sopre do sul.

PINHEIRO

Não, senhora, há de soprar do norte.

LULU

Capricho sem graça!

PINHEIRO

Queres saber de uma coisa, Lulu? Estou pensando que és uma brisazinha do norte encarregada de fazer clarear o céu.

LULU

Oh! nem por graça!

PINHEIRO

Confessa, Lulu!

LULU

Posso ser uma brisa do sul, isso sim!

PINHEIRO

Não terás essa glória.

LULU

Então o primo é caprichoso assim?

PINHEIRO

Caprichoso? Ousas tu, posteridade de Eva, falar de capricho a mim, posteridade de Adão!

Lulu
Oh!...

Pinheiro
Tua prima é uma caprichosa. De seus caprichos nasceram estas diferenças entre nós. Mas para caprichosa, caprichoso; contrafiz-me, estudei no código feminino meios de pôr os pés à parede, e tornei-me de antes quebrar que torcer. Se ela não der um passo, também eu não dou.

Lulu
Pois eu estendo a mão direita a um, e a esquerda a outro, e os aproximarei.

Pinheiro
Queres ser o anjo da reconciliação?

Lulu
Tal qual.

Pinheiro
Contanto que eu não passe pelas forcas caudinas.

Lulu
Hei de fazer as coisas airosamente.

Pinheiro
Insistes nisso? Eu podia dizer que era ainda um capricho de mulher. Mas não digo não, chamo antes afeição e dedicação.

Cena V

Pinheiro, Lulu, Elisa

LULU
(*baixo*)
Olhe, aí está ela!

PINHEIRO
(*baixo*)
Deixá-la.

ELISA
Andava a tua procura, Lulu.

LULU
Para quê, prima?

ELISA
Para me dares uma pouca de lã.

LULU
Não tenho aqui; vou buscar.

PINHEIRO
Lulu!

LULU
O que é?

PINHEIRO
(*baixo*)
Dize a tua prima que eu janto fora.

LULU
(*indo a Elisa, baixo*)
O primo janta fora.

ELISA
(*baixo*)
Se é por ter o que fazer, podemos esperar.

LULU
(*a Pinheiro, baixo*)
Se é por ter o que fazer, podemos esperar.

PINHEIRO
(*baixo*)
É um convite.

LULU
(*alto*)
É um convite.

ELISA
(*alto*)
Ah! Se é um convite pode ir; jantaremos sós.

PINHEIRO
(*levantando-se*)
Consentirá, minha senhora, que lhe faça uma observação: mesmo sem a sua licença, eu podia ir!

ELISA
Ah! é claro! Direito de marido... Quem lho contesta?

Pinheiro
Havia de ser engraçada a contestação!

Elisa
Mesmo muito engraçada!

Pinheiro
Tanto, quanto foi ridícula a licença.

Lulu
Primo!

Pinheiro
(*a Lulu*)
Cuida das tuas novelas! Vai encher a cabeça de romantismo, é moda; colhe as idéias absurdas que encontrares nos livros, e depois faz da casa de teu marido a cena do que houveres aprendido com as leituras: é também moda. (*sai arrebatadamente*)

Cena VI

Lulu, Elisa

Lulu
Como está o primo!

Elisa
Mau humor, há de passar!

Lulu
Sabe como passava depressa? Pondo fim a estes amuos.

ELISA
Sim, mas cedendo ele.

LULU
Ora, isso é teima!

ELISA
É dignidade!

LULU
Passam dias sem se falarem, e, quando se falam, é assim.

ELISA
Ah! isto é o que menos cuidado me dá. Ao princípio fiquei amofinada, e devo dizê-lo, chorei. São coisas estas que só se confessam entre mulheres. Mas hoje vou fazer o que as outras fazem: curar pouco das torturas domésticas. Coração à larga, minha filha, ganha-se o céu, e não se perde a terra.

LULU
Isso é zanga!

ELISA
Não é zanga, é filosofia. Há de chegar o teu dia, deixa estar. Saberás então, quanto vale a ciência do casamento.

LULU
Pois explica, mestra.

ELISA
Não; saberás por ti mesma. Quero, entretanto, instruir-te de uma coisa. Não lhe ouviste falar no direito? É engraçada a história do direito! Todos os poetas concordam em dar às mulheres o nome de anjos. Os outros homens não se atrevem a negar, mas dizem consigo: "Também nós somos anjos!". Nisto há sempre um espelho ao lado, que lhes faz ver que, para anjos faltam-lhes... asas! Asas! asas! a todo o custo. E arranjam-nas; legítimas ou não, pouco importa. Essas asas os levam a jantar fora, a dormir fora, muitas vezes a amar fora. A essas asas chamam enfaticamente: o nosso direito!

LULU
Mas, prima, as nossas asas?

ELISA
As nossas? Bem se vê que és inexperiente. Estuda, estuda, e hás de achá-las.

LULU
Prefiro não usar delas.

ELISA
Hás de dizer o contrário quando for ocasião. Meu marido lá bateu as suas; o direito de jantar fora! Caprichou em não levar-me à casa de minha madrinha; é ainda o direito. Daqui nasceram os nossos arrufos, arrufos sérios. Uma santa zangar-se-ia, como eu. Para caprichoso, caprichosa!

LULU
Pois sim! Mas estas coisas vão dando na vista; já as pessoas que freqüentam a nossa casa têm reparado; o Venâncio Alves não me deixa sossegar com as suas perguntas.

ELISA
Ah! Sim!

LULU
Que rapaz aborrecido, prima!

ELISA
Não acho!

LULU
Pois eu acho: aborrecido com as suas afetações!

ELISA
Como aprecias mal! Ele fala com graça e chamá-lo afetado!...

LULU
Que olhos os seus, prima!

ELISA
(*indo ao espelho*)
São bonitos?

LULU
São maus.

ELISA
Em que, minha filósofa?

LULU

Em verem o anverso de Venâncio Alves, e o reverso do primo.

ELISA

És uma tola.

LULU

Só?

ELISA

E uma descomedida.

LULU

É porque os amo a ambos. E depois...

ELISA

Depois, o quê?

LULU

Vejo no Venâncio Alves um arzinho de pretendente.

ELISA

À tua mão direita?

LULU

À tua mão esquerda.

ELISA

Oh!

Lulu
É coisa que se adivinha... (*ouve-se um carro*) Aí está o homem.

Elisa
Vai recebê-lo. (*Lulu vai até à porta. Elisa chega-se a um espelho e compõe o toucado*)

Cena VII

Elisa, Lulu, Venâncio

Lulu
O Sr. Venâncio Alves chega a propósito; falávamos na sua pessoa.

Venâncio
Em que ocupava eu a atenção de tão gentis senhoras?

Lulu
Fazíamos o inventário das suas qualidades.

Venâncio
Exageravam-me o cabedal, já sei.

Lulu
A prima dizia: "Que moço amável é o Sr. Venâncio Alves!".

Venâncio
Ah! e a senhora?

LULU
Eu dizia: "Que moço amabilíssimo é o Sr. Venâncio Alves!".

VENÂNCIO
Dava-me o superlativo. Não me cai no chão esta atenção gramatical.

LULU
Eu sou assim: estimo ou aborreço no superlativo. Não é prima?

ELISA
(*contrariada*)
Eu sei lá!

VENÂNCIO
Como deve ser triste cair-lhe no desagrado!

LULU
Vou avisando, é o superlativo.

VENÂNCIO
Dou-me por feliz. Creio que lhe caí em graça...

LULU
Caiu! Caiu! Caiu!

ELISA
Lulu, vai buscar a lã.

LULU
Vou, prima, vou. (*sai correndo*)

Cena VIII

VENÂNCIO, ELISA

VENÂNCIO
Voa qual uma andorinha esta moça!

ELISA
É próprio da idade.

VENÂNCIO
Vou sangrar-me...

ELISA
Hein?

VENÂNCIO
Sangrar-me em saúde contra uma suspeita sua.

ELISA
Suspeita?

VENÂNCIO
Suspeita de haver-me adiantado o meu relógio.

ELISA
(*rindo*)
Posso crê-lo.

VENÂNCIO
Estará em erro. Olhe, são duas horas; confronte com o seu: duas horas.

ELISA
Pensa que acreditei seriamente?

VENÂNCIO
Vim mais cedo, e de passagem. Quis antecipar-me aos outros no cumprimento de um dever. Os antigos, em prova de respeito, depunham aos pés dos deuses grinaldas e festões; o nosso tempo, infinitamente prosaico, só nos permite oferendas prosaicas; neste álbum ponho eu o testemunho do meu júbilo pelo dia de hoje.

ELISA
Obrigada. Creio no sentimento que o inspira e admiro o gosto da escolha.

VENÂNCIO
Não é a mim que deve tecer o elogio.

ELISA
Foi gosto de quem vendeu?

VENÂNCIO
Não, minha senhora, eu próprio o escolhi; mas a escolha foi das mais involuntárias; tinha a sua imagem na cabeça, e não podia deixar de acertar.

ELISA
É uma fineza de quebra. (*folheia o álbum*)

VENÂNCIO
É por isso que me vibra um golpe?

Elisa

Um golpe?

Venâncio

É tão casta que não há de calcular comigo; mas as suas palavras são proferidas com uma indiferença que eu direi instintiva.

Elisa

Não creia...

Venâncio

Que não creia na indiferença?

Elisa

Não... Não creia no cálculo...

Venâncio

Já disse que não. Em que devo crer seriamente?

Elisa

Não sei.

Venâncio

Em nada, não lhe parece?

Elisa

Não reza a história de que os antigos, ao depositarem as suas oferendas, apostrofassem os deuses.

Venâncio

É verdade: este uso é do nosso tempo.

ELISA
Do nosso prosaico tempo.

VENÂNCIO
A senhora ri? Riamos todos! Também eu rio, e da melhor vontade.

ELISA
Pode rir sem temor. Acha que sou deusa? Mas os deuses já se foram. Estátua, isto sim.

VENÂNCIO
Será estátua. Não me inculpe, nesse caso, a admiração.

ELISA
Não inculpo, aconselho.

VENÂNCIO
(*repoltreando-se*)
Foi excelente esta idéia do divã. É um consolo para quem está cansado, e quando à comodidade junta o bom gosto, como este, então é ouro sobre azul. Não acha engenhoso, D. Elisa?

ELISA
Acho.

VENÂNCIO
Devia ser inscrito entre os beneméritos da humanidade o autor disto. Com trastes assim, e dentro de uma casinha de campo, prometo ser o mais sincero anacoreta que jamais fugiu às tentações do mundo. Onde comprou este?

ELISA
Em casa de Costrejean.

VENÂNCIO
Comprou uma preciosidade.

ELISA
Com outra que está agora por cima, e que eu não comprei, fazem duas, duas preciosidades.

VENÂNCIO
Disse muito bem! É tal o conchego que até se podem esquecer as horas... É verdade, que horas são? Duas e meia. A senhora dá-me licença?

ELISA
Já se vai?

VENÂNCIO
Até a hora do jantar.

ELISA
Olhe, não me queira mal.

VENÂNCIO
Eu, mal! E por quê?

ELISA
Não me obrigue a explicações inúteis.

VENÂNCIO
Não obrigo, não. Compreendo de sobejo a sua intenção. Mas, francamente, se a flor está alta para

ser colhida, é crime aspirar-lhe de longe o aroma e adorá-la?

ELISA
Crime não é.

VENÂNCIO
São duas e meia. Até a hora do jantar.

Cena IX

VENÂNCIO, ELISA, LULU

LULU
Sai com a minha chegada?

VENÂNCIO
Ia sair.

LULU
Até quando?

VENÂNCIO
Até a hora do jantar.

LULU
Ah! janta conosco?

ELISA
Sabes que faço anos, e esse dia é o dos amigos.

LULU
É justo, é justo!

VENÂNCIO
Até logo.

Cena X

LULU, ELISA

LULU
Oh! Teve presente!

ELISA
Não achas de gosto?

LULU
Não tanto.

ELISA
É prevenção. Suspeitas que é do Venâncio Alves?

LULU
Atinei logo.

ELISA
Que tens contra esse moço?

LULU
Já to disse.

ELISA
É mau deixar-se ir pelas antipatias.

LULU
Antipatias não tenho.

ELISA
Alguém sobe.

LULU
Há de ser o primo.

ELISA
Ele! (*sai*)

Cena XI

PINHEIRO, LULU

LULU
Viva! Está mais calmo?

PINHEIRO
Calmo sempre, menos nas ocasiões em que és... indiscreta.

LULU
Indiscreta!

PINHEIRO
Indiscreta, sim senhora! Para que veio aquela exclamação quando eu falava com Elisa?

LULU
Foi porque o primo falou de um modo...

PINHEIRO
De um modo, que é o meu modo, que é modo de todos os maridos contrariados.

LULU
De um modo que não é o seu, primo. Para que fazer-se mau quando é bom? Pensa que não se percebe quanto lhe custa contrafazer-se?

PINHEIRO
Vais dizer que sou um anjo!

LULU
O primo é um excelente homem, isso sim. Olhe, sou importuna, e hei de sê-lo até vê-los desamuados.

PINHEIRO
Ora, prima, para irmã de caridade, és muito criança. Dispenso os teus conselhos e os teus serviços.

LULU
É um ingrato.

PINHEIRO
Serei.

LULU
Homem sem coração.

Pinheiro
Quanto a isso, é questão de fato; põe aqui a tua mão, não sentes bater? É o coração.

Lulu
Eu sinto um charuto.

Pinheiro
Um charuto? Pois é isso mesmo. Coração e charuto são símbolos um do outro; ambos se queimam e se desfazem em cinzas. Olha, este charuto, sei eu que o tenho para fumar; mas o coração, esse creio que já está todo no cinzeiro.

Lulu
Sempre a brincar!

Pinheiro
Achas que devo chorar?

Lulu
Não, mas...

Pinheiro
Mas o quê?

Lulu
Não digo, é uma coisa muito feia.

Pinheiro
Coisas feias na tua boca, Lulu!

Lulu
Muito feia.

PINHEIRO
Não há de ser, dize.

LULU
Demais, posso parecer indiscreta.

PINHEIRO
Ora, qual. É alguma coisa de meu interesse?

LULU
Se é!

PINHEIRO
Pois, então, não és indiscreta!

LULU
Então, quantas caras tem a indiscrição?

PINHEIRO
Duas.

LULU
Boa moral!

PINHEIRO
Moral à parte. Fala, o que é?

LULU
Que curioso! É uma simples observação; não lhe parece que é mau desamparar a ovelha, havendo tantos lobos, primo?

PINHEIRO
Onde aprendeste isso?

LULU

Nos livros que me dão para ler.

PINHEIRO

Estás adiantada! E já que sabes tanto, falarei como se falasse a um livro. Primeiramente, eu não desamparo; depois, não vejo lobos.

LULU

Desampara, sim!

PINHEIRO

Não estou em casa?

LULU

Desampara o coração.

PINHEIRO

Mas os lobos?...

LULU

Os lobos vestem-se de cordeiros, e apertam a mão ao pastor, conversam com ele, sem que deixem de olhar furtivamente para a ovelha mal guardada.

PINHEIRO

Não há nenhum.

LULU

São assíduos; visitas sobre visitas; muita zumbaia, muita atenção, mas lá por dentro a ruminarem coisas más.

PINHEIRO
Ora, Lulu, deixa-te de tolices.

LULU
Não digo mais nada. Onde foi Venâncio Alves?

PINHEIRO
Não sei. Ali está um que não há de ser acusado de lobo.

LULU
Os lobos vestem-se de cordeiros.

PINHEIRO
O que é que dizes?

LULU
Eu não digo nada. Vou tocar piano. Quer ouvir um noturno ou prefere uma polca?

PINHEIRO
Lulu, ordeno-lhe que fale!

LULU
Para quê? Para ser indiscreta?

PINHEIRO
Venâncio Alves?...

LULU
É um tolo, nada mais. (*sai. Pinheiro fica pensativo. Vai à mesa e vê o álbum*)

Cena XII

Pinheiro, Elisa

Pinheiro
Há de desculpar-me, mas, creio não ser indiscreto, desejando saber com que sentimento recebeu este álbum.

Elisa
Com o sentimento com que se recebem álbuns.

Pinheiro
A resposta em nada me esclarece.

Elisa
Há então sentimentos para receber álbuns, e há um com que eu devera receber este?

Pinheiro
Devia saber que há.

Elisa
Pois... recebi com esse.

Pinheiro
A minha pergunta poderá parecer indiscreta, mas...

Elisa
Oh! Indiscreta, não!

Pinheiro
Deixe minha senhora esse tom sarcástico, e veja bem que eu falo sério.

ELISA
Vejo isso. Quanto à pergunta, está exercendo um direito.

PINHEIRO
Não lhe parece que seja um direito este de investigar as intenções dos pássaros que penetram em minha seara, para saber se são daninhos?

ELISA
Sem dúvida. Ao lado desse direito, está o nosso dever, dever das searas, de prestar-se a todas as suspeitas.

PINHEIRO
É inútil a argumentação por esse lado: os pássaros cantam e as cantigas deleitam.

ELISA
Está falando sério?

PINHEIRO
Muito sério.

ELISA
Então consinta que faça contraste: eu rio-me.

PINHEIRO
Não me tome por um mau sonhador de perfídias; perguntei, porque estou seguro de que não são muito santas as intenções que trazem à minha casa Venâncio Alves.

Elisa
Pois eu nem suspeito...

Pinheiro
Vê o céu nublado e as águas turvas: pensa que é azada ocasião para pescar.

Elisa
Está feito, é de pescador atilado!

Pinheiro
Pode ser um mérito a seus olhos, minha senhora; aos meus é um vício de que o pretendo curar, arrancando-lhe as orelhas.

Elisa
Jesus! Está com intenções trágicas!

Pinheiro
Zombe ou não, há de ser assim.

Elisa
Mutilado ele, que pretende fazer da mesquinha Desdêmona?

Pinheiro
Conduzi-la de novo ao lar paterno.

Elisa
Mas afinal de contas, meu marido, obriga-me a falar também seriamente.

Pinheiro
Que tem a dizer?

ELISA

Fui tirada há meses da casa de meu pai para ser sua mulher; agora, por um pretexto frívolo, leva-me de novo ao lar paterno. Parece-lhe que eu seja uma casaca que se pode tirar por estar fora da moda?

PINHEIRO

Não estou para rir, mas digo-lhe que antes fosse uma casaca.

ELISA

Muito obrigada!

PINHEIRO

Qual foi a casaca que já me deu cuidados? Porventura quando saio com a minha casaca não vou descansado a respeito dela? Não sei eu perfeitamente que ela não olha complacente para as costas alheias, e fica descansada nas minhas?

ELISA

Pois tome-me por uma casaca. Vê em mim alguns salpicos?

PINHEIRO

Não, não vejo. Mas vejo a rua cheia de lama e um carro que vai passando; e nestes casos, como não gosto de andar mal asseado, entro em um corredor, com a minha casaca, à espera de que a rua fique desimpedida.

ELISA

Bem. Vejo que quer a nossa separação temporária... até que passe o carro. Durante esse tempo como pretende andar? Em mangas de camisa?

PINHEIRO
Durante esse tempo não andarei, ficarei em casa.

ELISA
Oh! Suspeita por suspeita! Eu não creio nessa reclusão voluntária.

PINHEIRO
Não crê? E por quê?

ELISA
Não creio, por mil razões.

PINHEIRO
Dê-me uma, e fique com as novecentas e noventa e nove.

ELISA
Posso dar-lhe mais de uma e até todas. A primeira é a simples dificuldade de conter-se entre as quatro paredes desta casa.

PINHEIRO
Verá que posso.

ELISA
A segunda é que não deixará de aproveitar o isolamento para ir ao alfaiate provar outras casacas.

PINHEIRO
Oh!

ELISA

Para ir ao alfaiate é preciso sair; quero crer que não fará vir o alfaiate à casa.

PINHEIRO

Conjecturas suas. Reflita, que não está dizendo coisas assisadas. Conhece o amor que lhe tive e lhe tenho, e sabe de que sou capaz. Mas, voltemos ao ponto de partida. Este livro pode nada significar e significar muito. (*folheia*) Que responde?

ELISA

Nada.

PINHEIRO

Oh! que é isto? É a letra dele.

ELISA

Não tinha visto.

PINHEIRO

É talvez uma confidência. Posso ler?

ELISA

Por que não?

PINHEIRO

(*lendo*)

"Se me privas dos teus aromas, ó rosa que foste abrir sobre um rochedo, não podes fazer com que eu te não ame, contemple e abençoe!" Como acha isto?

ELISA

Não sei.

PINHEIRO
Não tinha lido?

ELISA
(*sentando-se*)
Não.

PINHEIRO
Sabe quem é esta rosa?

ELISA
Cuida que serei eu?

PINHEIRO
Parece. O rochedo sou eu. Onde vai ele desencavar estas figuras.

ELISA
Foi talvez escrito sem intenção...

PINHEIRO
Ah! Foi... Ora diga, é bonito isso? Escreveria ele se não houvesse esperanças?

ELISA
Basta. Tenho ouvido. Não quero continuar a ser alvo de suspeitas. Esta frase é intencional; ele viu as águas turvas... De quem a culpa? Dele ou sua? Se as não houvesse agitado, elas estariam plácidas e transparentes como dantes.

PINHEIRO
A culpa é minha?

ELISA
Dirá que não é. Paciência. Juro-lhe que não sou cúmplice nas intenções deste presente.

PINHEIRO
Jura?

ELISA
Juro.

PINHEIRO
Acredito. Dente por dente, Elisa, como na pena de Talião. Aqui tens a minha mão em prova de que esqueço tudo.

ELISA
Também eu tenho a esquecer e esqueço.

Cena XIII

ELISA, PINHEIRO, LULU

LULU
Bravo! voltou o bom tempo?

PINHEIRO
Voltou.

LULU
Graças a Deus! De que lado soprou o vento?

PINHEIRO
De ambos os lados.

LULU
Ora bem!

ELISA
Pára um carro.

LULU
(*vai à janela*)
Vou ver.

PINHEIRO
Há de ser ele.

LULU
(*vai à porta*)
Entre, entre.

Cena XIV

LULU, VENÂNCIO, ELISA, PINHEIRO

PINHEIRO
(*baixo a Elisa*)
Poupo-lhe as orelhas, mas hei de tirar desforra...

VENÂNCIO
Não faltei... Oh! Não foi jantar fora?

PINHEIRO
Não. A Elisa pediu-me que ficasse...

VENÂNCIO
(com uma careta)
Muito estimo.

PINHEIRO
Estima? Pois não é verdade?

VENÂNCIO
Verdade o quê?

PINHEIRO
Que tentasse perpetuar as hostilidades entre a potência marido e a potência mulher?

VENÂNCIO
Não percebo...

PINHEIRO
Ouvi falar de uma conferência e de umas notas... uma intervenção da sua parte na dissidência de dois estados unidos pela natureza e pela lei; gabaram-me os seus meios diplomáticos, as suas conferências repetidas, e até veio parar às minhas mãos este protocolo, tornado agora inútil, e que eu tenho a honra de depositar em suas mãos.

VENÂNCIO
Isto não é um protocolo... é um álbum... não tive intenção...

PINHEIRO
Tivesse ou não, arquive o volume, depois de escrever nele – que a potência Venâncio Alves não entra na santa-aliança.

Venâncio
Não entra?... mas... creia... A senhora... me fará justiça.

Elisa
Eu? Eu entrego-lhe as credenciais.

Lulu
Aceite, olhe que deve aceitar.

Venâncio
Minhas senhoras, Sr. Pinheiro. (*sai*)

Todos
Ah! Ah! Ah!

Lulu
O jantar está na mesa. Vamos celebrar o tratado de paz.

QUASE MINISTRO

Comédia em um ato

PERSONAGENS

Luciano Martins, *deputado*
Doutor Silveira
José Pacheco
Carlos Bastos
Mateus
Luís Pereira
Müller
Agapito

Ação – Rio de Janeiro.

NOTA PRELIMINAR

Esta comédia foi expressamente escrita para ser representada em um sarau literário e artístico, dado a 22 de novembro do ano passado (1862), em casa de alguns amigos na rua da Quitanda.

Os cavalheiros que se encarregaram dos diversos papéis foram os Senhores Morais Tavares, Manuel de Melo, Ernesto Cibrão, Bento Marques, Insley Pacheco, Artur Napoleão, Muniz Barreto e Carlos Schramm. O desempenho, como podem atestar os que lá estiveram, foi muito acima do que se podia esperar de amadores.

Pela representação da comédia se abriu o sarau, continuando com a leitura de escritos poéticos e a execução de composições musicais.

Leram composições poéticas os Senhores: conselheiro José Feliciano de Castilho, fragmentos de uma excelente tradução do *Fausto*; Bruno Seabra, fragmentos do seu poema *Dom Fuas,* do gênero humorístico, em que a sua musa se distingue sempre; Ernesto Cibrão, uma graciosa e delicada poesia –

O Campo Santo; Doutor Pedro Luís – *Os voluntários da morte*, ode eloqüente sobre a Polônia; Faustino de Novais, uns sentidos versos de despedida a Artur Napoleão; finalmente, o próprio autor da comédia.

Executaram excelentes pedaços de música os Senhores: Artur Napoleão, A. Arnaud, Schramm e Wagner, pianistas; Muniz Barreto e Bernardelli, violinistas; Tronconi, harpista; Reichert, flautista; Bolgiani, Tootal, Wilmoth, Orlandini e Ferrand, cantores.

A este grupo de artistas, é de rigor acrescentar o nome do Senhor Leopoldo Heck, cujos trabalhos de pintura são bem conhecidos, e que se encarregou de *ilustrar* o programa do sarau afixado na sala.

O sarau era o sexto ou sétimo dado pelos mesmos amigos, reinando neste, como em todos, a franca alegria e convivência cordial a que davam lugar o bom gosto da direção e a urbanidade dos diretores.

(*Sala em casa de Martins.*)

Cena I

MARTINS, SILVEIRA

SILVEIRA
(*entrando*)
Primo Martins, abraça este ressuscitado!

MARTINS
Como assim?

SILVEIRA
Não imaginas. Senta-te, senta-te. Como vai a prima?

MARTINS
Está boa. Mas que foi?

SILVEIRA
Foi um milagre. Conheces aquele meu alazão?

MARTINS
Ah! basta; história de cavalos... que mania!

SILVEIRA
É um vício, confesso. Para mim não há outros: nem fumo, nem mulheres, nem jogo, nem vinho; tudo isso que muitas vezes se encontra em um só homem, reuni-o eu na paixão dos cavalos; mas é que não há nada acima de um cavalo soberbo, elegante, fogoso. Olha, eu compreendo Calígula.

MARTINS
Mas, enfim...

SILVEIRA
A história? É simples. Conheces o meu *Intrépido*? É um lindo alazão! Pois ia eu há pouco, comodamente montado, costeando a praia de Botafogo; ia distraído, não sei em que pensava. De repente, um tílburi que vinha em frente esbarra e tomba. O *Intrépido* espanta-se; ergue as patas dianteiras, diante da massa que ficara defronte, donde saíam gritos e lamentos. Procurei contê-lo, mas qual! Quando dei por mim rolava muito prosaicamente na poeira. Levantei-me a custo; todo o corpo me doía; mas enfim pude tomar um carro e ir mudar de roupa. Quanto ao alazão, ninguém deu por ele; deitou a correr até agora.

MARTINS
Que maluco!

SILVEIRA
Ah! mas as comoções... E as folhas amanhã contando o fato: "DESASTRE. – Ontem, o jovem e estimado

Dr. Silveira Borges, primo do talentoso deputado Luciano Alberto Martins, escapou de morrer... etc.". Só isto!

MARTINS
Acabaste a história do teu desastre?

SILVEIRA
Acabei.

MARTINS
Ouve agora o meu.

SILVEIRA
Estás ministro, aposto!

MARTINS
Quase.

SILVEIRA
Conta-me isto. Eu já tinha ouvido falar na queda do ministério.

MARTINS
Faleceu hoje de manhã.

SILVEIRA
Deus lhe fale n'alma!

MARTINS
Pois creio que vou ser convidado para uma das pastas.

SILVEIRA
Ainda não fostes?

MARTINS
Ainda não; mas a coisa já é tão sabida na cidade, ouvi isto em tantas partes, que julguei dever voltar para casa à espera do que vier.

SILVEIRA
Muito bem! Dá cá um abraço! Não é um favor que te fazem; mereces, mereces... Ó primo, eu também posso servir em alguma pasta?

MARTINS
Quando houver uma pasta dos alazões... (*batem palmas*) Quem será?

SILVEIRA
Será a pasta?

MARTINS
Vê quem é. (*Silveira vai à porta. Entra Pacheco*)

Cena II

Os mesmos e JOSÉ PACHECO

PACHECO
V. Exa. dá-me licença?

MARTINS
Pode entrar.

PACHECO
Não me conhece?

MARTINS
Não tenho a honra...

PACHECO
José Pacheco.

MARTINS
José...

PACHECO
Estivemos há dois dias juntos em casa do Bernardo. Fui-lhe apresentado por um colega da câmara.

MARTINS
Ah! (*a Silveira, baixo*) Que me quererá?

SILVEIRA
(*baixo*)
Já cheiras a ministro.

PACHECO
(*sentando-se*)
Dá licença?

MARTINS
Pois não! (*senta-se*)

PACHECO
Então que me diz à situação? Que me diz à situação? Eu já previa isto. Não sei se teve a bondade de

ler uns artigos meus assinados – A*rmand Carrel.* Tudo o que acontece hoje está lá anunciado. Leia-os, e verá. Não sei se os leu?

MARTINS
Tenho uma idéia vaga.

PACHECO
Ah! pois então há de lembrar-se de um deles, creio que é o IV, não, é o V. Pois nesse artigo está previsto o que acontece hoje, tim tim por tim tim.

SILVEIRA
Então V. S. é profeta?

PACHECO
Em política ser lógico é ser profeta. Apliquem-se certos princípios a certos fatos, a conseqüência é sempre a mesma. Mas é mister que haja os fatos e os princípios...

SILVEIRA
V. S. aplicou-os?...

PACHECO
Apliquei, sim, senhor, e adivinhei. Leia o meu V artigo, e verá com que certeza matemática pintei a situação atual. Ah! ia-me esquecendo (*a Martins*), receba V. Exa. os meus sinceros parabéns.

MARTINS
Por quê?

PACHECO
Não foi chamado para o ministério?

MARTINS
Não estou decidido.

PACHECO
Na cidade não se fala em outra coisa. É uma alegria geral. Mas, por que não está decidido? Não quer aceitar?

MARTINS
Não sei ainda.

PACHECO
Aceite, aceite! É digno; e digo mais, na atual situação, o seu concurso pode servir de muito.

MARTINS
Obrigado.

PACHECO
É o que lhe digo. Depois dos meus artigos, principalmente o V, não é lícito a ninguém recusar uma pasta, só se absolutamente não quiser servir o país. Mas nos meus artigos está tudo, é uma espécie de compêndio. Demais, a situação é nossa; nossa, repito, porque eu sou do partido de V. Exa.

MARTINS
É muita honra.

PACHECO
Uma vez que se compenetre da situação, está tudo feito. Ora diga-me, que política pretende seguir?

MARTINS
A do nosso partido.

PACHECO
É muito vago isso. O que eu pergunto é se pretende governar com energia ou com moderação. Tudo depende do modo. A situação exige um, mas o outro também pode servir...

MARTINS
Ah!

SILVEIRA
(*à parte*)
Que maçante!

PACHECO
Sim, a energia é... é isso, a moderação, entretanto... (*mudando o tom*) Ora, sinto deveras que não tivesse lido os meus artigos, lá vem tudo isso.

MARTINS
Vou lê-los... Creio que já os li, mas lerei segunda vez. Estas coisas devem ser lidas muitas vezes.

PACHECO
Não tem dúvida, como os catecismos. Tenho escrito outros muitos; há doze anos que não faço outra coisa; presto religiosa atenção aos negócios do esta-

do, e emprego-me em prever as situações. O que nunca me aconteceu foi atacar ninguém; não vejo as pessoas, vejo sempre as idéias. Sou capaz de impugnar hoje os atos de um ministro e ir amanhã almoçar com ele.

SILVEIRA
Vê-se logo.

PACHECO
Está claro!

MARTINS
(*baixo a Silveira*)
Será tolo ou velhaco?

SILVEIRA
(*baixo*)
Uma e outra coisa. (*alto*) Ora, não me dirá, com tais disposições, por que não segue a carreira política? Por que não se propõe a uma cadeira no parlamento?

PACHECO
Tenho meu amor próprio, espero que ma ofereçam.

SILVEIRA
Talvez receiem ofendê-lo.

PACHECO
Ofender-me?

SILVEIRA
Sim, a sua modéstia...

PACHECO

Ah! modesto sou; mas não ficarei zangado.

SILVEIRA

Se lhe oferecerem uma cadeira... está bom. Eu também não; nem ninguém. Mas eu acho que se devia propor; fazer um manifesto, juntar os seus artigos, sem faltar o V...

PACHECO

Esse principalmente. Cito aí boa soma de autores. Eu, de ordinário, cito muitos autores.

SILVEIRA

Pois é isso, escreva o manifesto e apresente-se.

PACHECO

Tenho medo da derrota.

SILVEIRA

Ora, com as suas habilitações...

PACHECO

É verdade, mas o mérito é quase sempre desconhecido, e enquanto eu vegeto nos – *a pedidos* dos jornais, vejo muita gente chegar à cumieira da fama. (*a Martins*) Ora diga-me, o que pensará V. Exa. quando eu lhe disser que redigi um folheto e que vou imprimi-lo?

MARTINS

Pensarei que...

PACHECO
(*metendo a mão no bolso*)
Aqui lho trago. (*tira um rolo de papel*) Tem muito que fazer?

MARTINS
Alguma coisa.

SILVEIRA
Muito, muito.

PACHECO
Então não pode ouvir o meu folheto?

MARTINS
Se me dispensasse agora...

PACHECO
Pois sim, em outra ocasião. Mas em resumo é isso; trato dos meios de obter uma renda três vezes maior do que a que temos sem lançar mão de empréstimos, e mais ainda, diminuindo os impostos.

SILVEIRA
Oh!

PACHECO
(*guardando o rolo*)
Custou-me muitos dias de trabalho, mas espero fazer barulho.

SILVEIRA
(*à parte*)
Ora espera... (*alto*) Mas então, primo...

PACHECO

Ah! é primo de V. Exa.?

SILVEIRA

Sim, senhor.

PACHECO

Logo vi, há traços de família; vê-se que é um moço inteligente. A inteligência é o principal traço da família de V. Exas. Mas dizia...

SILVEIRA

Dizia ao primo que vou decididamente comprar uns cavalos do Cabo magníficos. Não sei se os viu já. Estão na cocheira do major...

PACHECO

Não vi, não senhor.

SILVEIRA

Pois, senhor, são magníficos! É a melhor estampa que tenho visto, todos do mais puro castanho, elegantes, delgados, vivos. O major encomendou trinta; chegaram seis; fico com todos. Vamos nós vê-los?

PACHECO

(*aborrecido*)

Eu não entendo de cavalos. (*levanta-se*) Hão de dar-me licença. (*a Martins*) V. Exa. janta às cinco?

MARTINS

Sim, senhor, quando quiser...

Pacheco
Ah! hoje mesmo, hoje mesmo. Quero saber se aceitará ou não. Mas se quer um conselho de amigo, aceite, aceite. A situação está talhada para um homem como V. Exa. Não a deixe passar. Recomendações a toda a sua família. Meus senhores. (*da porta*) Se quer, trago-lhe uma coleção dos meus artigos?

Martins
Obrigado, cá os tenho.

Pacheco
Bem, sem mais cerimônia.

Cena III

Martins, Silveira

Martins
Que me dizes a isto?

Silveira
É um parasita, está claro.

Martins
E virá jantar?

Silveira
Com toda a certeza.

Martins
Ora esta!

SILVEIRA

É apenas o começo; não passas ainda de um quase-ministro. Que acontecerá quando o fores de todo?

MARTINS

Tal preço não vale o trono.

SILVEIRA

Ora, aprecia lá a minha filosofia. Só me ocupo dos meus alazões, mas quem se lembra de me vir oferecer artigos para ler e estômagos para alimentar? Ninguém. Feliz obscuridade!

MARTINS

Mas a sem-cerimônia...

SILVEIRA

Ah! querias que fossem acanhados? São lestos, desembaraçados, como em suas próprias casas. Sabem tocar a corda.

MARTINS

Mas enfim, não há muitos como este. Deus nos livre! Seria uma praga! Que maçante! Se não lhe falas em cavalos, ainda aqui estava! (*batem palmas*) Será outro?

SILVEIRA

Será o mesmo?

Cena IV

Os mesmos, CARLOS BASTOS

BASTOS
Meus senhores...

MARTINS
Queira sentar-se. (*sentam-se*) Que deseja?

BASTOS
Sou filho das musas.

SILVEIRA
Bem, com licença.

MARTINS
Onde vais?

SILVEIRA
Vou lá dentro falar à prima.

MARTINS
(*baixo*)
Presta-me o auxílio dos teus cavalos.

SILVEIRA
(*baixo*)
Não é possível, este conhece o Pégaso. Com licença.

Cena V

MARTINS, BASTOS

BASTOS
Dizia eu que sou filho das musas... Com efeito, desde que me conheci, achei-me logo entre elas. Elas me influíram a inspiração e o gosto da poesia, de modo que, desde os mais tenros anos, fui poeta.

MARTINS
Sim, senhor, mas...

BASTOS
Mal comecei a ter entendimento, achei-me logo entre a poesia e a prosa, como Cristo entre o bom e o mau ladrão. Ou devia ser poeta, conforme me pedia o gênio, ou lavrador, conforme meu pai queria. Segui os impulsos do gênio; aumentei a lista dos poetas e diminuí a dos lavradores.

MARTINS
Porém...

BASTOS
E podia ser o contrário? Há alguém que fuja à sua sina? V. Exa. não é um exemplo? Não se acaba de dar às suas brilhantes qualidades políticas a mais honrosa sanção? Corre ao menos por toda a cidade.

MARTINS
Ainda não é completamente exato.

BASTOS

Mas há de ser, deve ser. (*depois de uma pausa*) A poesia e a política acham-se ligadas por um laço estreitíssimo. O que é a política? Eu a comparo a Minerva. Ora, Minerva é filha de Júpiter, como Apolo. Ficam sendo, portanto, irmãs. Deste estreito parentesco nasce que a minha musa, apenas soube do triunfo político de V. Exa., não pôde deixar de dar alguma cópia de si. Introduziu-me na cabeça a faísca divina, emprestou-me as suas asas, e arrojou-me até onde se arrojava Píndaro. Há de me desculpar, mas agora mesmo parece-me que ainda por lá ando.

MARTINS
(*à parte*)
Ora dá-se.

BASTOS

Longo tempo vacilei; não sabia se devia fazer uma ode ou um poema. Era melhor o poema, por oferecer um quadro mais largo, e poder assim conter mais comodamente todas as ações grandes da vida de V. Exa.; mas um poema só deve pegar do herói quando ele morre; e V. Exa., por fortuna nossa, ainda se acha entre os vivos. A ode prestava-se mais, era mais curta e mais própria. Desta opinião foi a musa que me inspirou a melhor composição que até hoje tenho feito. V. Exa. vai ouvi-la. (*mete a mão no bolso*)

MARTINS

Perdão, mas agora não me é possível.

BASTOS

Mas...

MARTINS

Dê cá; lerei mais tarde. Entretanto, cumpre-me dizer que ainda não é cabida, porque ainda não sou ministro.

BASTOS

Mas há de ser, deve ser. Olhe, ocorre-me uma coisa. Naturalmente hoje à tarde já isso está decidido. Seus amigos e parentes virão provavelmente jantar com V. Exa.; então no melhor da festa, entre a pêra e o queijo, levanto-me eu, como Horácio à mesa de Augusto, e desfio a minha ode! Que acha? é muito melhor, é muito melhor.

MARTINS

Será melhor não a ler; pareceria encomenda.

BASTOS

Oh! Modéstia! Como assenta bem em um ministro!

MARTINS

Não é modéstia.

BASTOS

Mas quem poderá supor que seja encomenda? O seu caráter de homem público repele isso, tanto quanto repele o meu caráter de poeta. Há de se pensar o que realmente é: homenagem de um filho das musas a um aluno de Minerva. Descanse, conte com a sobremesa poética.

MARTINS
Enfim...

BASTOS
Agora, diga-me, quais são as dúvidas para aceitar esse cargo?

MARTINS
São secretas.

BASTOS
Deixe-se disso; aceite, que é o verdadeiro. V. Exa. deve servir o país. É o que eu sempre digo a todos... Ah! não sei se sabe: de há cinco anos a esta parte tenho sido cantor de todos os ministérios. É que, na verdade, quando um ministério sobe ao poder, há razões para acreditar que fará a felicidade da nação. Mas nenhum a fez; este há de ser exceção: V. Exa. está nele e há de obrar de modo que mereça as bênçãos do futuro. Ah! os poetas são um tanto profetas.

MARTINS
(*levantando-se*)
Muito obrigado. Mas há de me desculpar. (*vê o relógio*) Devo sair.

BASTOS
(*levantando-se*)
Eu também saio e terei muita honra de ir à ilharga de V. Exa.

MARTINS
Sim... mas, devo sair daqui a pouco.

BASTOS
(*sentando-se*)
Bem, eu espero.

MARTINS
Mas é que eu tenho de ir para o interior de minha casa; escrever umas cartas.

BASTOS
Sem cerimônia. Sairemos depois e voltaremos... V. Exa. janta às cinco?

MARTINS
Ah! quer esperar?

BASTOS
Quero ser dos primeiros que o abracem, quando vier a confirmação da notícia; quero antes de todos estreitar nos braços o ministro que vai salvar a nação.

MARTINS
(*meio zangado*)
Pois fique, fique.

Cena VI

Os mesmos, MATEUS

MATEUS
É um criado de V. Exa.

MARTINS
Pode entrar.

BASTOS
(*à parte*)
Será algum colega? Chega tarde!

MATEUS
Não tenho a honra de ser conhecido por V. Exa., mas, em poucas palavras, direi quem sou...

MARTINS
Tenha a bondade de sentar-se.

MATEUS
(*vendo Bastos*)
Perdão; está com gente; voltarei em outra ocasião.

MARTINS
Não, diga o que quer, este senhor vai já.

BASTOS
Pois não! (*à parte*) Que remédio! (*alto*) Às ordens de V. Exa.; até logo... não me demoro muito.

Cena VII

MARTINS, MATEUS

MARTINS
Estou às suas ordens.

MATEUS
Primeiramente deixe-me dar-lhe os parabéns; sei que vai ter a honra de sentar-se nas poltronas do

Executivo, e eu acho que é do meu dever congratular-me com a nação.

MARTINS

Muito obrigado. (*à parte*) É sempre a mesma cantilena.

MATEUS

O país tem acompanhado os passos brilhantes da carreira política de V. Exa. Todos contam que, subindo ao ministério, V. Exa. vai dar à sociedade um novo tom. Eu penso do mesmo modo. Nenhum dos gabinetes anteriores compreendeu as verdadeiras necessidades da pátria. Uma delas é a idéia que eu tive a honra de apresentar há cinco anos, e para cuja realização ando pedindo um privilégio. Se V. Exa. não tem agora muito que fazer, vou explicar-lhe a minha idéia.

MARTINS

Perdão; mas, como eu posso não ser ministro, desejava não entrar por ora no conhecimento de uma coisa que só ao ministro deve ser comunicada.

MATEUS

Não ser ministro! V. Exa. não sabe o que está dizendo... Não ser ministro é, por outros termos, deixar o país à beira do abismo com as molas do maquinismo social emperradas... Não ser ministro! Pois é possível que um homem, com os talentos e os instintos de V. Exa. diga semelhante barbaridade? É uma barbaridade. Eu já não estou em mim... Não ser ministro!

MARTINS
Basta, não se aflija desse modo.

MATEUS
Pois não me hei de afligir?

MARTINS
Mas então a sua idéia?

MATEUS
(*depois de limpar a testa com o lenço*)
A minha idéia é simples como água. Inventei uma peça de artilharia; coisa inteiramente nova; deixa atrás de si tudo o que até hoje tem sido descoberto. É um invento que põe na mão do país, que o possuir, a soberania do mundo.

MARTINS
Ah! Vejamos.

MATEUS
Não posso explicar o meu segredo, porque seria perdê-lo. Não é que eu duvide da discrição de V. Exa.; longe de mim semelhante idéia; mas é que V. Exa. sabe que estas coisas têm mais virtude quando são inteiramente secretas.

MARTINS
É justo; mas diga-me lá, quais são as propriedades da sua peça?

MATEUS
São espantosas. Primeiramente, eu pretendo denominá-la: *O raio de Júpiter*, para honrar com um

nome majestoso a majestade do meu invento. A peça é montada sobre uma carreta, a que chamarei locomotiva, porque não é outra coisa. Quanto ao modo de operar é aí que está o segredo. A peça tem sempre um depósito de pólvora e bala para carregar, e vapor para mover a máquina. Coloca-se no meio do campo e deixa-se... Não lhe bulam. Em começando o fogo, entra a peça a mover-se em todos os sentidos, descarregando bala sobre bala, aproximando-se ou recuando, segundo a necessidade. Basta uma para destroçar um exército; calcule o que não serão umas doze, como esta. É ou não a soberania do mundo?

MARTINS
Realmente, é espantoso. São peças com juízo.

MATEUS
Exatamente.

MARTINS
Deseja então um privilégio?

MATEUS
Por ora... É natural que a posteridade me faça alguma coisa... Mas tudo isso pertence ao futuro.

MARTINS
Merece, merece.

MATEUS
Contento-me com o privilégio... Devo acrescentar que alguns ingleses, alemães e americanos, que,

não sei como, souberam deste invento, já me propuseram, ou a venda dele, ou uma carta de naturalização nos respectivos países; mas eu amo a minha pátria e os meus ministros.

Martins
Faz bem.

Mateus
Está V. Exa. informado das virtudes da minha peça. Naturalmente daqui a pouco é ministro. Posso contar com a sua proteção?

Martins
Pode; mas eu não respondo pelos colegas.

Mateus
Queira V. Exa., e os colegas cederão. Quando um homem tem as qualidades e a inteligência superior de V. Exa., não consulta, domina. Olhe, eu fico descansado a este respeito.

Cena VIII

Os mesmos, Silveira

Martins
Fizeste bem em vir. Fica um momento conversando com este senhor. É um inventor e pede um privilégio. Eu vou sair; vou saber novidades. (*à parte*) Com efeito, a coisa tarda. (*alto*) Até logo. Aqui estarei sempre às suas ordens. Adeus, Silveira.

SILVEIRA
(*baixo a Martins*)
Então, deixas-me só?

MARTINS
(*baixo*)
Agüenta-te. (*alto*) Até sempre!

MATEUS
Às ordens de V. Exa.

Cena IX

MATEUS, SILVEIRA

MATEUS
Eu também me vou embora. É parente do nosso ministro?

SILVEIRA
Sou primo.

MATEUS
Ah!

SILVEIRA
Então V. S. inventou alguma coisa? Não foi a pólvora?

MATEUS
Não foi, mas cheira a isso... Inventei uma peça.

SILVEIRA

Ah!

MATEUS

Um verdadeiro milagre... Mas não é o primeiro; tenho inventado outras coisas. Houve um tempo em que me zanguei; ninguém fazia caso de mim; recolhi-me ao silêncio, disposto a não inventar mais nada. Finalmente, a vocação sempre vence; comecei de novo a inventar, mas nada fiz ainda que chegasse à minha peça. Hei de dar nome ao século XIX.

Cena X

Os mesmos, LUÍS PEREIRA

PEREIRA

S. Exa. está em casa?

SILVEIRA

Não, senhor. Que desejava?

PEREIRA

Vinha dar-lhe os parabéns.

SILVEIRA

Pode sentar-se.

PEREIRA

Saiu?

SILVEIRA

Há pouco.

PEREIRA
Mas volta?

SILVEIRA
Há de voltar.

PEREIRA
Vinha dar-lhe os parabéns... e convidá-lo.

SILVEIRA
Para quê, se não é curiosidade?

PEREIRA
Para um jantar.

SILVEIRA
Ah! (*à parte*) Está feito. Este oferece jantares.

PEREIRA
Está já encomendado. Lá se encontrarão várias notabilidades do país. Quero fazer ao digno ministro, sob cujo teto tenho a honra de falar neste momento, aquelas honras que o talento e a virtude merecem.

SILVEIRA
Agradeço em nome dele esta prova...

PEREIRA
V. S. pode até fazer parte da nossa festa.

SILVEIRA
É muita honra.

Pereira

É meu costume, quando sobe um ministério, escolher o ministro mais simpático, e oferecer-lhe um jantar. E há uma coisa singular: conto os meus filhos por ministérios. Casei-me em 50; daí para cá, tantos ministérios, tantos filhos. Ora, acontece que de cada pequeno meu é padrinho um ministro, e fico eu assim espiritualmente aparentado com todos os gabinetes. No ministério que caiu, tinha eu dois compadres. Graças a Deus, posso fazê-lo sem diminuir as minhas rendas.

Silveira
(à parte)
O que lhe come o jantar é quem batiza o filho.

Pereira
Mas o nosso ministro, demorar-se-á muito?

Silveira
Não sei... ficou de voltar.

Mateus
Eu peço licença para me retirar. *(à parte, a Silveira)* Não posso ouvir isto.

Silveira
Já se vai?

Mateus
Tenho voltas que dar; mas logo cá estou. Não lhe ofereço para jantar, porque vejo que S. Exa. janta fora.

Pereira
Perdão, se me quer dar a honra.

Mateus
Honra... sou eu que a recebo... aceito, aceito com muito gosto.

Pereira
É no Hotel Inglês, às cinco horas.

Cena XI

Os mesmos, Agapito, Müller

Silveira
Oh! entra, Agapito!

Agapito
Como estás?

Silveira
Trazes parabéns?

Agapito
E pedidos.

Silveira
O que é?

Agapito
Apresento-lhe o Sr. Müller, cidadão hanoveriano.

SILVEIRA
(*a Müller*)
Queira sentar-se.

AGAPITO
O Sr. Müller chegou há quatro meses da Europa e deseja contratar o teatro lírico.

SILVEIRA
Ah!

MÜLLER
Tenho debalde perseguido os ministros, nenhum me tem atendido. Entretanto, o que eu proponho é um verdadeiro negócio da China.

AGAPITO
(*a Müller*)
Olhe que não é ao ministro que está falando, é ao primo dele.

MÜLLER
Não faz mal. Veja se não é negócio da China. Proponho fazer cantar os melhores artistas da época. Os senhores vão ouvir coisas nunca ouvidas. Verão o que é um teatro lírico.

SILVEIRA
Bem, não duvido.

AGAPITO
Somente, o Sr. Müller pede uma subvenção.

SILVEIRA
É justo. Quanto?

MÜLLER
Vinte e cinco contos por mês.

MATEUS
Não é má; e os talentos do país? Os que tiverem à custa do seu trabalho produzido inventos altamente maravilhosos? O que tiver posto na mão da pátria a soberania do mundo?

AGAPITO
Ora, senhor! A soberania do mundo é a música que vence a ferocidade. Não sabe a história de Orfeu?

MÜLLER
Muito bem!

SILVEIRA
Eu acho a subvenção muito avultada.

MÜLLER
E se eu lhe provar que não é?

SILVEIRA
É possível, em relação ao esplendor dos espetáculos; mas nas circunstâncias do país...

AGAPITO
Não há circunstâncias que procedam contra a música... Deve ser aceita a proposta do Sr. Müller.

MÜLLER
Sem dúvida.

AGAPITO
Eu acho que sim. Há uma porção de razões para demonstrar a necessidade de um teatro lírico. Se o país é feliz, é bom que ouça cantar, porque a música confirma as comoções da felicidade. Se o país é infeliz, é também bom que ouça cantar, porque a música adoça as dores. Se o país é dócil, é bom que ouça música, para nunca se lembrar de ser rebelde. Se o país é rebelde, é bom que ouça música, porque a música adormece os furores, e produz a brandura. Em todos os casos, a música é útil. Deve ser até um meio de governo.

SILVEIRA
Não contesto nenhuma dessas razões; mas meu primo, se for efetivamente ministro, não aceitará semelhante proposta.

AGAPITO
Deve aceitar; mais ainda, se és meu amigo, deves interceder pelo Sr. Müller.

SILVEIRA
Por quê?

AGAPITO
(*baixo a Silveira*)
Filho, eu namoro a prima-dona! (*alto*) Se me perguntarem quem é a prima-dona, não saberei responder; é um anjo e um diabo; é a mulher que resume

as duas naturezas, mas a mulher perfeita, completa, única. Que olhos! Que porte! Que donaire! Que pé! Que voz!

SILVEIRA
Também a voz?

AGAPITO
Nela não há primeiros ou últimos merecimentos. Tudo é igual; tem tanta formosura, quanta graça, quanto talento! Se a visses! Se a ouvisses!

MÜLLER
E as outras? Tenho uma andaluza... (*levando os dedos à boca e beijando-os*) divina! É a flor das andaluzas!

AGAPITO
Tu não conheces as andaluzas.

SILVEIRA
Tenho uma que me mandaram de presente.

MÜLLER
Pois, senhor, eu acho que o governo deve aceitar com ambas as mãos a minha proposta.

AGAPITO
(*baixo a Silveira*)
E depois, eu acho que tenho direito a este obséquio; votei com vocês nas eleições.

SILVEIRA
Mas...

AGAPITO
Não mates o meu amor ainda nascente.

SILVEIRA
Enfim, o primo resolverá.

Cena XII

Os mesmos, PACHECO, BASTOS

PACHECO
Dá licença?

SILVEIRA
(*à parte*)
Oh! aí está toda a procissão!

BASTOS
S. Exa.?

SILVEIRA
Saiu. Queiram sentar-se.

PACHECO
Foi naturalmente ter com os companheiros para assentar na política do gabinete. Eu acho que deve ser a política moderada. É a mais segura.

SILVEIRA
É a opinião de nós todos.

PACHECO
É a verdadeira opinião. Tudo o que não for isto é sofismar a situação.

BASTOS
Eu não sei se isso é o que a situação pede; o que sei é que S. Exa. deve colocar-se na altura que lhe compete, a altura de um Hércules. O déficit é o leão de Neméia; é preciso matá-lo. Agora se para aniquilar esse monstro, é preciso energia ou moderação, isso não sei; o que sei é que é preciso talento e muito talento, e nesse ponto ninguém pode ombrear com S. Exa.

PACHECO
Nesta última parte concordamos todos.

BASTOS
Mas que moderação é essa? Pois faz-se jus aos cantos do poeta e ao cinzel do estatuário com um sistema de moderação? Recorramos aos heróis... Aquiles foi moderado? Heitor foi moderado? Eu falo pela poesia, irmã carnal da política, porque ambas são filhas de Júpiter.

PACHECO
Sinto não ter agora os meus artigos. Não posso ser mais claro do que fui naquelas páginas, realmente as melhores que tenho escrito.

BASTOS
Ah! V. S. também escreve?

PACHECO
Tenho escrito vários artigos de apreciação política.

BASTOS
Eu escrevo em verso; mas nem por isso deixo de sentir prazer, travando conhecimento com V. S.

PACHECO
Oh! Senhor.

BASTOS
Mas pense, e há de concordar comigo.

PACHECO
Talvez... Eu já disse que sou da política de S. Exa.; e contudo ainda não sei (para falar sempre em Júpiter...) ainda não sei se ele é filho de Júpiter Libertador ou Júpiter Stator; mas já sou da política de S. Exa.; e isto porque sei que, filho de um ou de outro, há de sempre governar na forma indicada pela situação, que é a mesma já prevista nos meus artigos, principalmente o V...

Cena XIII

Os mesmos, MARTINS

BASTOS
Aí chega S. Exa.

MARTINS
Meus senhores...

SILVEIRA
(*apresentando Pereira*)
Aqui o senhor vem convidar-te para jantar com ele.

MARTINS
Ah!

PEREIRA
É verdade; soube da sua nomeação e vim, conforme o coração me pediu, oferecer-lhe uma prova pequena da minha simpatia.

MARTINS
Agradeço a simpatia; mas o boato que correu hoje, desde manhã, é falso... O ministério está completo, sem mim.

TODOS
Ah!

MATEUS
Mas quem são os novos?

MARTINS
Não sei.

PEREIRA
(*à parte*)
Nada, eu não posso perder um jantar e um compadre.

BASTOS
(*à parte*)
E a minha ode? (*a Mateus*) Fica?

Mateus
Nada, eu vou. (*aos outros*) Vou saber quem é o novo ministro para oferecer-lhe o meu invento...

Bastos
Sem incômodo, sem incômodo.

Silveira
(*a Bastos e Mateus*)
Esperem um pouco.

Pacheco
E não sabe qual será a política do novo ministério? É preciso saber. Se não for a moderação, está perdido. Vou averiguar isso.

Martins
Não janta conosco?

Pacheco
Um destes dias... obrigado... até depois...

Silveira
Mas esperem: onde vão? Ouçam ao menos uma história. É pequena, mas conceituosa. Um dia anunciou-se um suplício. Toda gente correu a ver o espetáculo feroz. Ninguém ficou em casa: velhos, moços, homens, mulheres, crianças, tudo invadiu a praça destinada à execução. Mas, porque viesse o perdão à última hora, o espetáculo não se deu e a forca ficou vazia. Mais ainda: o enforcado, isto é, o condenado, foi em pessoa à praça pública dizer que estava salvo e confundir com o povo as lágrimas de sa-

tisfação. Houve um rumor geral, depois um grito, mais dez, mais cem, mais mil romperam de todos os ângulos da praça, e uma chuva de pedras deu ao condenado a morte de que o salvara a real clemência. – Por favor, misericórdia para este. (*apontando para Martins*) Não tem culpa nem da condenação, nem da absolvição.

PEREIRA
A que vem isto?

PACHECO
Eu não lhe acho graça alguma!

BASTOS
Histórias da carochinha!

MATEUS
Ora adeus! Boa tarde.

OS OUTROS
Boa tarde.

Cena XIV

MARTINS *e* SILVEIRA

MARTINS
Que me dizes a isto?

SILVEIRA
Que hei de dizer! Estavas a surgir... dobraram o joelho: repararam que era uma aurora boreal, volta-

ram as costas e lá se vão em busca do sol... São especuladores!

MARTINS
Deus te livre destes e de outros...

SILVEIRA
Ah! livra... livra. Afora os incidentes como o Botafogo... ainda não me arrependi das minhas loucuras, como tu lhes chamas. Um alazão não leva ao poder, mas também não leva à desilusão.

MARTINS
Vamos jantar.

FIM

AS FORCAS CAUDINAS

Comédia em dois atos

PERSONAGENS

Tito
Ernesto Seabra
Aleixo Cupidov, *coronel russo*
Emília Soares, *viúva*
Margarida Seabra
Um correio

A cena passa-se em Petrópolis – Atualidade.

ATO PRIMEIRO

(*Um jardim: mesa, cadeiras de ferro. A casa a um lado.*)

Cena I

SEABRA (*assentado a um lado da mesa, com um livro aberto*); MARGARIDA (*do outro lado*)

SEABRA
Queres que paremos aqui?

MARGARIDA
Como quiseres.

SEABRA
(*fechando o livro*)
É melhor. As coisas boas não se gozam de uma assentada. Guardemos um bocado para a noite. Demais, era já tempo que eu passasse do idílio escrito para o idílio vivo. Deixa-me olhar para ti.

MARGARIDA
Jesus! Parece que começamos a lua-de-mel.

SEABRA
Parece e é. E se o casamento não fosse eternamente isto o que poderia ser? A ligação de duas existências para meditar discretamente na melhor maneira de comer o maxixe e o repolho? Ora, pelo amor de Deus! Eu penso que o casamento deve ser um namoro eterno. Não pensas como eu?

MARGARIDA
Sinto...

SEABRA
Sentes, é quanto basta.

MARGARIDA
Mas que as mulheres sintam é natural; os homens...

SEABRA
Os homens são homens.

MARGARIDA
O que nas mulheres é sensibilidade, nos homens é pieguice: desde pequena me dizem isto.

SEABRA
Enganam-te desde pequena.

MARGARIDA
Antes isso!

SEABRA
É a verdade. E desconfia sempre dos que mais falam, homens ou mulheres. Tens perto um exemplo. A Emília faz um grande cavalo de batalha da sua isenção. Quantas vezes se casou? Até aqui duas, e está nos vinte e cinco anos. Era melhor calar-se mais e casar-se menos.

MARGARIDA
Mas nela é brincadeira.

SEABRA
Pois sim. O que não é brincadeira é que os cinco meses do nosso casamento parecem-me cinco minutos...

MARGARIDA
Cinco meses!

SEABRA
Como foge o tempo!

MARGARIDA
Dirás sempre o mesmo?

SEABRA
Duvidas?

MARGARIDA
Receio. É tão bom ser feliz!

SEABRA
Sê-lo-ás sempre e do mesmo modo. De outro não entendo eu.

Tito
(*ao fundo*)
O que é que não entendes?

Cena II

Margarida, Seabra, Tito

Seabra
Quem é? (*levanta-se e vai ao fundo*) Ah! é o Tito! Entra! Entra! (*abre a cancela*) Ah! (*abraçam-se*) Como estás? Acho-te mais gordo! Anda cumprimentar minha mulher. Margarida, aqui está o Tito!

Tito
Minha senhora... (*a Seabra*) Dás licença? (*a Margarida*) Quem vem de longe quer abraços. (*dá-lhe um abraço*) Ah! aproveito a ocasião para dar-lhes os parabéns.

Seabra
Recebeste a nossa carta de participação?

Tito
Em Valparaíso.

Seabra
Anda sentar-te e conta-me a tua viagem.

Tito
Isso é longo. O que te posso contar é que desembarquei ontem no Rio. Tratei de indagar a tua

morada. Disseram-me que estavas temporariamente em Petrópolis. Descansei, mas logo hoje tomei a barca da Prainha e aqui estou. Eu já suspeitava que com o teu espírito de poeta irias esconder a tua felicidade em algum recanto do mundo. Com efeito, isto é verdadeiramente uma nesga do paraíso. Jardim, caramanchões, uma casa leve e elegante, um livro... (*abre o livro*) Bravo! *Marília de Dirceu*... É completo? *Tityre, tu patulae*... Caio no meio de um idílio. (*a Margarida*) Pastorinha, onde está o cajado? (*Margarida ri às gargalhadas*) Ri mesmo como uma pastorinha alegre. E tu, Teócrito, que fazes? Deixas correr os dias como as águas do Paraíba? Feliz criatura!

SEABRA
Sempre o mesmo!

TITO
O mesmo doido? (*a Margarida*) Acha que ele tem razão?

MARGARIDA
Acho, se o não ofendo...

TITO
Qual, ofender! Se eu até me honro com isso. Sou um doido inofensivo, isso é verdade. Mas é que realmente são felizes como poucos. Há quantos meses se casaram?

MARGARIDA
Cinco meses fazem domingo.

SEABRA
Disse há pouco que me pareciam cinco minutos.

TITO
Cinco meses, cinco minutos! Eis toda a verdade da vida. Se os pusessem sobre uma grelha, como São Lourenço, cinco minutos eram cinco meses. E ainda se fala em tempo! Há lá tempo! O tempo está nas nossas impressões. Há meses para os infelizes e minutos para os venturosos!

SEABRA
Mas que ventura!

TITO
Completa, não? Imagino! Marido de um serafim nas graças e no coração... Ah! perdão, não reparei que estava aqui... mas não precisa corar!... Disto me hás de ouvir vinte vezes por dia! o que penso, digo. (*a Seabra*) Como não te hão de invejar os nossos amigos!

SEABRA
Isso não sei.

TITO
Pudera! Encafuado neste desvão do mundo de nada podes saber. E fazes bem. Isto de ser feliz à vista de todos é repartir a felicidade. Ora, para respeitar o princípio devo ir-me já embora...

SEABRA
Deixa-te disso: fica conosco.

Margarida
Os verdadeiros amigos também são a felicidade.

Tito
(*curvando-se*)
Oh!...

Seabra
É até bom que aprendas em nossa escola a ciência do casamento.

Tito
Para quê?

Seabra
Para te casares.

Tito
Hum!

Margarida
Não pretende?

Seabra
Estás ainda o mesmo que em outro tempo?

Tito
O mesmíssimo.

Margarida
Tem horror ao casamento?

TITO
Não tenho vocação. É puramente um caso de vocação. Quem a não tiver não se meta nisso que é perder o tempo e o sossego. Desde muito tempo estou convencido disto.

SEABRA
Ainda te não bateu a hora.

TITO
Nem bate.

SEABRA
Mas, se bem me lembro, houve um dia em que fugiste às teorias de costume; andavas então apaixonado...

TITO
Apaixonado é engano. Houve um dia em que a providência trouxe uma confirmação aos meus instantes solitários. Meti-me a pretender uma senhora...

SEABRA
É verdade: foi um caso engraçado.

MARGARIDA
Como foi o caso?

SEABRA
O Tito viu em um baile uma rapariga. No dia seguinte apresenta-se em casa dela, e, sem mais nem menos, pede-lhe a mão. Ela respondeu... que te respondeu?

Tito

Respondeu por escrito que eu era um tolo e me deixasse daquilo. Não disse positivamente tolo, mas vinha a dar na mesma. É preciso confessar que semelhante resposta não era própria. Voltei atrás e nunca mais amei.

Margarida

Mas amou naquela ocasião?

Tito

Não sei se era amor, era uma coisa... Mas note, isto foi há uns bons cinco anos. Daí para cá ninguém mais me fez bater o coração.

Seabra

Pior para ti.

Tito

Eu sei! Se não tenho os gozos intensos do amor, não tenho nem os dissabores nem os desenganos. É já uma grande fortuna!

Margarida

No verdadeiro amor não há nada disso...

Tito

Não há? Deixemos o assunto; eu podia fazer um discurso a propósito, mas prefiro...

Seabra

Ficar conosco? Está sabido.

Tito
Não tenho essa intenção.

Seabra
Mas tenho eu. Hás de ficar.

Tito
Mas se eu já mandei o criado tomar alojamento no hotel de Bragança...

Seabra
Pois manda contra-ordem. Fica comigo!

Tito
Insisto em não perturbar a tua paz.

Seabra
Deixa-te disso!

Margarida
Fique!

Tito
Ficarei.

Margarida
E amanhã depois de ter descansado, há de nos dizer qual é o segredo da isenção de que tanto se ufana.

Tito
Não há segredo. O que há é isto. Entre um amor que se oferece e... uma partida de voltarete, não he-

sito, atiro-me ao voltarete. A propósito, Ernesto, sabes que encontrei no Chile um famoso parceiro de voltarete? Fez a casca mais temerária que tenho visto... (*a Margarida*) Sabe o que é uma casca?

MARGARIDA
Não.

TITO
Pois eu lhe explico.

SEABRA
Aí chega a Emília.

Cena III

Os mesmos, EMÍLIA *e o* CORONEL

MARGARIDA
(*indo ao fundo*)
Viva, Senhora ingrata, há três dias...

EMÍLIA
E a chuva?

CORONEL
Minha Senhora, Sr. Seabra...

SEABRA
(*a Emília*)
D. Emília, vem achar-me na maior satisfação. Tornei a ver um amigo que há muito andava em via-

gem. Tenho a honra de lho apresentar: é o Sr. Tito Freitas.

TITO

Minha Senhora! (*Emília fita-lhe os olhos por algum tempo procurando recordar-se; Tito sustenta o olhar de Emília com a mais imperturbável serenidade*)

SEABRA
(*apresentando*)
O Sr. Aleixo Cupidov, coronel do exército russo; o Sr. Tito Freitas... Bem... (*indo à porta da casa*) Tragam cadeiras...

EMÍLIA
(*a Margarida*)
Pois ainda hoje não viria se não fosse a obsequiosidade do Sr. Coronel...

MARGARIDA
O Sr. Coronel é uma maravilha. (*chega um fâmulo com cadeiras, dispõe-nas e sai*)

CORONEL
Nem tanto, nem tanto.

EMÍLIA
É, é. Eu só tenho medo de uma coisa; é que suponham que me acho contratada para vivandeira para o exército russo...

CORONEL
Quem suporia?

SEABRA
Sentem-se, nada de cerimônias.

EMÍLIA
Sabem que o Sr. Coronel vai fazer-me um presente?

SEABRA
Ah!...

MARGARIDA
O que é?

CORONEL
É uma insignificância, não vale a pena.

EMÍLIA
Então não acertam? É um urso branco.

SEABRA e MARGARIDA
Um urso!

EMÍLIA
Está para chegar; mas só ontem é que me deu notícia...

TITO
(*baixo a Seabra*)
Com ele faz um par.

MARGARIDA
Ora, um urso!

CORONEL

Não vale a pena. Contudo mandei dizer que desejava dos mais belos. Ah! não fazem idéia do que é um urso branco! Imaginem que é todo branco!

TITO

Ah!...

CORONEL

É um animal admirável.

TITO

Eu acho que sim. (*a Seabra*) Ora vê tu, um urso branco que é todo branco! (*baixo*) Que faz este sujeito?

SEABRA
(*baixo*)

Namora a Emília, mas sem ser namorado.

TITO
(*idem*)

Diz ela?

SEABRA
(*idem*)

E é verdade.

EMÍLIA
(*respondendo a Margarida*)

Mas por que não me mandaste dizer? Dá-se esta, Sr. Seabra; então faz-se anos nesta casa e não me mandam dizer?

MARGARIDA
Mas a chuva?

EMÍLIA
Anda lá, maliciosa! Bem sabes que não há chuva em casos tais.

SEABRA
Demais fez-se a festa tão à capucha!

EMÍLIA
Fosse o que fosse, eu sou de casa.

TITO
O coronel está com licença, não?

CORONEL
Estou, sim, senhor.

TITO
Não tem saudades do serviço?

CORONEL
Podia ter, mas há compensações...

TITO
É verdade que os militares, por gosto ou por costume, nas vagas do serviço do exército, alistam-se em outro exército, sem baixa de posto, alferes quando são alferes, coronéis quando são coronéis. Tudo lhes corre mais fácil: é o verdadeiro amor; o amor que cheira a pelouro e morrião. Oh! esse sim!

CORONEL
Oh!...

TITO
É verdade, não?

CORONEL
Faz-se o que se pode...

EMÍLIA
(*a Tito*)
É advogado?

TITO
Não sou coisa alguma.

EMÍLIA
Parece advogado.

MARGARIDA
Oh! ainda não sabes o que é o nosso amigo... Nem digo, que tenho medo...

EMÍLIA
É coisa tão feia assim?

TITO
Dizem, mas eu não creio.

EMÍLIA
O que é então?

MARGARIDA
É um homem incapaz de amar... Não pode haver maior indiferença para o amor... Em resumo, prefere a um amor... o quê? Um voltarete.

EMÍLIA
Disse-te isso?

TITO
E repito. Mas note bem, não é por elas, é por mim. Acredito que todas as mulheres sejam credoras da minha adoração; mas eu é que sou feito de modo que nada mais lhes posso conceder do que uma estima desinteressada.

EMÍLIA
Se não é vaidade, é doença.

TITO
Há de me perdoar, mas eu creio que não é doença nem vaidade. É natureza: uns aborrecem as laranjas, outros aborrecem os amores; agora se o aborrecimento vem por causa das cascas, não sei; o que é certo é que é assim.

EMÍLIA
(*a Margarida*)
É ferino!

TITO
Ferino, eu? Sou uma seda, uma dama, um milagre de brandura... Dói-me, deveras, que eu não possa estar na linha dos outros homens, e não seja,

como todos, propenso a receber as impressões amorosas, mas que quer? A culpa não é minha.

SEABRA
Anda lá, o tempo há de mudar.

TITO
Mas quando? Tenho vinte e nove feitos!

EMÍLIA
Já, vinte e nove?

TITO
Completei-os pela Páscoa.

EMÍLIA
Não parece.

TITO
São os seus bons olhos...

UM CORREIO
(*ao fundo*)
Jornais da corte! (*Seabra vai tomar os jornais. Vai-se o correio*)

SEABRA
Notícias do paquete.

CORONEL
Notícias do paquete? Faz-me favor de um? (*Seabra dá-lhe um jornal*)

SEABRA
Queres ler, Tito?

TITO
Já li. Mas olha, deixa-me ir tirar estas botas e mandar chamar o meu criado.

SEABRA
Vamos. Dispensam-nos por um instante?

EMÍLIA
Pois não!

SEABRA
Vamos.

TITO
Não tardo nada. (*entram os dois em casa. O Coronel lê as notícias com grandes gestos de espanto*)

EMÍLIA
Coronel, ao lado da casa há um caramanchãozinho, muito próprio para leitura...

CORONEL
Perdão, minha senhora, eu bem sei que faço mal, mas é que realmente o paquete trouxe notícias gravíssimas.

EMÍLIA
No caramanchão! no caramanchão!

CORONEL
Hão de perdoar, com licença... (*a Emília*) Não vai sem mim?

EMÍLIA
Conto com a sua obsequiosidade.

CORONEL
Pois não! (*sai*)

Cena IV

MARGARIDA, EMÍLIA

MARGARIDA
Quando te deixará este eterno namorado?

EMÍLIA
Eu sei lá! Mas, afinal de contas, não é mau homem. Tem aquela mania de me dizer no fim de todas as semanas que nutre por mim uma ardente paixão.

MARGARIDA
Enfim, se não passa da declaração semanal...

EMÍLIA
Não passa. Tem a vantagem de ser um braceiro infalível para a rua e um realejo menos mau dentro de casa. Já me contou umas cinqüenta vezes a batalha em que ganhou o posto de coronel. Todo o seu desejo, diz ele, é ver-se comigo em São Petersburgo. Quando me fala nisto, se é à noite, e é quase sempre

à noite, mando vir o chá, excelente meio de aplacar-lhe os ardores amorosos. Gosta do chá que se péla! Gosta tanto como de mim! Mas aquela do urso branco? E se realmente mandou vir um urso?

Margarida
Aceita.

Emília
Pois eu hei de sustentar um urso? Não me faltava mais nada.

Margarida
Quer-me parecer que acabas por te apaixonar...

Emília
Por quem? Pelo urso?

Margarida
Não; pelo coronel.

Emília
Deixa-te disso... Ah! mas o original... o amigo de teu marido? Que me dizes do vaidoso? Não se apaixona!

Margarida
Talvez seja sincero...

Emília
Não acredito. Pareces criança! Diz aquilo dos dentes para fora...

MARGARIDA
É verdade que não tenho maior conhecimento dele...

EMÍLIA
Quanto a mim, pareceu-me não ser estranha aquela cara... mas não me lembro!

MARGARIDA
Parece ser sincero... mas dizer aquilo é já atrevimento.

EMÍLIA
Está claro...

MARGARIDA
De que te ris?

EMÍLIA
Lembra-me um do mesmo gênero que este... Foi já há tempos. Andava sempre a gabar-se da sua isenção. Dizia que todas as mulheres eram para ele vasos da China: admirava-as e nada mais. Coitado! Caiu em menos de um mês. Margarida, vi-o beijar-me a ponta dos sapatos... depois do que desprezei-o.

MARGARIDA
Que fizeste?

EMÍLIA
Ah! não sei o que fiz. Fiz o que todas fazemos. Santa Astúcia foi quem operou o milagre. Vinguei o sexo e abati um orgulhoso.

Margarida
Bem feito!

Emília
Não era menos do que este. Mas falemos de coisas sérias... Recebi as folhas francesas de modas...

Margarida
Que há de novo?

Emília
Muita coisa. Amanhã tas mandarei. Repara em um novo corte de mangas. É lindíssimo. Já mandei encomendas para a corte. Em artigos de passeio há fartura e do melhor.

Margarida
Para mim quase que é inútil mandar.

Emília
Por quê?

Margarida
Quase nunca saio de casa.

Emília
Nem ao menos irás jantar comigo no dia de ano bom?

Margarida
Oh! com toda a certeza!

Emília
Pois vai... Ah! irá o homem? O Sr. Tito?

MARGARIDA
Se estiver cá... e quiseres...

EMÍLIA
Pois que vá, não faz mal... Saberei contê-lo... Creio que não será sempre tão... incivil. Nem sei como podes ficar com esse sangue-frio! A mim faz-me mal aos nervos!

MARGARIDA
É-me indiferente.

EMÍLIA
Mas a injúria ao sexo... não te indigna?

MARGARIDA
Pouco.

EMÍLIA
És feliz.

MARGARIDA
Que queres que eu faça a um homem que diz aquilo? Se não fosse já casada era possível que me indignasse mais. Se fosse livre era possível que lhe fizesse o que fizeste ao outro. Mas eu não posso cuidar dessas coisas...

EMÍLIA
Nem ouvindo a preferência do voltarete? Pôr-nos abaixo da dama de copas! E o ar com que diz aquilo! Que calma! Que indiferença!

MARGARIDA
É mau! É mau!

EMÍLIA
Merecia castigo...

MARGARIDA
Merecia. Queres tu castigá-lo?

EMÍLIA
Não vale a pena.

MARGARIDA
Mas tu castigaste o outro.

EMÍLIA
Sim... mas não vale a pena.

MARGARIDA
Dissimulada!

EMÍLIA
(*rindo*)
Por que dizes isso?

MARGARIDA
Porque já te vejo meio tentada a uma vingança nova...

EMÍLIA
Eu? Ora, qual!

MARGARIDA
Que tem? Não é crime...

EMÍLIA
Não é, decerto; mas... Veremos!

MARGARIDA
Ah! Serás capaz?

EMÍLIA
(*com um olhar de orgulho*)
Capaz?

MARGARIDA
Beijar-te-á ele a ponta dos sapatos?

EMÍLIA
(*apontando com o leque para o pé*)
E hão de ser estes...

MARGARIDA
Aí vem o homem! (*Tito aparece à porta da casa*)

Cena V

TITO, EMÍLIA, MARGARIDA

TITO
(*parando à porta*)
Não é segredo?

EMÍLIA
Qual! Pode vir.

MARGARIDA
Descansou mais?

TITO
Pois não! Onde está o coronel?

EMÍLIA
Está lendo as folhas da corte.

TITO
Coitado do coronel!

EMÍLIA
Coitado por quê?

TITO
Talvez em breve tenha de voltar para o exército. É duro. Quando a gente se afaz a certos lugares e certos hábitos lá lhe custa a mudar... Mas a força maior... Não as incomoda o fumo?

EMÍLIA
Não, senhor!

TITO
Então posso continuar a fumar?

MARGARIDA
Pode.

TITO
É um mau vício, mas é o meu único vício. Quando fumo parece que aspiro a eternidade. Enlevo-me todo e mudo de ser. Divina invenção!

EMÍLIA
Dizem que é excelente para os desgostos amorosos.

TITO
Isso não sei. Mas não é só isto. Depois da invenção do fumo não há solidão possível. É a melhor companhia deste mundo. Demais, o charuto é um verdadeiro *Memento homo*: reduzindo-se pouco a pouco em cinzas, vai lembrando ao homem o fim real e infalível de todas as coisas: é o aviso filosófico, é a sentença fúnebre que nos acompanha em toda a parte. Já é um grande progresso... Mas aqui estou eu a aborrecê-las com uma dissertação aborrecida... Hão de desculpar... que foi descuido. (*fixando o olhar em Emília*) Ora, a falar a verdade, eu vou desconfiando; V. Exa. olha-me com uns olhos tão singulares.

EMÍLIA
Não sei se são singulares, mas são os meus.

TITO
Penso que não são os do costume. Está talvez V. Exa. a dizer consigo que eu sou um esquisito, um singular, um...

EMÍLIA
Um vaidoso, é verdade.

TITO
Sétimo mandamento: não levantarás falsos testemunhos.

EMÍLIA
Falsos, diz o mandamento.

TITO
Não me dirá em que sou eu vaidoso?

EMÍLIA
Ah! a isso não respondo eu.

TITO
Por que não quer?

EMÍLIA
Porque... não sei. É uma coisa que se sente, mas que se não pode descobrir. Respira-lhe a vaidade em tudo: no olhar, na palavra, no gesto... mas não se atina com a verdadeira origem de tal doença.

TITO
É pena. Eu tinha grande prazer em ouvir da sua boca o diagnóstico da minha doença. Em compensação pode ouvir da minha o diagnóstico da sua... A sua doença é... Digo?

EMÍLIA
Pode dizer.

TITO
É um despeitozinho.

EMÍLIA
Deveras?

####### TITO
Despeito pelo que eu disse há pouco.

####### EMÍLIA
(*rindo*)
Puro engano!

####### TITO
É com certeza. Mas é tudo gratuito. Eu não tenho culpa de coisa alguma. A natureza é que me fez assim.

####### EMÍLIA
Só a natureza?

####### TITO
E um tanto de estudo. Ora, vou desfiar-lhe as minhas razões. Veja se posso amar ou pretender amar: 1º, não sou bonito...

####### EMÍLIA
Oh!...

####### TITO
Agradeço o protesto, mas continuo na mesma opinião: não sou bonito, não sou.

####### MARGARIDA
Oh!

####### TITO
(*depois de inclinar-se*)
2º, não sou curioso, e o amor, se o reduzirmos às suas verdadeiras proporções, não passa de uma

curiosidade; 3º, não sou paciente, e nas conquistas amorosas, a paciência é a principal virtude; 4º, finalmente, não sou idiota, porque, se com todos estes defeitos, pretendesse amar, caía na maior falta de razão. Aqui está o que eu sou por natural e por indústria; veja se se pode fazer de mim um Werther...

MARGARIDA
Emília, parece que é sincero.

EMÍLIA
Acreditas?

TITO
Sincero como a verdade.

EMÍLIA
Em último caso, seja ou não seja sincero, que tenho eu com isso?

TITO
Ah! Nada! Nada!

EMÍLIA
O que farei é lamentar aquela que cair na desgraça de pretender tão duro coração... se alguma houver.

TITO
Eu creio que não há. (*entra um criado e vai falar a Margarida*)

EMÍLIA
Pois é o mais que posso fazer...

MARGARIDA
Dão-me licença por alguns minutos... Volto já.

EMÍLIA
Não te demores!

MARGARIDA
Ficas?

EMÍLIA
Fico. Creio que não há receio...

TITO
Ora, receio... (*Margarida entra em casa, o criado sai pelo fundo*)

Cena VI

TITO, EMÍLIA

EMÍLIA
Há muito tempo que se dá com o marido de Margarida?

TITO
Desde criança.

EMÍLIA
Ah! foi criança?...

TITO
Ainda hoje sou.

Emília
(*voltando ao sério*)
É exatamente o tempo das minhas relações com ela. Nunca me arrependi.

Tito
Nem eu.

Emília
Houve um tempo em que estivemos separadas; mas isso não trouxe mudança alguma às nossas relações. Foi no tempo do meu primeiro casamento.

Tito
Ah! foi casada duas vezes?

Emília
Em dois anos.

Tito
E por que enviuvou da primeira?

Emília
Porque meu marido morreu.

Tito
Mas eu pergunto outra coisa. Por que se fez viúva, mesmo depois da morte de seu primeiro marido? Creio que poderia continuar casada.

Emília
De que modo?

TITO
Ficando mulher do finado. Se o amor acaba na sepultura acho que não vale a pena de procurá-lo neste mundo.

EMÍLIA
Realmente o Sr. Tito é um espírito fora do comum!

TITO
Um tanto.

EMÍLIA
É preciso que o seja para desconhecer que a nossa vida não comporta essas exigências de eterna fidelidade. E demais, pode-se conservar a lembrança dos que morreram sem renunciar às condições da nossa existência. Agora, é que eu lhe pergunto por que me olha com olhos tão singulares...

TITO
Não sei se são singulares, mas são os meus.

EMÍLIA
Então acha que eu cometi uma bigamia?

TITO
Eu não acho nada. Ora, deixe-me dizer-lhe a última razão da minha incapacidade para os amores.

EMÍLIA
Sou toda ouvidos.

TITO
Eu não creio na fidelidade.

EMÍLIA
Em absoluto?

TITO
Em absoluto.

EMÍLIA
Muito obrigada!

TITO
Ah! eu sei que isto não é delicado; mas, em primeiro lugar, eu tenho a coragem das minhas opiniões, e em segundo, foi V. Exa. quem me provocou. É infelizmente verdade, eu não creio nos amores leais e eternos. Quero fazê-la minha confidente. Houve um dia em que tentei amar; concentrei todas as formas vivas do meu coração; dispus-me a reunir o meu orgulho e a minha ilusão na cabeça do objeto amado. Que lição mestra! O objeto amado, depois de me alimentar as esperanças, casou-se com outro que não era nem mais bonito, nem mais amante.

EMÍLIA
Que prova isso?

TITO
Prova que me aconteceu o que pode acontecer e acontece diariamente aos outros.

EMÍLIA
Ora...

TITO
Há de me perdoar, mas eu creio que é uma coisa já metida na massa do sangue.

EMÍLIA
Não diga isso. É certo que podem acontecer casos desses; mas serão todas assim? Não admite uma exceção que seja? Seja menos prevenido; aprofunde mais os corações alheios se quiser encontrar a verdade... e há de encontrá-la.

TITO
(*abanando a cabeça*)
Qual...

EMÍLIA
Posso afirmá-lo.

TITO
Duvido.

EMÍLIA
(*dando-lhe o braço*)
Tenho pena de uma criatura assim! Não conhecer o amor é não conhecer a felicidade, é não conhecer a vida! Há nada igual à união de duas almas que se adoram? Desde que o amor entra no coração, tudo se transforma, tudo muda, a noite parece dia, a dor assemelha-se ao prazer... Se não conhece nada disto, pode morrer, porque é o mais infeliz dos homens.

Tito
Tenho lido isso nos livros, mas ainda não me convenci...

Emília
Há de ir um dia à minha casa.

Tito
É dado saber por quê?

Emília
Para ver uma gravura que lá tenho na sala: representa o amor domando as feras. Quero convencê-lo.

Tito
Com a opinião do desenhista? Não é possível. Tenho visto gravuras vivas. Tenho servido de alvo a muitas setas; crivam-me todo, mas eu tenho a fortaleza de São Sebastião; afronto, não me curvo.

Emília
(*tira-lhe o braço*)
Que orgulho!

Tito
O que pode fazer dobrar uma altivez destas? A beleza? Nem Cleópatra. A castidade? Nem Susana. Resuma, se quiser, todas as qualidades em uma só criatura e eu não mudarei... É isto e nada mais.

Emília
(*à parte*)
Veremos. (*vai sentar-se*)

TITO
(*sentando-se*)
Mas, não me dirá; que interesse tem na minha conversão?

EMÍLIA
Eu? Não sei... nenhum.

TITO
(*pega no livro*)
Ah!

EMÍLIA
Só se fosse o interesse de salvar-lhe a alma...

TITO
(*folheando o livro*)
Oh! essa... está salva!

EMÍLIA
(*depois de uma pausa*)
Está admirando a beleza dos versos?

TITO
Não senhora; estou admirando a beleza da impressão. Já se imprime bem no Rio de Janeiro. Aqui há anos era uma desgraça. V. Exa. há de conservar ainda alguns livros da impressão antiga...

EMÍLIA
Não, senhor; eu nasci depois que se começou a imprimir bem.

TITO
(*com a maior frieza*)
Ah! (*deixa o livro*)

EMÍLIA
(*à parte*)
É terrível! (*alto, indo ao fundo*) Aquele coronel ainda não acabaria de ler as notícias?

TITO
O coronel?

EMÍLIA
Parece que se embebeu todo no jornal... Vou mandar chamá-lo... Não chegará alguém?

TITO
(*com os olhos cerrados*)
Mande, mande...

EMÍLIA
(*consigo*)
Não, tu é que hás de ir. (*alto*) Quem me chamará o coronel? (*à parte*) Não se move!... (*indo por trás da cadeira de Tito*) Em que medita? No amor? Sonha com os anjos? (*ameigando a voz*) A vida do amor é a vida dos anjos... é a vida do céu... (*vendo-o com os olhos fechados*) Dorme!... Dorme!...

TITO
(*despertando, com espanto*)
Dorme?... Quem? Eu?... Ah! o cansaço... (*levanta-se*) Desculpe... é o cansaço... cochilei... também Homero cochilava... Que há?

EMÍLIA
(*séria*)
Não há nada! (*vai para o fundo*)

TITO
(*à parte*)
Sim? (*alto*) Mas não me dirá?... (*dirige-se para o fundo. Entra o coronel*)

Cena VII

Os mesmos, CORONEL

CORONEL
(*com a folha na mão*)
Estou acerbo!

EMÍLIA
(*com muito agrado e solicitude*)
Que aconteceu?

CORONEL
Vou naturalmente para a Europa.

TITO
Morreu o urso no caminho?

CORONEL
Qual urso, nem meio urso! Rebentou uma revolução na Polônia!

EMÍLIA
Ah!...

TITO
Lá vai o coronel brilhar...

CORONEL
Qual brilhar!... (*consigo*) Esta só pelo diabo...

Cena VIII

Os mesmos, SEABRA, MARGARIDA

MARGARIDA
(*a Emília*)
Que é isso? (*vendo-a preparar-se*) Que é isso? Já te vais?

EMÍLIA
Já, mas volto amanhã.

MARGARIDA
É sério?

EMÍLIA
Muito sério.

TITO
(*a Seabra*)
A tal viagem da serra pôs-me entrompado. Ando dormindo em pé.

CORONEL
(*a Margarida*)
Até amanhã.

MARGARIDA
Que ar triste é esse?

CORONEL
Fortunas minhas!

EMÍLIA
(*a Margarida*)
Temos muito que conversar. Até amanhã. (*beijam-se. O coronel despede-se dos outros. Emília despede-se de Seabra e de Tito, mas com certa frieza*)

Cena IX

MARGARIDA, SEABRA, TITO

MARGARIDA
Emília sai amuada. (*a Tito*) Que foi?

TITO
Não sei... ela é boa senhora; um pouco secantezinha... muito dada à poesia... ora eu sou todo da prosa... (*batendo no estômago*) Há prosa?

SEABRA
Ainda não jantaste? Anda jantar...

TITO
Vamos à prosa, vamos à prosa!

(*Fim do 1.º ato.*)

ATO SEGUNDO

(*Sala em casa de Emília.*)

Cena I

MARGARIDA, CORONEL

MARGARIDA

Ora viva!

CORONEL
(*triste*)
Bom dia, minha senhora!

MARGARIDA
Que ar triste é esse?

CORONEL
Ah! minha senhora... sou o mais infeliz dos homens...

MARGARIDA
Por quê? Venha sentar-se... (*o coronel senta*-se) Então, conte-me... Que há?

CORONEL
Duas desgraças. A primeira em forma de ofício da minha legação.

MARGARIDA
É chamado ao exército?

CORONEL
Exatamente. A segunda em forma de carta.

MARGARIDA
De carta?

CORONEL
(*dando-lhe uma carta*)
Veja isto. (*Margarida lê e dá-lha de novo*) Que me diz a isto?

MARGARIDA
Não compreendo...

CORONEL
Esta carta é dela.

MARGARIDA
Sim, e depois?

CORONEL
É para ele.

MARGARIDA

Ele quem?

CORONEL

Ele! o diabo! o meu rival! o Tito!

MARGARIDA

Ah!

CORONEL

Dizer-lhe o que senti quando apanhei esta carta é impossível. Nunca tremi nem mesmo na Criméia, e olhe que estava feio! Mas quando li isto não sei que vertigem se apoderou de mim. Fez-me o efeito de um ucasse de desterro para a Sibéria. Ah! a Sibéria é um paraíso à vista de Petrópolis neste momento. Ando tonto! A cada passo como que desmaio... Ah!...

MARGARIDA

Ânimo!

CORONEL

É isto mesmo que eu vinha buscar... é uma consolação, uma animação. Soube que estava aqui e estimei achá-la só... Ah! quanto sinto que o estimável seu marido esteja vivo... porque a melhor consolação era aceitar V. Exa. um coração tão mal compreendido.

MARGARIDA

Felizmente ele está vivo.

CORONEL

Felizmente! (*mudando o tom*) Tive duas idéias. Uma foi o desprezo; mas desprezá-los é pô-los em maior liberdade e ralar-me de dor e de vergonha; a segunda foi o duelo; é melhor... ou mato... ou...

MARGARIDA

Deixe-se isso.

CORONEL

É indispensável que um de nós seja riscado do número dos vivos...

MARGARIDA

Pode ser engano...

CORONEL

Mas não é engano, é certeza.

MARGARIDA

Certeza de quê?

CORONEL

Ora ouça: (*lê o bilhete*) "Se ainda não me compreendeu é bem curto de penetração. Tire a máscara e eu me explicarei. Esta noite tomo chá sozinha. O importuno coronel não me incomodará com as suas tolices. Dê-me a felicidade de vê-lo e admirá-lo. *Emília*."

MARGARIDA

Mas que é isto?

CORONEL

Que é isto? Ah! se fosse mais do que isto já eu estava morto! Pude pilhar a carta e a tal entrevista não se deu...

MARGARIDA

Quando foi escrita a carta?

CORONEL

Ontem.

MARGARIDA

Tranqüilize-se: posso afirmar-lhe que essa carta é pura caçoada. Trata-se de vingar o nosso sexo ultrajado; trata-se de fazer com que o Tito se apaixone... nada mais.

CORONEL

Sim?

MARGARIDA

É pura verdade. Mas veja lá. Isto é segredo. Se lho descobri foi por vê-lo tão aflito. Não nos comprometa.

CORONEL

Isso é sério?

MARGARIDA

Como quer que lho diga?

CORONEL

Ah! que peso me tirou! Pode estar certa de que o segredo caiu num poço. Oh! muito me hei de rir!...

muito me hei de rir!... Que boa inspiração tive em vir falar-lhe! Diga-me: posso dizer à D. Emília que sei tudo?

MARGARIDA

Não!

CORONEL

É então melhor que não me dê por achado...

MARGARIDA

Sim.

CORONEL

Muito bem!

Cena II

Os mesmos, TITO

TITO

Bom dia, D. Margarida... Sr. Coronel... (*a Margarida*) Sabe que acordei não há uma hora? Disseram-me que tinham saído a visitar D. Emília. Almocei e aqui estou.

MARGARIDA

Dormiu bem?

TITO

Como um justo. Tive sonhos cor-de-rosa: sonhei com o coronel...

CORONEL
(*mofando*)
Ah! Sonhou comigo?... (*à parte*) Coitado! Tenho pena dele!

MARGARIDA
Sabe que o Sr. meu marido anda de passeio?

TITO
Sim? (*vai à janela*) E a manhã está bonita! Manhã? Já não é muito cedo... Jantam cá?

MARGARIDA
Não sei. Tenho duas visitas para fazer: uma, com Emília, outra, com Ernesto.

CORONEL
(*a Tito*)
Então vai engordando?

TITO
Acha?

CORONEL
Pois não! Eu creio que é do amor...

TITO
Do amor? Ó coronel, está sonhando?

CORONEL
(*misterioso*)
Talvez... talvez... (*à parte*) Tu é que estás sonhando.

MARGARIDA
Eu vou ver se Emília está pronta.

TITO
Pois não... Ah! ela está boa?

MARGARIDA
Está. Até já. (*baixo ao coronel*) Silêncio.

Cena III

CORONEL, TITO

TITO
Como vão os seus amores?

CORONEL
Que amores?

TITO
Os seus, a Emília... Já lhe fez compreender toda a imensidade da paixão que o devora?

CORONEL
(*ar mofado*)
Qual... Preciso de algumas lições... Se mas quisesse dar?...

TITO
Eu? Está sonhando!

CORONEL

Ah! eu sei que o senhor é forte... É modesto, mas é forte... é até fortíssimo!... Ora, eu sou realmente um aprendiz... Tive há pouco a idéia de desafiá-lo.

TITO

A mim?

CORONEL

É verdade, mas foi uma loucura de que me arrependo.

TITO

Além de que, não é uso em nosso país...

CORONEL

Em toda a parte é uso vingar a honra.

TITO

Bravo, D. Quixote!

CORONEL

Ora, eu acreditava-me ofendido na honra.

TITO

Por mim?

CORONEL

Mas emendei a mão; reparei que era antes eu quem ofendia, pretendendo lutar com um mestre, eu, simples aprendiz...

TITO

Mestre de quê?

CORONEL

Dos amores. Oh! eu sei que é mestre...

TITO

Deixe-se disso... eu não sou nada... O coronel, sim; o coronel vale um urso, vale mesmo dois. Como havia de eu... Ora! Aposto que teve ciúmes?

CORONEL

Exatamente.

TITO

Mas era preciso não me conhecer, não saber das minhas idéias...

CORONEL

Homem, às vezes é pior.

TITO

Pior, como?

CORONEL

As mulheres não deixam uma afronta sem castigo... As suas idéias são afrontosas... Qual será o castigo?... (*depois de uma pausa*) Paro aqui... paro aqui...

TITO

Onde vai?

CORONEL
Vou sair. Adeus. Não se lembre mais da minha desastrada idéia do duelo...

TITO
Isso está acabado... Ah! você escapou de boa!

CORONEL
De quê?

TITO
De morrer. Eu enfiava-lhe a espada por esse abômen... com um gosto... com um gosto só comparável ao que tenho de abraçá-lo vivo e são!

CORONEL
(*com um riso amarelo*)
Obrigado, obrigado. Até logo!

TITO
Não se despede dela?

CORONEL
Eu volto já...

Cena IV

TITO
(*só*)
Este coronel não tem nada de original... Aquela opinião a respeito das mulheres não é dele... Melhor, vai-se confirmando... Nem me são precisas no-

vas confirmações... Já sei tudo... Ah! minha conquistadora!... Aí vêm as duas...

Cena V

Tito, Margarida, Emília

EMÍLIA
Bons olhos o vejam...

TITO
Bons e bonitos...

MARGARIDA
Vamos à nossa visita.

TITO
Ah!...

EMÍLIA
A demora é pouca... Pode esperar-nos...

TITO
Obrigado... Esperarei... Tenho a janela para olhá-las até perdê-las de vista... Depois tenho estes álbuns, estes livros...

EMÍLIA
(*ao espelho*)
Tem o espelho para se mirar...

TITO
Oh! isso é completamente inútil para mim!

Cena VI

Os mesmos, Seabra

Seabra
(*a Tito*)
Oh! Finalmente acordaste!

Tito
É verdade... Não me lembro de ter passado nunca tão belas noites como estas de Petrópolis. Já nem tenho pesadelos... Pois olha, eu era vítima... Agora não, durmo como um justo...

Seabra
(*às duas*)
Estão de volta?

Margarida
Ainda agora vamos!

Seabra
Então tenho ainda de esperar?...

Emília
Um simples quarto de hora...

Seabra
Só?

Tito
Um quarto de hora feminino... meia eternidade...

EMÍLIA
Vamos desmenti-lo...

TITO
Ah! Tanto melhor...

MARGARIDA
Até já... (*saem as duas*)

Cena VII

TITO, SEABRA

SEABRA
Ora, esperemos ainda...

TITO
Onde foste?

SEABRA
Fui passear... Compreendi que é preciso ver e admirar o que é indiferente, para apreciar e ver melhor aquilo que for a felicidade íntima do coração.

TITO
Ah! Sim? Bem vês que até a felicidade por igual fatiga! Afinal sempre a razão está do meu lado...

SEABRA
Talvez... Apesar de tudo quer-me parecer que já intentas entrar na família dos casados.

Tito
Eu?

Seabra
Tu, sim.

Tito
Por quê?

Seabra
Mas, dize; é ou não verdade?

Tito
Qual, verdade!

Seabra
O que sei é que uma destas tardes, em que adormeceste lendo, não sei que livro, ouvi-te pronunciar em sonhos, com a maior ternura, o nome de Emília.

Tito
Deveras?

Seabra
É exato. Concluí que se sonhavas com ela é que a tinhas no pensamento, e se a tinhas no pensamento é que a amavas.

Tito
Concluíste mal.

Seabra
Mal?

TITO
Concluíste como um marido de cinco meses. Que prova um sonho?

SEABRA
Prova muito!

TITO
Não prova nada! Pareces velha supersticiosa...

SEABRA
Mas enfim alguma coisa há, por força... Serás capaz de me dizeres o que é?

TITO
Homem, podia dizer-te alguma coisa se não fosses casado...

SEABRA
Que tem que eu seja casado?

TITO
Tem tudo. Serias indiscreto sem querer e até sem saber. À noite, entre um beijo e um bocejo, o marido e a mulher abrem, um para o outro, a bolsa das confidências. Sem pensares, deitavas tudo a perder.

SEABRA
Não digas isso. Vamos lá. Há novidade?

TITO
Não há nada.

SEABRA
Confirmas as minhas suspeitas. Gostas de Emília.

TITO
Ódio não lhe tenho, é verdade.

SEABRA
Gostas. E ela merece. É uma boa senhora, de não vulgar beleza, possuindo as melhores qualidades. Talvez preferisses que não fosse viúva?...

TITO
Sim; é natural que se embeveça dez vezes por dia na lembrança dos dois maridos que já exportou para o outro mundo... à espera de exportar o terceiro.

SEABRA
Não é dessas...

TITO
Afianças?

SEABRA
Quase que posso afiançar.

TITO
Ah! meu amigo, toma o conselho de um tolo: nunca afiances nada, principalmente em tais assuntos. Entre a prudência discreta e a cuja confiança não é lícito duvidar, a escolha está decidida nos próprios termos da primeira. O que podes tu afiançar a res-

peito da Emília? Não a conheces melhor do que eu. Há quinze dias que nos conhecemos e eu já lhe leio no interior; estou longe de atribuir-lhe maus sentimentos; mas, tenho a certeza de que não possui as raríssimas qualidades que são necessárias à exceção. Que sabes tu?

SEABRA
Realmente, eu não sei nada.

TITO
(à parte)
Não sabe nada!

SEABRA
Falo pelas minhas impressões. Parecia-me que um casamento entre vocês ambos não vinha fora de propósito.

TITO
(pondo o chapéu)
Se me falas outra vez em casamento, saio.

SEABRA
Pois só a palavra?...

TITO
A palavra, a idéia, tudo.

SEABRA
Entretanto admiras e aplaude o meu casamento...

Tito

Ah! eu aplaudo nos outros muita coisa de que não sou capaz de usar... Depende da vocação...

Cena VIII

Os mesmos, Margarida, Emília

Emília

O que é que depende de vocação?

Tito

Usar chapéu do Chile. Eu diria que este gênero de chapéus fica muito bem em Ernesto, mas que eu não sou capaz de usá-lo; porque... porque depende da vocação. Não pensa comigo que contra a vocação não há nada capaz?

Emília

Plenamente.

Tito
(*a Seabra*)

Toma lá!...

Seabra
(*à parte a Tito*)

Velhaco!... (*alto a Margarida*) Margarida, vamos embora?

Margarida

Já para casa?

Seabra
Vamos primeiro ao tio e depois para casa.

Emília
Sem passarem por aqui na volta?

Margarida
Ele é quem manda.

Seabra
Se não for muito o cansaço...

Emília
Ora, o dia está fresco e sombrio; é perto, e o caminho é excelente. Se não me baterem à porta ficamos mal para sempre.

Seabra
Ah! isto não... (*a Tito*) Também vens?

Tito
(*de chapéu na mão*)
Também.

Emília
E assim me deixa só?

Tito
Tem muito empenho em que eu fique?

Emília
Agrada-me a sua conversa.

TITO
Fico. Até logo.

Cena IX

TITO, EMÍLIA

TITO
V. Exa. disse agora uma falsidade.

EMÍLIA
Qual foi?

TITO
Disse que lhe era agradável a minha conversa. Ora, isso é falso como tudo quanto é falso...

EMÍLIA
Quer um elogio?

TITO
Não, falo franco. Eu nem sei como V. Exa. me atura: desabrido, maçante, às vezes chocarreiro, sem fé em coisa alguma, sou um conversador muito pouco digno de ser desejado. É preciso ter uma grande soma de bondade para ter expressões tão benévolas... tão amigas...

EMÍLIA
Deixe esse ar de mofa e...

TITO
Mofa, minha senhora?...

EMÍLIA
Ontem tomei chá sozinha!... sozinha!

TITO
(*indiferente*)
Ah!

EMÍLIA
Contava que o senhor viesse aborrecer-se uma hora comigo...

TITO
Qual, aborrecer... Eu lhe digo: o culpado foi o Ernesto.

EMÍLIA
Ah! foi ele?...

TITO
É verdade; deu comigo aí em casa de uns amigos, éramos quatro ao todo, rolou a conversa sobre o voltarete e acabamos por formar mesa. Ah! mas foi uma noite completa! Aconteceu-me o que me acontece sempre: ganhei!

EMÍLIA
(*triste*)
Está bom...

TITO
Pois olhe, ainda assim eu não jogava com pixotes; eram mestres de primeira força; um principiante; até às onze horas a fortuna pareceu desfavore-

cer-me, mas dessa hora em diante desandou a roda para eles e eu comecei a assombrar... pode ficar certa de que os assombrei. (*Emília leva o lenço aos olhos*) Ah! é que eu tenho diploma... mas que é isso? Está chorando?

EMÍLIA
(*tirando o lenço e sorrindo*)
Qual; pode continuar.

TITO
Não há mais nada; foi só isto.

EMÍLIA
Estimo que a noite lhe corresse feliz...

TITO
Alguma coisa...

EMÍLIA
Mas, a uma carta responde-se; por que não respondeu à minha?

TITO
À sua qual?

EMÍLIA
À carta que lhe escrevi pedindo que viesse tomar chá comigo?

TITO
Não me lembro.

EMÍLIA
Não se lembra?

TITO
Ou, se recebi essa carta, foi em ocasião que a não pude ler, e então esqueci-a em algum lugar...

EMÍLIA
É possível; mas é a última vez...

TITO
Não me convida mais para tomar chá?

EMÍLIA
Não. Pode arriscar-se a perder distrações melhores.

TITO
Isso não digo; V. Exa. trata bem a gente e em sua casa passam-se bem as horas... Isto é com franqueza. Mas então tomou chá sozinha? E o coronel?

EMÍLIA
Descartei-me dele. Acha que ele seja divertido?

TITO
Parece que sim... É um homem delicado; um tanto dado às paixões, é verdade, mas sendo esse um defeito comum, acho que nele não é muito digno de censura.

EMÍLIA
O coronel está vingado.

TITO
De quê, minha senhora?

EMÍLIA
(*depois de uma pausa*)
De nada! (*levanta-se e dirige-se ao piano*)

TITO
(*com ar indiferente*)
Ah!

EMÍLIA
Vou tocar; não aborrece?

TITO
V. Exa. é senhora de sua casa...

EMÍLIA
Não é essa a resposta.

TITO
Não aborrece, não... pode tocar. (*Emília começa algum pedaço musical melancólico*) V. Exa. não toca alguma coisa mais alegre?

EMÍLIA
(*parando*)
Não... traduzo a minha alma. (*levanta-se*)

TITO
Anda triste?

EMÍLIA
Que lhe importam as minhas tristezas?

TITO
Tem razão; não importam nada. Em todo o caso não é comigo?

EMÍLIA
Acha que lhe hei de perdoar a desfeita que me fez?

TITO
Qual desfeita, minha senhora?

EMÍLIA
A desfeita de me deixar tomar chá sozinha.

TITO
Mas eu já expliquei...

EMÍLIA
Paciência! O que sinto é que também nesse voltarete estivesse o marido de Margarida.

TITO
Ele retirou-se às dez horas; entrou um parceiro novo, que não era de todo mau...

EMÍLIA
Pobre Margarida!

TITO
Mas se eu lhe digo que ele se retirou às dez horas...

EMÍLIA
Não devia ter ido. Devia pertencer sempre a sua mulher. Sei que estou falando a um descrido; não

pode calcular a felicidade e os deveres do lar doméstico. Viverem duas criaturas, uma para a outra, confundidas, unificadas; pensar, aspirar, sonhar a mesma coisa; limitar o horizonte nos olhos de cada uma, sem outra ambição, sem inveja de mais nada. Sabe o que é isto?

Tito
Sei. É o casamento... por fora.

Emília
Conheço alguém que lhe provava aquilo tudo...

Tito
Deveras? Quem é essa fênix?

Emília
Se lho disser, há de mofar; não digo.

Tito
Qual mofar! Diga lá, eu sou curioso.

Emília
(*séria*)
Não acredita que haja alguém que o ame?

Tito
Pode ser...

Emília
Não acredita que alguém, por curiosidade, por despeito, por outra coisa que seja, tire da originalidade do seu espírito os influxos de um amor verdadeiro,

mui diverso do amor ordinário dos salões; um amor capaz de sacrifício, capaz de tudo? Não acredita?

TITO
Se me afirma, acredito; mas...

EMÍLIA
Existe a pessoa e o amor.

TITO
São então duas fênix.

EMÍLIA
Não zombe. Existem... Procure...

TITO
Ah! isso há de ser mais difícil: não tenho tempo. E supondo que achasse de que me valia? Para mim é perfeitamente inútil. Isso é bom para outros; para o coronel, por exemplo... Por que não diz isso ao coronel?

EMÍLIA
Ao coronel? (*silêncio*) Adeus, Sr. Tito, desculpe, eu me retiro...

TITO
Adeus, minha senhora. (*dirige-se para o fundo. Emília vai a sair pela direita alta, pára*)

EMÍLIA
Não vá!

Tito

Que não vá?

Emília
(*prorrogando*)
Não vê que o amo? Não vê que sou eu?...

Tito

V. Exa.?

Emília

Eu, sim! Debalde procuraria ocultá-lo... fora impossível. Não cuidei nunca que viesse a amá-lo assim... E olhe, deve ser muito, para que uma mulher seja a primeira a revelar... Pode acaso calculá-lo?

Tito

Deve ser muito, deve... mas a minha situação é difícil: que lhe hei de responder?

Emília

O que quiser; não me responda nada, se lhe parece: mas não repila, lamente-me antes.

Tito

Nem lamento, nem repilo. Respondo... depois responderei. Entretanto, acalme os seus transportes e consinta que eu me retire...

Emília

Ah! vejo que não me ama.

Tito
Não é culpa minha... Mas que é isso, minha senhora? Acalme-se... eu vou sair... a prolongação desta cena seria sobremodo desagradável e inconveniente. Adeus!

Cena X

Emília, *só, depois* Margarida

Emília
Saiu! É verdade! Não me ama... não me pode amar... (*silêncio*) Fui talvez imprudente! Mas o coração... oh! meu coração!

Margarida
(*entrando*)
Que tem o Tito que me tirou o Ernesto do braço e lá saiu com ele?

Emília
Saíram ambos?

Margarida
(*indo à janela*)
Olha, lá vão eles...

Emília
(*idem*)
É verdade.

Margarida
O Tito tira um papel do bolso e mostra a Ernesto.

EMÍLIA
(*olhando*)
Que será?

MARGARIDA
Mas que aconteceu?

EMÍLIA
Aconteceu o que não prevíamos...

MARGARIDA
É invencível?

EMÍLIA
Por desgraça minha; mas há coisa pior...

MARGARIDA
Pior?...

EMÍLIA
Escuta; és quase minha irmã; não te posso ocultar nada.

MARGARIDA
Que ar agitado!

EMÍLIA
Margarida, eu o amo!

MARGARIDA
Que me dizes?

EMÍLIA
Isto mesmo. Amo-o doidamente, perdidamente, completamente. Procurei até agora vencer esta paixão, mas não pude; agora mesmo que, por vãos preconceitos, tratava de ocultar-lhe o estado do meu coração, não pude; as palavras saíram-me dos lábios insensivelmente... Declarei-lhe tudo...

MARGARIDA
Mas como se deu isto?

EMÍLIA
Eu sei! Parece que foi castigo. Quis fazer fogo e queimei-me nas mesmas chamas. Ah! não é de hoje que me sinto assim. Desde que os seus desdéns em nada cederam, comecei a sentir não sei o quê; ao princípio despeito, depois um desejo de triunfar, depois uma ambição de ceder tudo contanto que tudo ganhasse; afinal, nem fui senhora de mim. Era eu quem me sentia doidamente apaixonada e lho manifestava, por gestos, por palavras, por tudo; e mais crescia nele a indiferença, mais crescia o amor em mim. Hoje não pude, declarei-me.

MARGARIDA
Mas estás falando séria?

EMÍLIA
Olha antes para mim.

MARGARIDA
Pois será possível? Quem pensara?...

EMÍLIA
A mim própria parece impossível; mas é mais que verdade...

MARGARIDA
E ele?

EMÍLIA
Ele disse-me quatro palavras indiferentes, nem sei o que foi, e retirou-se...

MARGARIDA
Resistirá?

EMÍLIA
Não sei.

MARGARIDA
Se eu adivinhara isto não te animaria naquela malfadada idéia.

EMÍLIA
Não me compreendeste. Cuidas que eu deploro o que me acontece? Oh! não! Sinto-me feliz, sinto-me orgulhosa... É um destes amores que bastam por si para encher a alma de satisfação. Devo antes abençoar-te...

MARGARIDA
É uma verdadeira paixão... Mas acreditas impossível a conversão dele?

EMÍLIA
Não sei; mas seja ou não impossível, não é a conversão que eu peço; basta-me que seja menos indiferente e mais compassivo.

Cena XI

As mesmas, TITO

TITO
Deixei o Ernesto lá fora para que não ouça o que se vai passar...

MARGARIDA
O que é que se vai passar?

TITO
Uma coisa simples.

MARGARIDA
Mas, antes de tudo, não sei se sabe que uma indiferença tão completa como a sua pode ser fatal a quem é por natureza menos indiferente?

TITO
Refere-se à sua amiga? Eu corto tudo com duas palavras. (*a Emília*) Aceita a minha mão? (*estende-lhe a mão*)

EMÍLIA
(*alegremente*)
Oh! sim! (*dá-lhe a mão*)

MARGARIDA

Bravo!

TITO

Mas é preciso medir toda a minha generosidade; eu devia dizer: aceito a sua mão. Devia ou não devia? Sou um tanto original e gosto de fazer inversão em tudo.

EMÍLIA

Pois sim; mas de um ou outro modo sou feliz. Contudo, um remorso me surge na consciência. Dou-lhe uma felicidade tão completa como a recebo?

TITO

Remorso, se é sujeita aos remorsos, deve ter um, mas por motivo diverso. Minha senhora, V. Exa. está passando neste momento pelas forcas caudinas. (*a Margarida*) Vou contar-lhe, minha senhora, uma curiosa história. (*a Emília*) Fi-la sofrer, não? Ouvindo o que vou dizer concordará que eu já antes sofria e muito mais.

MARGARIDA

Temos romance?

TITO

Realidade, minha senhora, e realidade em prosa. Um dia, há já alguns anos, tive eu a felicidade de ver uma senhora, e amei-a. O amor foi tanto mais indomável quanto que me nasceu de súbito. Era então mais ardente que hoje, não conhecia muito os usos do mundo. Resolvi declarar-lhe a minha paixão e pedi-la em casamento. Tive em resposta este bilhete...

EMÍLIA
(*detendo-o*)
Percebo. Essa senhora fui eu. Estou humilhada; perdão!

TITO
Meu amor a perdoa; nunca deixei de amá-la. Eu estava certo de encontrá-la um dia, e procedi de modo a fazer-me o desejado. Sou mais generoso...

MARGARIDA
Escreva isto e dirão que é um romance.

TITO
A vida não é outra coisa...

MARGARIDA
Agora dê-me conta do meu marido.

TITO
Não pode tardar; dei-lhe um prazo para vir. Olhe, creio que é ele...

EMÍLIA
E o coronel também.

Cena XII

Os mesmos, CORONEL *e* SEABRA

SEABRA
(*da porta*)
É lícito o ingresso?

TITO
Entra, entra...

EMÍLIA
Vai saber de boas novidades...

SEABRA
Sim?

MARGARIDA
(*baixo*)
Casam-se

SEABRA
(*idem*)
Já sabia.

MARGARIDA
(*baixo*)
Era um plano da parte dele.

SEABRA
(*idem*)
Já sabia. Ele me disse tudo.

EMÍLIA
O que eu desejo é que jantem comigo.

SEABRA
Pois não.

CORONEL
Tenho estado à espera de dar uma boa notícia. Recebi uma carta que me dá parte de que o urso está na alfândega.

EMÍLIA
Pois vá fazer-lhe companhia.

CORONEL
O quê?

TITO
D. Emília só precisa agora de um urso: sou eu.

CORONEL
Não percebo...

EMÍLIA
Apresento-lhe o meu futuro marido.

CORONEL
(*espantado*)
Ah!... (*caindo em si*) Bom!... bom!... marido? Já sei... (*à parte*) Que pateta! Não compreende...

EMÍLIA
O que é?

MARGARIDA
(*baixo*)
Cala-te; eu tinha-lhe contado o teu plano; o pobre homem acredita nele.

EMÍLIA
Ah!...

SEABRA
Afinal, sentas praça nas minhas fileiras.

TITO
(*tomando a mão de Emília*)
Ah! mas no posto de coronel!

(*Fim da comédia.*)

OS DEUSES DE CASACA

A
José Feliciano de Castilho
Dedica este livrinho
O Autor

PERSONAGENS

Prólogo
Epílogo
Júpiter
Marte
Apolo
Proteu
Cupido
Vulcano
Mercúrio

O autor desta comédia julga-se dispensado de entrar em explanações literárias a propósito de uma obra tão desambiciosa. Quer, sim, explicar o como ela nasceu, e o seu pensamento ao escrevê-la. Foi há mais de um ano, quando alguns cavalheiros davam uns saraus literários, na rua da Quitanda, que o autor, convidado a contribuir para essas festas, escreveu *Os deuses de casaca*. Até então era o seu talentoso amigo Ernesto Cibrão quem escrevia as peças que ali se representavam. Um desastre público impediu a exibição de *Os deuses de casaca* naquela época, e em boa hora veio o desastre (egoísmo do autor!), porque a comédia, relida e examinada, sofreu correções, acréscimos, até ficar aquilo que foi habilmente representado no sarau da Arcádia Fluminense, em 28 de dezembro findo, pelos mesmos cavalheiros dos antigos saraus, *arcades omnes*.

Que ela ficasse completa, não ousa dizê-lo o autor; mas ao menos está consignada a sua boa vontade.

Uma das condições impostas ao autor desta comédia, e ao autor do *Luís*, era que nas peças não entrassem senhoras. Daqui vem que o autor não pôde, como lhe pedia o assunto, fazer intervir as deusas do Olimpo no debate e na deserção dos seus pares. Os que conhecem estas coisas avaliarão a dificuldade de escrever uma comédia sem damas. Era menos difícil a Garrett e a Voltaire, pondo em ação as virtudes romanas e as lutas civis da república, dispensar o elemento feminino. Mas uma comédia sem damas para entreter os convivas de uma noite, cujos limites eram uma variação de piano e o serviço de chá, é coisa mais fácil de ler que de fazer.

O autor não quis zombar dos deuses, não quis fazer rir os espectadores à custa dos antigos habitantes do Olimpo. Esta declaração é necessária para avisar aqueles que, dando ao título da comédia uma errada interpretação, cuidarem que vão ler um quadro burlesco, à moda do *Virgile travesti* de Scarron.

Uma crítica anódina, uma sátira inocente, uma observação mais ou menos picante, tudo no ponto de vista dos deuses, uma ação simplicíssima, quase nula, travada em curtos diálogos, eis o que é esta comédia.

O autor fez falar os seus deuses em verso alexandrino: era o mais próprio.

Tem este verso alexandrino seus adversários, mesmo entre os homens de gosto, mas é de crer que venha a ser finalmente estimado e cultivado por todas as musas brasileiras e portuguesas. Será essa a vitória dos esforços empregados pelo ilustre autor das *Epístolas à Imperatriz*, que tão paciente e luzidamente tem naturalizado o verso alexandrino na língua de Garrett e de Gonzaga.

O autor teve a fortuna de ver os seus *Versos a Corina*, escritos naquela forma, bem recebidos pelos entendedores.

Se os alexandrinos desta comédia tiverem igual fortuna, será essa a verdadeira recompensa para quem procura empregar nos seus trabalhos a consciência e a meditação.

Rio, 1º de janeiro de 1866.

ATO ÚNICO

(*Uma sala, mobiliada com elegância e gosto; alguns quadros mitológicos. Sobre um consolo garrafas com vinho, e cálices.*)

PRÓLOGO
(*entrando*)

Querem saber quem sou? O Prólogo. Mudado
Venho hoje do que fui. Não apareço ornado
Do antigo borzeguim, nem da clâmide antiga.
Não sou feio. Qualquer deitar-me-ia uma figa.
Nem velho. Do auditório alguma ilustre dama,
Valsista consumada, aumentaria a fama,
Se comigo fizesse as voltas de uma valsa.
Sou o Prólogo novo. O meu pé já não calça
O antigo borzeguim, mas tem obra mais fina:
Da casa do Campas arqueia uma botina.
Não me pende da espádua a clâmide severa,
Mas o flexível corpo, acomodado à era,
Enverga uma casaca, obra do Raunier.
Um relógio, um grilhão, luvas e *pince-nez*

Completam o meu traje.
             E a peça? A peça é nova.

O poeta, um tanto audaz, quis pôr o engenho
                       [à prova.
Em vez de caminhar pela estrada real,
Quis tomar um atalho. Creio que não há mal
Em caminhar no atalho e por nova maneira.
Muita gente na estrada ergue muita poeira,
E morrer sufocado é morte de mau gosto.
Foi de ânimo tranqüilo e de tranqüilo rosto
À nova inspiração buscar caminho azado,
E trazer para a cena um assunto acabado.
Para atingir o alvo em tão árdua porfia,
Tinha a realidade e tinha a fantasia.
Dois campos! Qual dos dois? Seria duvidosa
A escolha do poeta? Um é de terra e prosa,
Outro de alva poesia e murta delicada.
Há tanta vida, e luz, e alegria elevada
Neste, como há naquele aborrecimento e tédio.
O poeta que fez? Tomou um termo médio;
E deu, para fazer uma dualidade,
A destra à fantasia, a sestra à realidade.
Com esta viajou pelo éter transparente
Para infundir-lhe um tom mais nobre... e mais
                              [decente.
Com aquela, vencendo o invencível pudor,
Foi passear à noite à rua do Ouvidor.

Mal que as consorciou com o oposto elemento,
Transformou-se uma e outra. Era o melhor momento
Para levar ao cabo a obra desejada.
Aqui pede perdão a musa envergonhada:

O poeta, apesar de cingir-se à poesia,
Não fez entrar na peça as damas. Que porfia!
Que luta sustentou em prol do sexo belo!
Que alma na discussão! que valor! que desvelo!
Mas... era minoria. O contrário passou.
Damas, sem vosso amparo a obra se acabou!

Vai começar a peça. É fantástica: um ato,
Sem cordas de surpresa ou vistas de aparato.
Verão do velho Olimpo o pessoal divino
Trajar a prosa chã, falar o alexandrino,
E, de princípio a fim, atar e desatar
Uma intriga pagã.
      Calo-me. Vão entrar
Da mundana comédia os divinos atores.
Guardem a profusão de palmas e de flores.
Vou a um lado observar quem melhor se destaca.
A peça tem por nome – *Os deuses de casaca*.

Cena I

MERCÚRIO (*assentado*), JÚPITER (*entrando*)

JÚPITER
(*entra, pára e presta ouvido*)
Cuidei ouvir agora a flauta do deus Pã.

MERCÚRIO
(*levantando-se*)
Flauta! é um violão.

JÚPITER
(*indo a ele*)
                    Mercúrio, esta manhã
Tens correio.

MERCÚRIO
            Ainda bem! Eu já tinha receio
De que perdesse até as funções de correio.
Quero ao menos servir aos deuses, meus iguais.

Obrigado, meu pai! – Tu és a flor dos pais,
Honra da divindade e nosso último guia!

>JÚPITER
>(*senta-se*)

Faz um calor! – Dá cá um copo de ambrosia
Ou néctar.

>MERCÚRIO
>(*rindo*)

Ambrosia ou néctar!

>JÚPITER

          É verdade!
São as recordações da nossa divindade,
Tempo que já não volta.

>MERCÚRIO

          Há de voltar!

>JÚPITER
>(*suspirando*)

          Talvez.

>MERCÚRIO
>(*oferecendo vinho*)

Um cálix de Alicante? Um cálix de Xerez?

(*Júpiter faz um gesto de indiferença; Mercúrio deita vinho; Júpiter bebe*)

>JÚPITER

Que tisana!

MERCÚRIO
(*deitando para si*)
　　　Há quem chame estes vinhos profanos
Fortuna dos mortais, delícia dos humanos.
　　(*bebe e faz uma careta*)
Trava como água estígia!

JÚPITER
　　　　　　　　Oh! a cabra Amaltéia.
Dava leite melhor que este vinho.

MERCÚRIO
　　　　　　　　　　　Que idéia!
Devia ser assim para aleitar-te, pai!
　　(*depõe a garrafa e os cálices*)

JÚPITER
As cartas aqui estão, Mercúrio. Toma, vai
Em procura de Apolo, e Proteu e Vulcano
E todos. O conselho é pleno e soberano.
É mister discutir, resolver e assentar
Nos meios de vencer, nos meios de escalar
O Olimpo...

(*Sai Mercúrio.*)

Cena II

JÚPITER
(*só, continuando a refletir*)
　　　... Tais outrora Encélado e Tifeu
Buscaram contra mim escalá-lo. Correu

O tempo, e eu passei de invadido a invasor!
Lei das compensações! Então, era eu senhor;
Tinha o poder nas mãos, e o universo a meus pés.
Hoje, como um mortal, de revés em revés,
Busco por conquistar o posto soberano.
Bem me dizias, Momo, o coração humano
Devia ter aberta uma porta, por onde
Lêssemos, como em livro, o que lá dentro esconde.
Demais, dando juízo ao homem, esqueci-me
De completar a obra e fazê-la sublime.
Que vale esse juízo? Inquieto e vacilante,
Como perdida nau sobre um mar inconstante,
O homem sem razão cede nos movimentos
A todas as paixões, como a todos os ventos.
É o escravo da moda e o brinco do capricho.
Presunçoso senhor dos bichos, este bicho
Nem ao menos imita os bichos seus escravos.
Sempre do mesmo modo, ó abelha, os teus favos
Destilas. Sempre o mesmo, ó castor exemplar,
Sabes a casa erguer junto às ribas do mar.
Ainda hoje, empregando as mesmas leis antigas,
Viveis no vosso chão, ó próvidas formigas.
Andorinhas do céu, tendes ainda a missão
De serdes, findo o inverno, as núncias do verão.
Só tu, homem incerto e altivo, não procuras
Da vasta criação estas lições tão puras...
Corres hoje a Paris, como a Atenas outrora;
A sombria Cartago é a Londres de agora.
Ah! pudesses tornar ao teu estado antigo!

Cena III

Júpiter, Marte, Vulcano (*os dois de braço*)

Vulcano
(*a Júpiter*)
Sou amigo de Marte, e Marte é meu amigo.

Júpiter
Enfim! Querelas vãs acerca de mulheres
É tempo de esquecer. Crescem outros deveres,
Meus filhos. Vênus bela a ambos iludiu.
Foi-se, desapareceu. Onde está? quem a viu?

Marte
Vulcano.

Júpiter
Tu?

Vulcano
É certo.

Júpiter
Aonde?

Vulcano
Era um salão.
Dava o dono da casa esplêndida função.
Vênus, lânguida e bela, olhos vivos e ardentes,
Prestava atento ouvido a uns vãos impertinentes.
Eles em derredor, curvados e submissos,
Faziam circular uns ditos já cediços,

E, cortando entre si as respectivas peles,
Eles riam-se dela, ela ria-se deles.
Não era, não, meu pai, a deusa enamorada
Do nosso tempo antigo: estava transformada.
Já não tinha o esplendor da suprema beleza
Que a tornava modelo à arte e à natureza.
Foi nua, agora não. A beleza profana
Busca apurar-se ainda a favor da arte humana.
Enfim, a mãe de amor era da escuma filha,
Hoje Vênus, meu pai, nasce... mas da escumilha.

JÚPITER

Que desonra.
               (*a Marte*)
   E Cupido?

VULCANO
   Oh! esse...

MARTE
                            Fui achá-lo
Regateando há pouco o preço de um cavalo.
As patas de um cavalo em vez de asas velozes!
Chibata em vez de seta! – Oh! mudanças atrozes!
Té o nome, meu pai, mudou o tal birbante;
Cupido já não é; agora é... um elegante!

JÚPITER

Traidores!

VULCANO
        Foi melhor ter-nos desenganado:
Dos fracos não carece o Olimpo.

MARTE

                          Desgraçado
Daquele que assim foge às lutas e à conquista!

JÚPITER
(*a Marte*)
Que tens feito?

MARTE
               Oh! por mim, ando agora na pista
De um congresso geral. Quero, com fogo e arte,
Mostrar que sou ainda aquele antigo Marte
Que as guerras inspirou de Aquiles e de Heitor.
Mas, por agora nada! – É desanimador
O estado deste mundo. A guerra, o meu ofício,
É o último caso; antes vem o artifício.
Diplomacia é o nome; a coisa é o mútuo engano.
Matam-se, mas depois de um labutar insano;
Discutem, gastam tempo, e cuidado e talento;
O talento e o cuidado é ter astúcia e tento.
Sente-se que isto é preto, e diz-se que isto é branco:
A tolice no caso é falar claro e franco.
Quero falar de um gato? O nome bastaria.
Não, senhor; outro modo usa a diplomacia.
Começa por falar de um animal de casa,
Preto ou branco, e sem bico, e sem crista e sem asa,
Usando quatro pés. Vai a nota. O argüido
Não hesita, responde: "O bicho é conhecido,
É um gato". "Não senhor, diz o argüente: é um cão".

JÚPITER
Tens razão, filho, tens!

VULCANO
Carradas de razão!

MARTE
Que acontece daqui? É que nesta Babel
Reina em todos e em tudo uma coisa – o papel.
É esta a base, o meio e o fim. O grande rei
É o papel. Não há outra força, outra lei.
A fortuna o que é? Papel ao portador;
A honra é de papel; é de papel o amor.
O valor não é já aquele ardor aceso;
Tem duas divisões – é de almaço ou de peso.
Enfim, por completar esta horrível Babel,
A moral de papel faz guerra de papel.

VULCANO
Se a guerra neste tempo é de peso ou de almaço,
Mudo de profissão: vou fazer penas de aço!

Cena IV

Os mesmos, CUPIDO

CUPIDO
(*da porta*)
É possível entrar?

JÚPITER
(*a Marte*)
Vai ver quem é.

MARTE
Cupido.

CUPIDO
(*a Júpiter*)
Caro avô, como estás?

JÚPITER
Voltas arrependido?

CUPIDO
Não; venho despedir-me. Adeus.

MARTE
Vai-te, insolente.

CUPIDO
Meu pai!...

MARTE
Cala-te!

CUPIDO
Ah! não! Um conselho prudente:
Deixai a divindade e fazei como eu fiz.
Sois deuses? Muito bem. Mas, que vale isso?
[Eu quis
Dar-vos este conselho; é de amigo.

MARTE
É de ingrato.
Do mundo fascinou-te o rumor, o aparato.
Vai, espírito vão! – Antes deus na humildade,
Do que homem na opulência.

CUPIDO
É fresca a divindade!

JÚPITER
Custa-nos caro, é certo: a dor, a mágoa, a afronta,
O desespero e o dó.

CUPIDO
      A minha é mais em conta.

VULCANO
Onde a compras agora?

CUPIDO
        Em casa do alfaiate;
Sou divino conforme a moda.

VULCANO
         E o disparate.

CUPIDO
Venero o teu despeito, ó Vulcano!

MARTE
        Venera
O nosso ódio supremo e divino...

CUPIDO
         Quimera!

MARTE
... Da nossa divindade o nome e as tradições,
A lembrança do Olimpo e a vitória...

CUPIDO
         Ilusões!

MARTE

Ilusões!

CUPIDO

Terra-a-terra ando agora. Homem sou;
Da minha divindade o tempo já findou.
Mas, que compensações achei no novo estado!
Sou, onde quer que vá, pedido e requestado.
Vêm quebrar-se a meus pés os olhares das damas;
Cada gesto que faço ateia imensas chamas.
Sou o encanto da rua e a vida dos salões,
Alfenim procurado, o ímã dos balões,
O perfume melhor da *toilette*, o elixir
Dos amores que vão, dos amores por vir;
Procuram agradar-me a feia, como a bela;
Sou o sonho querido e doce da donzela,
O encanto da casada, a ilusão da viúva.
A chibata, a luneta, a bota, a capa e a luva
Não são enfeites vãos: suprem o arco e a seta.
Seta e arco são hoje imagens de poeta.
Isto sou. Vede lá se este esbelto rapaz
Não é mais que o menino armado de carcaz.

MARTE

Covarde!

JÚPITER

Deixa, ó filho, este ingrato!

CUPIDO

Adeus.

JÚPITER

                              Parte.

Adeus!

CUPIDO
Adeus, Vulcano; adeus, Jove; adeus, Marte!

Cena V

VULCANO, JÚPITER, MARTE

MARTE
Perdeu-se este rapaz...

VULCANO
                Decerto, está perdido!

MARTE
(*a Júpiter*)
Júpiter, quem dissera! O doce e fiel Cupido
Veio a tornar-se enfim um homem tolo e vão!

VULCANO
(*irônico*)
E contudo é teu filho...

MARTE
(*com desânimo*)
                  É meu filho, ó Plutão!

JÚPITER
(*a Vulcano*)
Alguém chega. Vai ver.

Vulcano
É Apolo e Proteu.

Cena VI

Os mesmos, Apolo, Proteu

Apolo
Bom dia!

Marte
Onde deixaste o Pégaso?

Apolo
Quem? eu?
Não sabeis? Ora, ouvi a história do animal.
Do que acontece é o mais fenomenal.
Aí vai o caso...

Vulcano
Aposto um raio contra um verso
Que o Pégaso fugiu.

Apolo
Não, senhor; foi diverso
O caso. Ontem à tarde andava eu cavalgando;
Pégaso, como sempre, ia caracolando,
E sacudindo a cauda, e levantando as crinas,
Como se recebesse inspirações divinas.
Quase ao cabo da rua um tumulto se dava;
Uma chusma de gente andava e desandava.
O que era não sei. Parei. O imenso povo,

Como se o assombrasse um caso estranho e novo,
Recuava. Quis fugir, não pude. O meu cavalo
Sente naquele instante um horrível abalo;
E para repelir a turba que o molesta,
Levanta o largo pé, fere a um homem na testa.
Da ferida saiu muito sangue e um soneto.
Muita gente acudiu. Mas, conhecido o objeto
Da nova confusão, deu-se nova assuada.
Rodeava-me então uma rapaziada,
Que ao Pégaso beijando os pés, a cauda e as crinas,
Pedia-lhe cantando inspirações divinas.
E cantava, e dizia (erma já de miolo):
"Achamos, aqui está! é este o nosso Apolo!"
Compelido a deixar o Pégaso, desci;
E por não disputar, lá os deixei – fugi.
Mas, já hoje encontrei, em letras garrafais,
Muita ode, e soneto, e oitava nos jornais!

JÚPITER

Mais um!

APOLO

A história é esta.

MARTE

Embora! – Outra desgraça.
Era de lamentar. Esta não.

APOLO

Que chalaça!
Não passa de um corcel...

PROTEU

E já um tanto velho.

Apolo
É verdade.

Júpiter
Está bem!

Proteu
(*a Júpiter*)
A que horas o conselho?

Júpiter
É à hora em que a lua apontar no horizonte,
E o leão de Neméia, erguendo a larga fronte,
Resplandecer no azul.

Proteu
A senha é a mesma?

Júpiter
Não:
"Harpócrates, Minerva – o silêncio, a razão".

Apolo
Muito bem.

Júpiter
Mas Proteu de senha não carece;
De aspecto e de feições muda, se lhe parece.
Basta vir...

Proteu
Como um corvo.

MARTE
>Um corvo.

PROTEU
>Há quatro dias,
Graças ao meu talento e às minhas tropelias,
Iludi meio mundo. Em corvo transformado,
Deixei um grupo imenso absorto, embasbacado.
Vasto queijo pendia ao meu bico sinistro.
Dizem que eu era então a imagem de um ministro.
Seria por ser corvo, ou por trazer um queijo?
Foi uma e outra coisa, ouvi dizer.

JÚPITER
>O ensejo
Não é de narrações, é de obras. Vou sair.
Sabem a senha e a hora. Adeus.
>(*sai*)

VULCANO
>Vou concluir
Um negócio.

MARTE
Um negócio?

VULCANO
>É verdade.

MARTE
>Mas qual?

VULCANO
Um projeto de ataque.

MARTE
Eu vou contigo.

VULCANO
É igual
O meu projeto ao teu, mas é completo.

MARTE
Bem.

VULCANO
Adeus, adeus.

PROTEU
Eu vou contigo.

(*Saem Vulcano e Proteu.*)

Cena VII

MARTE, APOLO

APOLO
O caso tem
Suas complicações, ó Marte! Não me esfria
A força que me dava o néctar e a ambrosia.
No cimo da fortuna ou no chão da desgraça,
Um deus é sempre um deus. Mas, na hora que passa,
Sinto que o nosso esforço é baldado, e imagino
Que ainda não bateu a hora do destino.
Que dizes?

MARTE
    Tenho ainda a maior esperança.
Confio em mim, em ti, em vós todos. Alcança
Quem tem força, e vontade, e ânimo robusto.
Espera. Dentro em pouco o templo grande e
                                    [augusto
Se abrirá para nós.

APOLO
Enfim...

MARTE
                            A divindade
A poucos caberá, e aquela infinidade
De numes desleais há de fundir-se em nós.

APOLO
Oh! que o destino te ouça a animadora voz!
Quanto a mim...

MARTE
Quanto a ti?

APOLO
                        Vejo ir-se dispersado
Dos poetas o rebanho, o meu rebanho amado!
Já poetas não são, são homens: carne e osso.
Tomaram neste tempo um ar burguês e insosso.
Depois, surgiu agora um inimigo sério,
Um déspota, um tirano, um Lopez, um Tibério:
O álbum! Sabes tu o que é o álbum? Ouve,
E dize-me se, como este, um bárbaro já houve.

Traja couro da Rússia, ou sândalo, ou veludo;
Tem um ar de sossego e de inocência; é mudo.
Se o vires, cuidarás ver um cordeiro manso,
À sombra de uma faia, em plácido remanso.
A faia existe e chega a sorrir... Estas faias
São copadas também, não têm folhas, têm saias.
O poeta estremece e sente um calafrio;
Mas o álbum lá está, mudo, tranqüilo e frio.
Quer fugir, já não pode: o álbum soberano
Tem sede de poesia, é o minotauro. Insano
Quem buscar combater a triste lei comum!
O álbum há de engolir os poetas um por um.
Ah! meus tempos de Homero!

MARTE
                A reforma há de vir
Quando o Olimpo outra vez em nossas mãos cair.
Espera!

Cena VIII

Os mesmos, CUPIDO

CUPIDO
Tio Apolo, é engano de meu pai.

APOLO
Cupido!

MARTE
Tu aqui, meu velhaco?

Cupido
                              Escutai;
Cometeis uma empresa absurda. A humanidade
Já não quer aceitar a vossa divindade.
O bom tempo passou. Tentar vencer hoje, é,
Como agora se diz, remar contra a maré.
Perdeis o tempo.

            Marte
            Cala a boca!

            Cupido
                              Não! não! não!
Estou disposto a enforcar essa última ilusão.
Sabeis que sou o amor...

            Apolo
            Foste.

            Marte
                         És o amor perdido.

            Cupido
Não, sou ainda o amor, o irmão de Eros, Cupido.
Em vez de conservar domínios ideais,
Soube descer um dia à esfera dos mortais;
Mas o mesmo ainda sou.

            Marte
            E depois?

            Cupido
                              Ah! não fales,
Ó meu pai! Posso ainda evocar tantos males,

Encher-te o coração de tanto amor ardente,
Que, sem nada mais ver, irás incontinenti,
Pedir dispensa a Jove, e fazer-te homem.

MARTE

Não!

CUPIDO
(*indo ao fundo*)
Vês ali? é um carro. E no carro? um balão.
E dentro do balão? uma mulher.

MARTE

Quem é?

CUPIDO
(*voltando*)
Vênus!

APOLO

Vênus!

MARTE

Embora! É grande a minha fé.
Sou um deus vingador, não sou um deus amante.
É inútil.

APOLO
(*batendo no ombro de Cupido*)
Meu caro, é inútil.

MARTE
O farfante
Cuida que ainda é o mesmo.

CUPIDO
Está bem.

APOLO
Vai-te embora.
É conselho de amigo.

CUPIDO
(*senta-se*)
Ah! eu fico!

APOLO
Esta agora!
Que pretendes fazer?

CUPIDO
Ensinar-vos, meu tio.

APOLO
Ensinar-nos a nós? Por Júpiter, eu rio!

CUPIDO
Ouves, meu tio, um som, um farfalhar de seda?
Vai ver.

APOLO
(*indo ver*)
É uma mulher. Lá vai pela alameda.
Quem é?

CUPIDO
Juno, a mulher de Júpiter, teu pai.

APOLO
Deveras? É verdade! olha, Marte, lá vai,
Não conheci.

CUPIDO
É bela ainda, como outrora,
Bela, e altiva, e grave, e augusta, e senhora.

APOLO
(*voltando a si*)
Ah! mas eu não arrisco minha divindade...
(*a Marte*)
Olha o espertalhão!... Que tens?

MARTE
(*absorto*)
Nada.

CUPIDO
Ó vaidade!
Humana embora, Juno é ainda divina.

APOLO
Que nome usa ela agora?

CUPIDO
Um mais belo: Corina!

APOLO
Marte, sinto... não sei...

MARTE
Eu também

APOLO
Vou sair.

MARTE
Também eu.

CUPIDO
Também tu?

MARTE
Sim, quero ver... quero ir
Tomar um pouco de ar...

APOLO
Vamos dar um passeio.

MARTE
Ficas?

CUPIDO
Quero ficar, porém, não sei... receio...

MARTE
Fica, já foste um deus, nunca és importuno.

CUPIDO
É deveras assim? Mas...

MARTE
Ah! Vênus!

APOLO

>Ah! Juno!

Cena IX

CUPIDO, MERCÚRIO

CUPIDO
(*só*)
Baleados! Agora os outros. É preciso,
Graças à voz do amor, dar-lhes algum juízo.
Singular exceção! Muitas vezes o amor
Tira o juízo que há... Quem é? Sinto rumor...
Ah! Mercúrio!

MERCÚRIO
>Sou eu! E tu? É certo acaso
Que tenhas cometido o mais triste desazo?
Ouvi dizer...

CUPIDO
(*em tom lastimoso*)
É certo.

MERCÚRIO
Ah! covarde!

CUPIDO
(*o mesmo*)
>Isso! isso!

MERCÚRIO
És homem?

CUPIDO
                    Sou o amor, sou, e ainda enfeitiço,
Como dantes.

                    MERCÚRIO
                Não és dos nossos. Vai-te!

                    CUPIDO
                                                    Não!
Vou fazer-te, meu tio, uma observação.

                    MERCÚRIO
Vejamos.

                    CUPIDO
                Quando o Olimpo era nosso...

                    MERCÚRIO
                                        Ah!

                    CUPIDO
                                                Havia
Hebe, que nos matava, e a Júpiter servia.
Poucas vezes a viste. As funções de correio
Demoravam-te fora. Ah que olhos! ah que seio!
Ah que fronte! ah...

                    MERCÚRIO
                Então?

                    CUPIDO
                        Hebe tornou-se humana.

MERCÚRIO
(*com desprezo*)
Como tu.

CUPIDO
Ah quem dera! A terra alegre e ufana
Entre as belas mortais deu-lhe um lugar distinto.

MERCÚRIO
Deveras!

CUPIDO
(*consigo*)
Baleado!

MERCÚRIO
(*consigo*)
Ah! não sei... mas que sinto?

CUPIDO
Mercúrio, adeus!

MERCÚRIO
Vem cá! Hebe onde está?

CUPIDO
Não sei.
Adeus. Fujo ao conselho.

MERCÚRIO
(*absorto*)
Ao conselho?

CUPIDO

                                                      Farei
Por não atrapalhar as vossas decisões.
Conspirai! Conspirai!

MERCÚRIO
                         Não sei... Que pulsações!
Que tremor! que tonteira!

CUPIDO
           Adeus! Ficas?

MERCÚRIO
                                Quem? eu?
Hebe?

CUPIDO
(*à parte*)
Falta-me Jove, e Vulcano, e Proteu.

Cena X

MERCÚRIO, *depois* MARTE, APOLO

MERCÚRIO
(*só*)
Eu doente? de quê? É singular!
        (*indo ao vinho*)
                                  Um gole!
Não há vinho nenhum que uma dor não console.
        (*bebe silencioso*)
Hebe tornou-se humana!

MARTE
(*a Apolo*)
É Mercúrio.

APOLO
(*a Marte*)
Medita!
Em que será?

MARTE
Não sei.

MERCÚRIO
(*sem vê-los*)
Oh! como me palpita
O coração!

APOLO
(*a Mercúrio*)
Que é isso?

MERCÚRIO
Ah! não sei... divagava...
Como custa a passar o tempo! Eu precisava
De sair e não sei... Jove não voltará?

MARTE
Por que não? Há de vir.

APOLO
(*consigo*)
Que é isso?

(*silêncio profundo*)
Estou disposto!

        MARTE
Estou disposto!

        MERCÚRIO
                Estou disposto!

Cena XI

Os mesmos, JÚPITER

        JÚPITER
Meus filhos, boa nova!
        (*os três voltam a cara*)
                Então? voltais-me o rosto?

        MERCÚRIO
Nós, meu pai?

        APOLO
        Eu, meu pai?

        MARTE
            Eu não...

        JÚPITER
        Vós todos, sim!
Ah! fraqueais talvez! Um espírito ruim
Penetrou entre nós, e a todos vós tentando
Da vanguarda do céu vos anda separando.

MARTE
Oh! não, porém...

JÚPITER
Porém?

MARTE
Eu falarei mais claro
No conselho.

JÚPITER
Ah! E tu?

APOLO
Eu o mesmo declaro.

JÚPITER
(*a Mercúrio*)
Tua declaração?

MERCÚRIO
É do mesmo teor.

JÚPITER
Ó trezentos de Esparta! Ó tempos de valor!
Eram homens contudo...

APOLO
Isso mesmo: é humano.
Era a força do persa e a força do espartano.
Eram homens de um lado, e homens do outro lado;
A terra sob os pés; o conflito igualado.

Agora o caso é outro. Os deuses demitidos
Buscam reconquistar os domínios perdidos.
Há deuses do outro lado? Há homens. Neste caso
Não teremos a luta em campo aberto e raso.

JÚPITER
Assim, pois?

APOLO
 Assim, pois, já que os homens não podem
Aos deuses elevar-se, os deuses se acomodem.
Sejam homens também.

MARTE
 Apoiado!

MERCÚRIO
    Apoiado!

JÚPITER
Durmo ou velo? Que ouvi!

MARTE
    O caso é desgraçado.
Mas a verdade é esta, esta e não outra.

JÚPITER
     Assim
Desmantela-se o Olimpo!

MERCÚRIO
 Espírito ruim
Não há, nem há fraqueza, ou triste covardia.

Há desejo real de concluir um dia
Esta luta cruel, estéril, sem proveito.
Deste real desejo, é este, ó pai, o efeito.

                JÚPITER
Estou perdido!

Cena XII

    Os mesmos, VULCANO, PROTEU

                JÚPITER
                    Ah! vinde, ó Vulcano, ó Proteu!
Estes três já não são nossos.

                VULCANO
                          Nem eu.

                PROTEU
                                Nem eu.

                JÚPITER
Também vós?

                PROTEU
Também nós!

                JÚPITER
                    Recuais?

                VULCANO
                              Recuamos.
Com os homens, enfim, nos reconciliamos.

####### Júpiter
Fico eu só?

####### Marte
Não, meu pai. Segue o geral exemplo.
É inútil resistir; o velho e antigo templo
Para sempre caiu, não se levanta mais.
Desçamos a tomar lugar entre os mortais.
É nobre: um deus que despe a auréola divina.
Sê homem!

####### Júpiter
Não! não! não!

####### Apolo
O tempo nos ensina
Que devemos ceder.

####### Júpiter
Pois sim, mas tu, mas vós,
Eu não. Guardarei só um século feroz
A honra da divindade e o nosso lustre antigo,
Embora sem amparo, embora sem abrigo.
(*a Apolo, com sarcasmo*)
Tu, Apolo, vais ser pastor do rei Admeto?
Imolas ao cajado a glória do soneto?
Que honra!

####### Apolo
Não, meu pai, sou o rei da poesia.
Devo ter um lugar no mundo, em harmonia
Com este que ocupei no nosso antigo mundo.
O meu ar sobranceiro, o meu olhar profundo,

A feroz gravidade e a distinção perfeita,
Nada, meu caro pai, ao vulgo se sujeita.
Quero um lugar distinto, alto, acatado e sério.
Co'a pena da verdade e a tinta do critério
Darei as leis do belo e do gosto. Serei
O supremo juiz, o crítico.

JÚPITER
                    Não sei
Se lava o novo ofício a vilta de infiel...

APOLO
Lava.

JÚPITER
    E tu, Marte?

MARTE
                Eu cedo à guerra de papel.
Sou o mesmo; somente o meu valor antigo
Mudou de aplicação. Corro ainda ao perigo,
Mas não já com a espada: a pena é minha escolha.
Em vez de usar broquel, vou fundar uma folha.
Dividirei a espada em leves estiletes,
Com eles abrirei campanhas aos gabinetes.
Moral, religião, política, poesia,
De tudo falarei com alma e bizarria.
Perdoa-me, ó papel, os meus erros de outrora,
Tarde os reconheci, mas abraço-te agora!
Cumpre-me ser, meu pai, de coração fiel,
Cidadão do papel, no tempo do papel.

JÚPITER
E contudo, inda há pouco, o contrário dizias,
E zombavas então destas papelarias...

MARTE
Mudei de opinião...

JÚPITER
(*a Vulcano*)
E tu, ó deus das lavas,
Tu, que o raio divino outrora fabricavas.
Que irás tu fabricar?

VULCANO
Inda há pouco o dizia
Quando Marte do tempo a pintura fazia:
Se o valor deste tempo é de peso ou de almaço,
Mudo de profissão, vou fazer penas de aço.
Hei de servir alguém, aqui ou em qualquer parte,
Ou a ti ou a outro, ou a Jove ou a Marte.
Os raios que eu fazia, em penas transformados,
Como eles hão de ser ferinos e aguçados.
A questão é de forma.

MARTE
(*a Vulcano*)
Obrigado.

JÚPITER
Proteu,
Não te dignas dizer o que farás?

PROTEU
                    Quem? eu?
Farei o que puder; e creio que me é dado
Fazer muito: o caso é que eu seja utilizado.
O dom de transformar-me, à vontade, a meu gosto
Torna-me neste mundo um singular composto.
Vou ter segura a vida e o futuro. O talento
Está em não mostrar a mesma cara ao vento.
Vermelho de manhã, sou de tarde amarelo;
Se convier, sou bigorna, e se não, sou martelo.
Já se vê, sem mudar de nome. Neste mundo
A forma é essencial, vale de pouco o fundo.
Vai o tempo chuvoso? Envergo um casacão.
Volta o sol? Tomo logo a roupa de verão.
Quem subiu? Pedro e Paulo. Ah! que grandes
                                    [talentos!
Que glórias nacionais! que famosos portentos!
O país ia à garra e por triste caminho,
Se inda fosse o poder de Sancho ou de Martinho.
Mas se a cena mudar, tão contente e tão ancho,
Dou vivas a Martinho, e dou vivas a Sancho!
Aprendi, ó meu pai, estas coisas, e juro
Que vou ter grande e belo um nome no futuro.
Não há revoluções, não há poder humano
Que me façam cair...
                        (*com ênfase*)
            O povo é soberano.
A pátria tem direito ao nosso sacrifício.
Vê-la sem este jus... mil vezes o suplício!
                    (*voltando ao natural*)
Deste modo, meu pai, mudando a fala e a cara,
Sou na essência Proteu, na forma Dulcamara...
De tão bom proceder tenho as lições diurnas.
Boa tarde!

JÚPITER
Onde vais?

PROTEU
Levar meu nome às urnas!

JÚPITER
(*reparando, a todos*)
Vêm cá. Ouvi agora... Ah! Mercúrio...

MERCÚRIO
Eu receio
Perder estas funções que exerço de correio...
Mas...

Cena XIII

Os mesmos, CUPIDO

CUPIDO
Cupido aparece e resolve a questão.
Ficas ao meu serviço.

JÚPITER
Ah!

MERCÚRIO
Em que condição?

CUPIDO
Eu sou o amor, tu és correio.

MERCÚRIO

                          Não, senhor.
Sabes o que é andar ao serviço de amor,
Sentir junto à beleza a paixão da beleza,
O peito sufocado, a fantasia acesa,
E as vozes transmitir do amante à sua amada,
Como um correio, um eco, um sobrescrito, um nada?
Foste um deus como eu fui, como eu, nem mais
                                          [nem menos.
Homens, somos iguais. Um dia, Marte e Vênus,
A quem Vulcano armara uma rede, apanhados
Nos desmaios do amor, se foram libertados,
Se puderam fugir às garras do marido,
Foi graças à destreza, ao tino conhecido,
Do ligeiro Mercúrio. Ah que serviço aquele!
Sem mim quem te quisera, ó Marte, estar na pele!
Chega a hora; venceu-se a letra. És meu amigo.
Salva-me agora tu, e leva-me contigo.

MARTE

Vem comigo; entrarás na política escura.
Proteu há de arranjar-te uma candidatura.
Falarei na gazeta aos graves eleitores,
E direi quem tu és, quem foram teus maiores.
Confia e vencerás. Que vitória e que festa!
Da tua vida nova a política... é esta:
Da rua ao gabinete, e do paço ao tugúrio,
Farás o teu papel, o papel de Mercúrio;
O segredo ouvirás sem guardar o segredo.
A escola mais rendosa é a escola do enredo.

MERCÚRIO

Sou o deus da eloqüência: o emprego é adequado.

Verás como hei de ser na intriga e no recado.
Aceito a posição e as promessas...

CUPIDO

                       Agora,
Que a tua grande estrela, erma no céu, descora,
Que pretendes fazer, ó Júpiter divino?

JÚPITER
Tiro desta derrota o necessário ensino.
Fico só, lutarei sozinho e eternamente.

CUPIDO
Contra os tempos, e só, lutas inutilmente.
Melhor fora ceder e acompanhar os mais,
Ocupando um lugar na linha dos mortais.

JÚPITER
Ah! se um dia vencer, contra todos e tudo,
Hei de ser lá no Olimpo um Júpiter sanhudo!

CUPIDO
Contra a suprema raiva e a cólera maior
Põe água na fervura uma dose de amor.
Não te lembras? Outrora, em touro transformado,
Não fizeste de Europa o rapto celebrado?
Em te dando a veneta, em cisne te fazias.
Tinhas um novo amor? Chuva de ouro caías...

JÚPITER
(*mais terno*)
Ah! bom tempo!

CUPIDO
      E contudo à flama soberana
Uma deusa escapou, entre outras – foi Diana.

JÚPITER
Diana!

CUPIDO
     Sim, Diana, a esbelta caçadora;
Uma só vez deixou que a flama assoladora
O peito lhe queimasse – e foi Endimião
Que o segredo lhe achou do feroz coração.

JÚPITER
Ainda caça, talvez?

CUPIDO
           Caça, mas não veados:
Os novos animais chamam-se namorados.

JÚPITER
É formosa? É ligeira?

CUPIDO
          É ligeira, é formosa!
É a beleza em flor, doce e misteriosa;
Deusa, sendo mortal, divina sendo humana.
Melhor que ela só Juno.

APOLO
         Hein?... Ah! Juno!

JÚPITER
(*cismando*)
                              Ah! Diana!

MERCÚRIO
Cede, ó Jove. Não vês que te pedimos todos?
Neste mundo acharás por diferentes modos,
Belezas a vencer, vontades a quebrar,
– Toda a conjugação do grande verbo amar.
Sim, o mundo caminha, o mundo é progressista:
Mas não muda uma coisa: é sempre sensualista.
Não serás, por formar teu nobre senhorio,
Nem cisne ou chuva de ouro, e nem touro bravio.
Uma te encanta, e logo à tua voz divina
Sem mudar de feições, podes ser... crinolina.
De outra soube-te encher o namorado olhar:
Usa do teu poder, e manda-lhe um colar.
A Costança uma luva, Ermelinda um colete,
Adelaide um chapéu, Luísa um bracelete.
E assim, sempre curvado à influência do amor,
Como outrora, serás Jove namorador!

CUPIDO
(*batendo-lhe no ombro*)
Que pensas, meu avô?

JÚPITER
                    Escuta-me, Cupido.
Este mundo não é tão mau, nem tão perdido,
Como dizem alguns. Cuidas que a divindade
Não se desonrará passando à humanidade?

CUPIDO
Não me vês?

JÚPITER
É verdade. E, se todos passaram,
Muita coisa de bom nos homens encontraram.

CUPIDO
Nos homens, é verdade, e também nas mulheres.

JÚPITER
Ah! dize-me, inda são a fonte dos prazeres?

CUPIDO
São.

JÚPITER
(*absorto*)
Mulheres! Diana!

MARTE
Adeus, meu pai!

OS OUTROS
Adeus!

JÚPITER
Então já? Que é lá isso? Onde ides, filhos meus?

APOLO
Somos homens.

JÚPITER
Ah! sim...

CUPIDO
(*aos outros*)
Baleado!

JÚPITER
(*com um suspiro*)
Ide lá!
Adeus.

OS OUTROS
(*menos Cupido*)
Adeus, meu pai.

(*Silêncio.*)

JÚPITER
(*depois de refletir*)
Também sou homem.

TODOS
Ah!

JÚPITER
(*decidido*)
Também sou homem, sou; vou convosco.
[O costume
Meio homem já me fez, já me fez meio nume.
Serei homem completo, e fico ao vosso lado
Mostrando sobre a terra o Olimpo humanizado.

MERCÚRIO
Graças, meu pai!

CUPIDO
Venci!

MARTE
(*a Júpiter*)
A tua profissão?

APOLO
Deve ser elevada e nobre, uma função
Própria, digna de ti, como do Olimpo inteiro.
Qual será?

JÚPITER
Dize lá.

CUPIDO
(*a Júpiter*)
Pensa!

JÚPITER
(*depois de refletir*)
Vou ser banqueiro!

(*Fazem alas. O Epílogo atravessa do fundo e vem ao proscênio.*)

EPÍLOGO
Boa noite. Sou eu, o Epílogo. Mudei
O nome. Abri a peça, a peça fecharei.
O autor, arrependido, oculto, envergonhado,
Manda pedir desculpa ao público ilustrado;
E jura, se cair desta vez, nunca mais
Meter-se em lutas vãs de numes e mortais.
Pede ainda o poeta um reparo. O poeta

Não comunga por si na palavra indiscreta
De Marte ou de Proteu, de Apolo ou de Cupido.
Cada qual fala aqui como um deus demitido;
É natural da inveja; e a idéia do autor
Não pode conformar-se a tão fundo rancor.
Sim, não pode; e, contudo, ama aos deuses, adora
Essas lindas ficções do bom tempo de outrora.
Inda os crê presidindo aos mistérios sombrios,
No recesso e no altar dos bosques e dos rios.
Às vezes cuida ver atravessando as salas,
A soberana Juno, a valorosa Palas;
A crença é que o arrasta, a crença é que o ilude
Neste reverdecer da eterna juventude.
Se o tempo sepultou Eros, Minerva, e Marte,
Uma coisa os revive e os santifica: a arte.
Se a história os dispersou, se o Calvário os baniu,
A arte, no mesmo amplexo, a todos reuniu.
De duas tradições a musa fez só uma:
David olhando em face a sibila de Cuma.
Se vos não desagrada o que se disse aqui,
Sexo amável, e tu, sexo forte, aplaudi.

FIM

NOTA

O antepenúltimo verso que o Epílogo recita:

David olhando em face a sibila de Cuma.

é tradução de um verso, com que o marquês de Belloy fecha um dos seus belos sonetos:

En regard de David la sibylle de Cume,

o qual é paráfrase daquele hino da Igreja:

Teste David cum sibylla.

UMA ODE
DE ANACREONTE

(*A Manuel de Melo.*)

PERSONAGENS

Lísias
Cléon
Mirto
Três Escravos

A cena é em Samos.

(*Sala de festim em casa de Lísias. À esquerda a mesa do festim; à direita uma mesa tendo em cima uma lâmpada apagada, e junto da lâmpada um rolo de papiro.*)

Cena I

LÍSIAS, CLÉON, MIRTO
(*Estão no fim de um banquete, os dois homens deitados à maneira antiga, Mirto sentada entre os dois leitos. Três escravos.*)

LÍSIAS
Melancólica estás, bela Mirto. Bebamos!
Aos prazeres!

CLÉON
　　　　　Eu bebo à memória de Samos.
Samos vai terminar os seus dourados dias;
Adeus, terra em que achei consolo às agonias
Da minha mocidade; adeus, Samos, adeus!

MIRTO
Querem-lhe os deuses mal?

CLÉON
Não; dois olhos, os teus.

LÍSIAS
Bravo, Cléon!

MIRTO
Poeta! os meus olhos?

CLÉON
São lumes
Capazes de abrasar até os próprios numes.
Samos é nova Tróia, e tu és outra Helena.
Quando Lesbos, a mãe de Safo, a ilha amena,
Não vir a bela Mirto, a alegre cortesã,
Armar-se-á contra nós.

LÍSIAS
Lesbos é boa irmã.

MIRTO
Outras belezas tem, dignas da loura Vênus.

CLÉON
Menos dignas que tu.

MIRTO
Mais do que eu.

LÍSIAS
Muito menos.

CLÉON
Tens vergonha de ser formosa e festejada,
Mirto? Vênus não quer beleza envergonhada.
Pois que dos imortais houveste esse condão
De inspirar quantos vês, inspira-os, Mirto.

MIRTO
                                    Não.
São teus olhos, poeta; eu não tenho a beleza
Que arrasta corações.

CLÉON
        Divina singeleza!

LÍSIAS
(*à parte*)
Vejo através do manto as galas da vaidade.
        (*alto*)
Vinho, escravo!
        (*o escravo deita vinho na taça de Lísias*)
                        Poeta, um brinde à mocidade.
Trava da lira e invoca o deus inspirador.

CLÉON
"Feliz quem, junto a ti, ouve a tua fala, amor!"

MIRTO
Versos de Safo!

CLÉON
        Sim.

LÍSIAS

                        Vês? é modéstia pura.
Ele é na poesia o que és na formosura.
Faz versos de primor e esconde-os ao profano;
Tem vergonha. Eu não sei se o vício é lesbiano...

MIRTO

Ah! tu és...

CLÉON

        Lesbos foi minha pátria também.
Lesbos, a flor do Egeu.

MIRTO

           Já não é?

CLÉON

                           Lesbos tem
Tudo o que me fascina e tudo o que me mata:
As festas do prazer e os olhos de uma ingrata.
Fugi da pátria e achei, já curado e tranqüilo,
Em Lísias um irmão, em Samos um asilo.
Bem hajas tu que vens encher-me o coração!

LÍSIAS

Insaciável! Não tens em Lísias um irmão?

MIRTO

Volto à pátria.

CLÉON

        Pois quê! tu vais?

MIRTO
                Em poucos dias...

LÍSIAS
Fazes mal; tens aqui os moços e as folias,
O gozo, a adoração; que te falta?

MIRTO
                      Os meus ares.

CLÉON
A que vieste então?

MIRTO
                Sucessos singulares.
Vim por acompanhar Lísicles, mercador
De Naxos; tanto pode a constância no amor!
Corremos todo o Egeu e a costa iônia; fomos
Comprar o vinho a Creta e a Tênedos os pomos.
Ah! como é doce o amor na solidão das águas!
Tem-se vida melhor; esquecem-se-lhes as mágoas.
Zéfiro ouviu por certo os ósculos febris,
Os júbilos do afeto, as falas juvenis;
Ouviu-os, delatou ao deus que o mar governa
A indiscreta ventura, a efusão doce e terna.
Para a fúria acalmar da sombria deidade,
Nave e bens varreu tudo a horrível tempestade.
Foi assim que eu perdi a Lísicles, assim
Que eu semimorta e fria à tua plaga vim.

CLÉON
Ó coitada!

LÍSIAS
O infortúnio os ânimos apura;
As feridas que faz o mesmo Amor as cura;
Brandem armas iguais Aquiles e Cupido.
Queres ver noutro amor o teu amor perdido?
Samos o tem de sobra.

CLÉON
Eu, Mirto, eu sei amar;
Não fio o coração da inconstância do mar.
Não tenho galeões rompendo o seio a Tétis,
Estrada tanta vez ao torvo e obscuro Letes.
Aqui me tens; sou teu; escreve a minha sorte;
Podes doar-me a vida ou decretar-me a morte.

MIRTO
Mas, se eu volto...

CLÉON
Pois bem! aonde quer que te vás
Irei contigo; a deusa indômita e falaz
Ser-me-á hóspede amiga; ao pé de ti a escura
Noite parece aurora, e é berço a sepultura.

MIRTO
Quando fala o dever, a vontade obedece;
Eu devo ir só; tu fica, ama-me um pouco e esquece.

LÍSIAS
Tens razão, bela Mirto; escuta o teu dever.

CLÉON
Ai! é fácil amar, difícil esquecer.

LÍSIAS
(*a Mirto*)
Queres pôr termo à festa? Um brinde a Vênus, filha
Do mar azul, beleza, encanto, maravilha;
Nascida para ser perpetuamente amada.
A Vênus!

(*Depois do brinde os escravos trazem os vasos com*
água perfumada em que os convivas
lavam as mãos; os escravos saem levando os restos
do banquete. Levantam-se todos.)

Queres tu, mimosa naufragada,
Ouvir de hemônia serva, em lira de marfim,
Uma alegre canção? Preferes o jardim?
O pórtico talvez?

MIRTO
Lísias, sou indiscreta;
Quisera antes ouvir a voz do teu poeta.

LÍSIAS
Nume não pede, impõe.

CLÉON
O mando é lisonjeiro.

LÍSIAS
Pois começa.

Cena II

Os mesmos, um Escravo

Escravo
Procura a Mirto um mensageiro.

Mirto
Um mensageiro! a mim!

Lísias
Manda-o entrar.

Escravo
Não quer.

Lísias
Vai, Mirto.

Mirto
(*saindo*)
Volto já.
(*sai o escravo*)

Cena III

Lísias, Cléon

Cléon
(*olhando para o lugar onde Mirto saiu*)
Oh! deuses! que mulher!

LÍSIAS

Ah! que pérola rara!

CLÉON

Onde a encontraste?

LÍSIAS

Achei-a
Com Partênis que dava uma esplêndida ceia;
Partênis, ex-bonita, ex-jovem, ex-da-moda,
Sabes que vê fugir-lhe a enfastiada roda;
E, para não perder o grupo adorador,
Fez do templo deserto uma escola de amor.
Foi ela quem achou a náufraga perdida,
Exposta ao vento e ao mar, quase a expirar-lhe a vida.
A beleza pagava o emprego de uma esmola;
Dentro em pouco era Mirto a flor de toda a escola.

CLÉON

Lembrou-te convidá-la então para um festim?

LÍSIAS

Foi um pouco por ela e um pouco mais por mim.

CLÉON

Também amas?

LÍSIAS

Eu? não. Quis ter à minha mesa
Vênus e o louro Apolo, a poesia e a beleza.

CLÉON

Oh! a beleza, sim! viste já tanta graça,
Tão celestes feições?

LÍSIAS
Cuidado! Aquela caça
Zomba dos tiros vãos de ingênuo caçador!

CLÉON
Incrédulo!

LÍSIAS
Eu sou mestre em matéria de amor.
Se tu, atento e calmo, a narração lhe ouvisses
Conheceras melhor o engenho desta Ulisses.
Aquele ardente amor a Lísicles, aquele
Fundo e intenso pesar que à sua pátria a impele,
Armas são com que a astuta os ânimos seduz.

CLÉON
Oh! não creio.

LÍSIAS
Por quê?

CLÉON
Não vês como lhe luz
Tanta expressão sincera em seus olhos divinos?

LÍSIAS
Sim, têm muita expressão... para iludir meninos.

CLÉON
Pois tu não crês?

LÍSIAS
Em quê? No naufrágio? Decerto.
Em Lísicles? Talvez. No amor? é mais incerto.

Na intenção de voltar a Lesbos? isso não!
Sabes o que ela quer? Prender um coração.

CLÉON

Impossível!

LÍSIAS
      Poeta! estás na alegre idade
Em que a ciência da vida é a credulidade.
Vês tudo azul e em flor; eu já me não iludo.
Pois amar cortesãs! isso demanda estudo,
Não vai assim, que as tais abelhitas do amor
Correm de bolsa em bolsa e não de flor em flor.

CLÉON
Mas não as amas tu?

LÍSIAS
         Decerto... à minha moda;
Meu grande coração co'os vícios se acomoda;
Sacrifícios de amor não sonha nem procura;
Não lhes pede ilusões, pede-lhes só ternura.
Não me empenho em achar alma ungida no céu:
Se é crime este sentir, confesso-me, sou réu.
Não peço amor ao vinho; irei pedi-lo às damas?
Delas e dele exijo apenas estas chamas
Que ardem sem consumir, na pira dos desejos.
Assim é que eu estimo as ânforas e os beijos.
Lá protestos de amor, eternos e leais,
Tudo isso é fumo vão. Que queres? Os mortais
Somos todos assim.

CLÉON

                    Ai, os mortais! dize antes
Os filósofos maus, ridículos pedantes,
Os que não sabem crer, os fartos já de amores,
Esses, sim. Os mortais!

LÍSIAS

                    Refreia os teus furores,
Poeta; eu não quisera amargurar-te, e enfim
Não podia supor que a amasse tanto assim.
Cáspite! Vais depressa!

CLÉON

                    Ai, Lísias, é verdade,
Amo-a como não amo a vida e a mocidade;
De que modo nasceu esta afeição que encerra
Todo o meu ser, ignoro. Acaso sabe a terra
Por que é mais bela ao sol e às auras matinais?
Amores estes são terríveis e fatais.

LÍSIAS

Vês com olhos do céu coisas que são do mundo;
Acreditas achar esse afeto profundo,
Nestas filhas do mal! Se a todo o transe queres
Obter a casta flor dos célicos prazeres,
Deixa a alegre Corinto e todo o luxo seu;
Outro porto acharás: procura o gineceu.
Escolhe aquele amor doce, inocente e puro,
Que inda não tem passado e vive no futuro.
Para mim, já to disse, o caso é diferente;
Não me importa um nem outro; eu vivo no
                                  [presente.

Cléon

Deu-te amiga Fortuna um grande cabedal:
Viver, sem ilusões, no bem como no mal;
Não conhecer o amor que morde, que se nutre
Do nosso sangue, o amor funesto, o amor abutre;
Não beber gota a gota este brando veneno
Que requeima e destrói; não ver em mar sereno
Subitamente erguer-se a voz dos aquilões.
Afortunado és tu.

Lísias

          Lei de compensações!
Sou filósofo mau, ridículo pedante,
Mas inveja-me a sorte; oh! lógica de amante.

Cléon

É a do coração.

Lísias

        Terrível mestre!

Cléon

                                      Ensina
Dos seres imortais a transfusão divina!

Lísias

A lição é profunda e escapa ao meu saber;
Outra escola professo, a escola do prazer!

Cléon

Tu não tens coração.

LÍSIAS

           Tenho, mas não me iludo.
É Circe que perdeu o encanto e a juventude.

CLÉON

Velho Sátiro!

LÍSIAS

           Justo: um semideus silvestre.
Nestas coisas do amor nunca tive outro mestre.
Tu gostas de chorar; eu cá prefiro rir.
Três artigos da lei: gozar, beber, dormir.

CLÉON

Compras com isso a paz; a mim coube-me o tédio,
A solidão e a dor.

LÍSIAS

           Queres um bom remédio,
Um filtro da Tessália, um bálsamo infalível?
Esquece empresas vãs, não tentes o impossível.
Prende o teu coração nos laços de Himeneu;
Casa-te; encontrarás o amor no gineceu.
Mas cortesãs! jamais! São Górgones! Medusas!

CLÉON

Essas que conheceste e tão severo acusas
– Pobres moças! – não são o universal modelo:
De outras sei a quem coube um coração singelo,
Que preferem a tudo a glória singular
De conhecer somente a ciência de amar;
Capazes de sentir o ardor da intensa chama
Que eleva, que resgata a vida que as infama.

LÍSIAS
Se achares tal milagre, eu mesmo irei pedir-to.

CLÉON
Basta um passo, achá-lo-ei.

LÍSIAS
Bravo! chama-se?

CLÉON
Mirto.
Que pode conquistar até o amor de um deus!

LÍSIAS
Crês nisso?

CLÉON
Por que não?

LÍSIAS
Tu és um néscio; adeus!

Cena IV

CLÉON
Vai, cético! tu tens o vício da riqueza:
Farto, não crês na fome... A minha singeleza
Faz-te rir: tu não vês o amor que absorve e mata;
Mirto, vinga-me tu da calúnia insensata;
Amemo-nos. É ela!

Cena V

CLÉON, MIRTO

MIRTO
     Estás triste!

CLÉON
      Oh! que não.
Mas deslumbrado, sim, como se uma visão...

MIRTO
A visão vai partir.

CLÉON
  Mas muito tarde...

MIRTO
       Breve.

CLÉON
Quem te chama?

MIRTO
 O destino. E sabes quem me escreve?

CLÉON
Tua mãe.

MIRTO
 Já morreu.

CLÉON
  Algum antigo amante?

Mirto
Lísicles.

Cléon
Vive?

Mirto
Sim. Depois de andar errante
Numa tábua, à mercê das ondas, quis o céu
Que viesse encontrá-lo um barco do Pireu.
Pobre Lísicles! teve em tão cruenta lida
A dor da minha morte e a dor da própria vida.
Em vão interrogava o mar cioso e mudo.
Perdera, de uma vez, numa só noite, tudo,
A ventura, a esperança, o amor, e perdeu mais:
Naufragaram com ele os poucos cabedais.
Entrou em Samos pobre, inquieto, semimorto,
Um barqueiro, que a tempo atravessava o porto,
Disse-lhe que eu vivia, e contou-lhe a aventura
Da malfadada Mirto.

Cléon
É isso, a sorte escura
Voltou-se contra mim; não consente, não quer
Que eu me farte de amor no amor de uma mulher.
Vejo em cada paixão o fado que me oprime;
O amar é já sofrer a pena do meu crime.
Íxion foi mais audaz amando a deusa augusta;
Transpôs o obscuro lago e sofre a pena justa,
Mas eu não. Antes de ir às regiões infernais
São as graças comigo Eumênides fatais!

Mirto
Caprichos de poeta! Amor não falta às damas;
Damas, tem-las aqui; inspira-lhe essas chamas.

Cléon
Impõe-se leis ao mar? O coração é isto;
Ama o que lhe convém; convém amar a Egisto
Clitemnestra; convém a Cíntia Endimião;
É caprichoso e livre o mar do coração;
De outras sei que eu houvera em meus versos
[cantado;
Não lhes quero... não posso.

Mirto
Ai, triste enamorado.

Cléon
E tu zombas de mim!

Mirto
Eu zombar? Não; lamento
A tua acerba dor, o teu fatal tormento.
Não conheço eu também esse cruel penar?
Só dois remédios tens; esquecer, esperar.
De quanto almeja e quer o amor nem tudo alcança;
Contenta-se ao nascer co'as auras da esperança;
Vive da própria mágoa; a própria dor o alenta.

Cléon
Mas, se a vida é tão curta, a agonia é tão lenta!

Mirto
Não sabes esperar? Então cumpre esquecer.
Escolhe entre um e outro; é preciso escolher.

Cléon
Esquecer? sabes tu, Mirto, se a alma esquece
O prazer que a fulmina, e a dor que a fortalece?

Mirto
Tens na ausência e no tempo os velhos pais do
[olvido,
O bem não alcançado é como o bem perdido,
Pouco a pouco se esvai na mente e coração;
Põe o mar entre nós... dissipa-se a ilusão.

Cléon
Impossível!

Mirto
Então espera; algumas vezes
A fortuna transforma em glórias os reveses.

Cléon
Mirto, valem bem pouco as glórias já tardias.

Mirto
Um só dia de amor compensa estéreis dias.

Cléon
Compensará, mas quando? A mocidade em flor
Bem cedo morre, e é essa a que convém a amor.
Vejo cair no ocaso o sol da minha vida.

Mirto
Cabeça de poeta, exaltada e perdida!
Pensas estar no ocaso o sol que mal desponta?

CLÉON
A clepsidra do amor não conta as horas, conta
As ilusões; velhice é perdê-las assim;
Breve a noite abrirá seus véus por sobre mim.

MIRTO
Não hás de envelhecer; as ilusões contigo
Flores são que respeita Éolo brando e amigo.
Guarda-as, talvez um dia, e não tarde, as colhamos.

CLÉON
Se eu a Lesbos não vou.

MIRTO
             Podem colher-se em Samos.

CLÉON
Voltas breve?

MIRTO
    Não sei.

CLÉON
                  Oh! sim, deves voltar!

MIRTO
Tenho medo.

CLÉON
De quê?

MIRTO
            Tenho medo... do mar.

Cléon
Teu sepulcro já foi; o medo é justo; fica.
Lesbos é para ti mais formosa e mais rica.
Mas a pátria é o amor; o amor transmuda os ares.
Muda-se o coração? Mudam-se os nossos lares.
Da importuna memória o teu passado exclui;
Vida nova nos chama, outro céu nos influi.
Fica; eu disfarçarei com rosas este exílio;
A vida é um sonho mau: façamo-la um idílio.
Cantarei a teus pés a nossa mocidade.
A beleza que impõe, o amor que persuade,
Vênus que faz arder o fogo da paixão,
Teu olhar, doce luz que vem do coração.
Péricles não amou com tanto ardor a Aspásia,
Nem esse que morreu entre as pompas da Ásia,
A Laís siciliana. Aqui as Horas belas
Tecerão para ti vivíssimas capelas.
Nem morrerás; teu nome em meus versos há de ir,
Vencendo o tempo e a morte, aos séculos por vir.

Mirto
Tanto me queres tu!

Cléon
Imensamente. Anseio
Por sentir, bela Mirto, arfar teu brando seio,
Bater teu coração, tremer teu lábio puro,
Todo viver de ti.

Mirto
Confia no futuro.

CLÉON
Tão longe!

MIRTO
Não, bem perto.

CLÉON
Ah! que dizes?

MIRTO
Adeus?
(*passa junto da mesa da direita e vê o rolo de papiro*)
Curiosa que sou!

CLÉON
São versos.

MIRTO
Versos teus?

(*Lísias aparece ao fundo.*)

CLÉON
De Anacreonte, o velho, o amável, o divino.

MIRTO
A musa é toda iônia, e o verso é peregrino.
(*abre o papiro e lê*)
"Fez-se Níobe em pedra e Filomena em pássaro.
"Assim
"Folgaria eu também me transformasse Júpiter
"A mim.
"Quisera ser o espelho em que o teu rosto mágico
"Sorri;

A túnica feliz que sempre se está próxima
"De ti;
"O banho de cristal que esse teu corpo cândido
"Contém;
"O aroma de teu uso e donde eflúvios mágicos
"Provêm;
"Depois esse listão que de teu seio túrgido
"Faz dois;
"Depois do teu pescoço o rosicler de pérolas;
"Depois...
"Depois ao ver-te assim, única e tão sem êmulas
"Qual és,
"Até quisera ser teu calçado, e pisassem-me
"Teus pés."*
Que magníficos são!

CLÉON
Minha alma assim te fala.

MIRTO
Atendendo ao poeta eu pensava escutá-la.

CLÉON
Eco do meu sentir foi o velho amador;
Tais os desejos são do meu profundo amor.

---

* É do Sr. Antônio Feliciano de Castilho a tradução desta odezinha, que deu lugar à composição do meu quadro. Foi imediatamente à leitura da *Lírica de Anacreonte* que eu tive a idéia de pôr em ação a ode do poeta de Teos, tão portuguesamente saída das mãos do Sr. Castilho que mais parece original que tradução. A concha não vale a pérola; mas o delicado da pérola disfarçará o grosseiro da concha.

Sim, eu quisera ser tudo isto – o espelho, o banho,
O calçado, o colar... Desejo acaso estranho,
Louca ambição talvez de poeta exaltado...

     Mirto
Tanto sentes por mim?

Cena VI

   Cléon, Mirto, Lísias

    Lísias
   (*entrando*)
        Amor, nunca sonhado.
Se a musa dele és tu!

    Cléon
   Lísias!

    Mirto
      Ouviste?

    Lísias
          Ouvi
Versos que Anacreonte houvera feito a ti,
Se vivesses no tempo em que, pulsando a lira,
Estas odes compôs que a velha Grécia admira.
 (*a Cléon*)
Quer falar-te um sujeito, um Clínias, um colega,
Ex-mercador, como eu.

    Mirto
      Ai, que importuno!

LÍSIAS

                                                                                Alega
Que não pode esperar, que isto não pode ser,
Que um processo... Afinal não no pude entender.
Pode ser que contigo o homem se acomode.
Prometeste talvez compor-lhe alguma ode?

CLÉON

Não. Adeus, bela Mirto; espera-me um instante.

MIRTO

Não tardes!

LÍSIAS
(*à parte*)
Indiscreta!

CLÉON
        Espera.

LÍSIAS
(*à parte*)
                                      Petulante!

Cena VII

MIRTO, LÍSIAS

MIRTO

Sou curiosa. Quem é Clínias, ex-mercador?
Amigo dele?

LÍSIAS
Mais do que isso; é um credor.

MIRTO
Ah!

LÍSIAS
Que belo rapaz! que alma fogosa e pura,
Bem digna de aspirar-te um hausto de ventura!
Queira o céu pôr-lhe termo à profunda agonia,
Surja enfim para ele o sol de um novo dia.
Merece-o. Mas vê lá se há destino pior:
Quer o alado Mercúrio obstar o alado Amor.
Com beijos não se paga a pompa do vestido,
O espetáculo e a mesa; e se o gentil Cupido
Gosta de ouvir canções, o outro não vai com elas;
Vale uma dracma só vinte odezinhas belas.
Um poema não compra um simples borzeguim.
Versos! são bons de ler, mais nada; eu penso assim.

MIRTO
Pensas mal! A poesia é sempre um dom celeste;
Quando o gênio o possui quem há que o não
[requeste?
Hermes, com ser o deus dos graves mercadores,
Tocou lira também.

LÍSIAS
Já sei que estás de amores.

MIRTO
Que esperança! Bem vês que eu já não posso amar.

LÍSIAS
Perdeste o coração?

MIRTO
Sim; perdi-o no mar.

LÍSIAS
Pesquemo-lo; talvez essa pérola fina
Venha ornar-me a existência agourada e mofina.

MIRTO
Mofina?

LÍSIAS
Pois então? Enfaram-me estas belas
Da terra samiana; assaz vivi por elas.
Outras desejo amar, filhas do azul Egeu.
Varia de feições o Amor, como Proteu.

MIRTO
Seu caráter melhor foi sempre o ser constante.

LÍSIAS
Serei menos fiel, não sou menos amante.
Cada beleza em si toda a paixão resume.
Pouco me importa a flor; importa-me o perfume.

MIRTO
Mas quem quer o perfume afaga um pouco a flor;
Nem fere o objeto amado a mão que implora o amor.

LÍSIAS
Ofendo-te com isto? Esquece a minha ofensa.

MIRTO
Já esqueci; passou.

LÍSIAS
Quem fala como pensa
Arrisca-se a perder ou por sobra ou por míngua.
Eu confesso o meu mal; não sei tentear a língua.
Pois que me perdoaste, escuta-me. Tu tens
A graça das feições, o sumo bem dos bens;
Moça, trazes na fronte o doce beijo de Hebe
Como um filtro de amor que, sem sentir, se bebe,
De teus olhos destila a eterna juventude;
De teus olhos que um deus, por lhes dar mais
                                            [virtude,
Fez azuis como o céu, profundos como o mar.
Quem tais dotes reúne, ó Mirto, deve amar.

MIRTO
Falas como um poeta, e zombas da poesia!

LÍSIAS
Eu, poeta? jamais.

MIRTO
A tua fantasia
Respirou certamente o ar do monte Himeto.
Tem a expressão tão doce!

LÍSIAS
É a expressão do afeto.
Sou em coisas de Apolo um simples amador.
A minha grande musa é Vênus, mãe do amor.
No mais não aprendi (os fados meus adversos

Vedaram-mo!) a cantar bons e sentidos versos.
Cléon, esse é que sabe acender tantas almas,
Conquistar de um só lance os corações e as palmas.

MIRTO
Conquistar, oh! que não!

LÍSIAS
Mas agradar?

MIRTO
Talvez.

LÍSIAS
Isso mesmo; é já muito. O que o poeta fez
Fá-lo-ei jamais? Contudo, inda tentá-lo quero;
Se não me inspira a musa, alma filha de Homero,
Inspira-me o desejo, a musa que delira,
E o seu canto concerta aos sons da eterna lira.

MIRTO
Também desejas ser alguma coisa?

LÍSIAS
Não;
Eu caso o meu amor às regras da razão.
Cléon quisera ser o espelho em que teu rosto
Sorri; eu, bela Mirto, eu tenho melhor gosto.
Ser espelho! ser banho! e túnica! tolice!
Estéril ambição! loucura! criancice!
Por Vênus! sei melhor o que a mim me convém.
Homem sisudo e grave outros desejos tem.
Fiz, a este respeito, aprofundado estudo;

Eu não quero ser nada; eu quero dar-te tudo.
Escolhe o mais perfeito espelho de aço fino,
A túnica melhor de pano tarentino,
Vasos de óleo, um colar de pérolas, enfim
Quanto enfeita uma dama aceitá-lo-ás de mim.
Brincos que vão ornar-te a orelha graciosa;
Para os dedos o anel de pedra preciosa;
A tua fronte pede áureo, rico anadema;
Tê-lo-ás, divina Mirto. É este o meu poema.

Mirto

É lindo!

Lísias

Queres tu, outras estrofes mais?
Dar-tas-ei quais as teve a celebrada Laís.
Casa, rico jardim, servas de toda a parte;
E estátuas e painéis, e quantas obras d'arte
Podem servir de ornato ao templo da beleza,
Tudo haverás de mim. Nem gosto nem riqueza
Te há de faltar, mimosa, e só quero um penhor.
Quero... quero-te a ti.

Mirto

Pois quê! já quer a flor,
Quem desdenhando a flor, só lhe pede o perfume.

Lísias

Esqueceste o perdão?

Mirto

Ficou-me este azedume.

LÍSIAS
Vênus pode apagá-lo.

MIRTO
Eu sei, creio e não creio.

LÍSIAS
Hesitar é ceder: agrada-me o receio.
Em assunto de amor, vontade que flutua
Está prestes a entregar-se. Entregas-te?

MIRTO
Sou tua!

Cena VIII

LÍSIAS, MIRTO, CLÉON

CLÉON
Demorei-me demais?

LÍSIAS
Apenas o bastante
Para que fosse ouvido um coração amante.
A Lesbiana é minha.

CLÉON
És dele, Mirto!

MIRTO
Sim.
Eu ainda hesitava; ele falou por mim.

CLÉON
Quantos amores tens, filha do mal?

LÍSIAS
                                        Pressinto.
Uma lamentação inútil. "A Corinto
Não vai quem quer", lá diz aquele velho adágio.
Navegavas sem leme; era certo o naufrágio.
Não me viste sulcar as mesmas águas?

CLÉON
                                            Vi,
Mas contava com ela, e confiava em ti.
Mais duas ilusões! Que importa? Inda são poucas;
Desfaçam-se uma a uma estas quimeras loucas.
Ó árvore bendita, é minha juventude,
Vão-te as flores caindo ao vento áspero e rude!
Não vos maldigo, não; eu não maldigo o mar
Quando a nave soçobra; o erro é confiar.
Adeus, formosa Mirto; adeus, Lísias; não quero
Perturbar vosso amor, eu que já nada espero;
Eu que vou arrancar as profundas raízes
Desta paixão funesta; adeus, sede felizes!

LÍSIAS
Adeus! Saudemos nós a Vênus e a Lieu.

AMBOS
Io Pæ an! ó Baco! Himeneu! Himeneu!

TU SÓ, TU, PURO AMOR...

Comédia

Representada no Imperial Teatro de D. Pedro II, no dia 10 de junho de 1880.

PERSONAGENS

Camões
D. Antônio de Lima Caminha
D. Manuel de Portugal
D. Catarina de Ataíde
D. Francisca de Aragão

Lisboa – MDXLV

TU SÓ, TU, PURO AMOR...

COMÉDIA

Tu só, tu, puro amor, com força crua,
Que os corações humanos tanto obriga...
              (*Lusíadas*, 3, CXIX.)

ADVERTÊNCIA*

A composição que ora se reimprime foi escrita para as festas organizadas, nesta capital, pelo Gabinete Português de Leitura, no tricentenário de Camões, e representada no teatro de D. Pedro II. O desfecho dos amores palacianos de Camões e de D. Catarina de Ataíde é o objeto da comédia, desfecho que deu lugar à subseqüente aventura de África, e mais tarde à partida para a Índia, donde o poeta devia regressar um dia com a imortalidade nas mãos. Não pretendi fazer um quadro da corte de D. João III, nem sei se o permitiam as proporções mínimas do escrito e a urgência da ocasião. Busquei, sim, haver-me de maneira que o poeta fosse contemporâneo de seus amores, não lhe dando feições épicas, e, por assim dizer, póstumas.

Na *Revista Brasileira*, onde esta peçazinha primeiro viu a luz, escrevi uma nota, que reproduzo,

---

* Reproduz-se aqui o texto publicado na 1.ª edição em livro da peça, de 1881.

acrescentando-lhe alguma coisa explicativa. Como na cena primeira se trata da anedota que motivou o epigrama de Camões ao duque de Aveiro, disse eu ali que, posto se lhe não possa fixar data, usara dela por me parecer um curioso rasgo de costumes. E aduzi: "Engana-se, creio eu, o Sr. Teófilo Braga, quando afirma que ela só podia ter ocorrido depois do regresso de Camões a Lisboa, alegando, para fundamentar essa opinião, que o título de duque de Aveiro foi criado em 1557. Digo que se engana o ilustre escritor, porque eu encontro o duque de Aveiro, cinco anos antes, em 1552, indo receber, na qualidade de embaixador, a princesa D. Joana, noiva do príncipe D. João (veja MEM. e DOC., anexos aos ANAIS DE DOM JOÃO III, págs. 440 e 441); e, se Camões só em 1553 partiu para a Índia, não é impossível que o epigrama e o caso que lhe deu origem fossem anteriores."

Temos ambos razão, o Sr. Teófilo Braga e eu. Com efeito, o ducado de Aveiro só foi criado formalmente em 1557, mas o agraciado usava o título desde muito antes, por mercê de D. João III; é o que confirma a própria carta régia de 30 de agosto daquele ano, textualmente inserta na HIST. GENEAL. de D. Antônio Caetano de Souza, que cita em abono da asserção o testemunho de Andrade, na CRÔNICA D'EL REI DOM JOÃO III. Naquela mesma obra se lê (*liv. IV, cap. V*) que em 1551, na trasladação dos ossos d'el-rei D. Manuel estivera presente o duque de Aveiro. Não é pois impossível que a anedota ocorresse antes da primeira ausência de Camões.

Machado de Assis

TU SÓ, TU, PURO AMOR...

(*Sala do paço.*)

Cena I

CAMINHA, D. MANUEL DE PORTUGAL
(*Caminha vem do fundo, à esquerda; vai a
entrar pela porta da direita, quando lhe sai D.
Manuel de Portugal, a rir.*)

CAMINHA
Alegre vindes, senhor D. Manuel de Portugal.
Disse-vos El-rei alguma coisa graciosa, decerto...

D. MANUEL
Não; não foi El-rei. Adivinhai o que seria, se é
que o não sabeis já.

CAMINHA
Que foi?

D. Manuel
Sabeis o caso da galinha do duque de Aveiro?

Caminha
Não.

D. Manuel
Não sabeis? – Pois é isto; uns versos mui galantes do nosso Camões. (*Caminha estremece e faz um gesto de má vontade*) Uns versos como ele os sabe fazer. (*à parte*) Dói-lhe a notícia. (*alto*) Mas, deveras, não sabeis do encontro de Camões com o duque de Aveiro?

Caminha
Não.

D. Manuel
Foi o próprio duque que mo contou agora mesmo, ao vir de estar com El-rei...

Caminha
Que houve então?

D. Manuel
Eu vo-lo digo; achavam-se ontem, na igreja do Amparo, o duque e o poeta...

Caminha
(*com enfado*)
O poeta! o poeta! Não é mais que engenhar aí uns pecos versos, para ser logo poeta! Desperdiçais o vosso entusiasmo, senhor D. Manuel. Poeta é o nosso Sá, o meu grande Sá! Mas, esse arruador, esse brigão de horas mortas...

D. Manuel
Parece-vos então?...

Caminha
Que esse moço tem algum engenho, muito menos do que lhe diz a presunção dele e a cegueira dos amigos; algum engenho não lhe nego eu. Faz sonetos sofríveis. E canções... digo-vos que li uma ou duas, não de todo mal alinhavadas. Pois então? Com boa vontade, mais esforço, menos soberba, gastando as noites, não a folgar pelas locandas de Lisboa, mas a meditar os poetas italianos, digo-vos que pode vir a ser...

D. Manuel
Acabai.

Caminha
Está acabado: um poeta sofrível.

D. Manuel
Deveras? Lembra-me que já isso mesmo lhe negastes.

Caminha
(*sorrindo*)
No meu epigrama, não? E nego-lho ainda agora, se não fizer o que vos digo. Pareceu-vos gracioso o epigrama? Fi-lo por desenfado, não por ódio... Dizei, que tal vos pareceu ele?

D. Manuel
Injusto, mas gracioso.

CAMINHA
Sim? Tenho em mui boa conta o vosso parecer. Algum tempo supus que me desdenháveis. Não era impossível que assim fosse. Intrigas da corte dão azo a muita injustiça; mas principalmente acreditei que fossem artes desse rixoso... Juro-vos que ele me tem ódio.

D. MANUEL
O Camões?

CAMINHA
Tem, tem...

D. MANUEL
Por quê?

CAMINHA
Não sei, mas tem. Adeus.

D. MANUEL
Ide-vos?

CAMINHA
Vou a El-rei, e depois ao meu senhor infante. (*corteja-o e dirige-se para a porta da direita. D. Manuel dirige-se para o fundo*)

D. MANUEL
(*andando*)

Eu já vi a taverneiro
Vender vaca por carneiro...

CAMINHA
(*volta-se*)

Recitais versos?... São vossos?... Não me negueis o gosto de vos ouvir.

D. MANUEL

Meus não; são de Camões... (*repete-os descendo a cena*)

> Eu já vi a taverneiro
> Vender vaca por carneiro...

CAMINHA
(*sarcástico*)

De Camões?... Galantes são. Nem Virgílio os faria melhores. Ora, fazei o favor de repetir comigo:

> Eu já vi a taverneiro
> Vender vaca por carneiro...

E depois? Vá, dizei-me o resto, que não quero perder iguaria de tão fino sabor.

D. MANUEL

O duque de Aveiro e o poeta encontraram-se ontem na igreja do Amparo. O duque prometeu ao poeta mandar-lhe uma galinha da sua mesa; mas só lhe mandou um assado. Camões retorquiu-lhe com estes versos, que o próprio duque me mostrou agora, a rir:

> Eu já vi a taverneiro,
> Vender vaca por carneiro;
> Mas não vi, por vida minha,

> Vender vaca por galinha,
> Senão ao duque de Aveiro.

Confessai, confessai, Sr. Caminha, vós que sois poeta, confessai que há aí certo pico, e uma simpleza de dizer... Não vale tanto decerto como os sonetos dele, alguns dos quais são sublimes, aquele, por exemplo:

> De amor escrevo, de amor trato e vivo...

ou este:

> Tanto do meu estado me acho incerto...

Sabeis a continuação?

CAMINHA
Até lhe sei o fim:

Se me pergunta alguém por que assim ando
Respondo que não sei, porém suspeito
Que só porque vos vi, minha senhora.

(*fitando-lhe muito os olhos*) Esta senhora... Sabeis vós, decerto, quem é esta senhora do poeta como eu o sei, como o sabem todos... Naturalmente amam-se ainda muito?...

D. MANUEL
(*à parte*)
Que quererá ele?

CAMINHA
Amam-se por força.

D. MANUEL
Cuido que não.

CAMINHA
Que não?

D. MANUEL
Acabou como tudo acaba.

CAMINHA
(*sorrindo*)
Andai lá; não sei se me dizeis tudo. Amigo sois, e não é impossível que também vós... Onde está a nossa gentil senhora D. Francisca de Aragão?

D. MANUEL
Que tem?

CAMINHA
Vede: um simples nome vos faz estremecer de cólera. Mas, abrandai a cólera, que não sou vosso inimigo; mui ao contrário; amo-vos, e a ela também... e respeito-a muito. Um para o outro nascestes. Mas, adeus, faz-se tarde, vou ter com El-rei. (*sai pela direita*)

Cena II

D. MANUEL DE PORTUGAL
Este homem! Este homem!... Como se os versos dele, duros e insossos... (*vai à porta por onde Caminha saiu, e levanta o reposteiro*) Lá vai ele; vai cabis-

baixo; rumina talvez alguma coisa. Que não sejam versos! (*ao fundo aparecem D. Antônio de Lima e D. Catarina de Ataíde*)

Cena III

D. Manuel de Portugal, D. Catarina de Ataíde, D. Antônio de Lima

D. Antônio de Lima
Que espreitais aí, senhor D. Manuel?

D. Manuel
Estava a ver o porte elegante do nosso Caminha. Não vades supor que era alguma dama. (*levanta o reposteiro*) Olhai, lá vai ele a desaparecer. Vai a El-rei.

D. Antônio
Também eu. Tu, não, minha boa Catarina. A rainha espera-vos. (*D. Catarina faz uma reverência e caminha para a porta da esquerda*) Ide, ide, minha gentil flor... (*a D. Manuel*) Gentil, não a achais?

D. Manuel
Gentilíssima.

D. Antônio
Agradecei, Catarina.

D. Catarina
Agradeço; mas o certo é que o senhor D. Manuel é rico de louvores...

D. Manuel

Eu podia dizer que a natureza é que foi convosco pródiga de graças; mas, não digo; seria repetir mal aquilo que só poetas podem dizer bem. (*D. Antônio fecha o rosto*) Dizem que também sou poeta, é verdade; não sei; faço versos. Adeus, senhor D. Antônio... (*corteja-os e sai. D. Catarina vai a entrar, à esquerda. D. Antônio detém-na*)

Cena IV

D. Antônio de Lima, D. Catarina de Ataíde

D. Antônio

Ouviste aquilo?

D. Catarina
(*parando*)

Aquilo?

D. Antônio

"Que só poetas podem dizer bem" foram as palavras dele. (*D. Catarina aproxima-se*) Vês tu, filha? Tão divulgadas andam já essas coisas, que até se dizem nas barbas de teu pai!

D. Catarina

Senhor, um gracejo...

D. Antônio
(*enfadando-se*)

Um gracejo injurioso, que eu não consinto, que não quero, que me dói... Que só poetas podem dizer bem! E que poeta! Pergunta ao nosso Caminha o que é esse atrevido, o que vale a sua poesia... Mas, que seja outra e melhor, não a quero para mim, nem para ti. Não te criei para entregar-te às mãos do primeiro que passa, e lhe dá na cabeça haver-te.

D. Catarina
(*procurando moderá-lo*)
Meu pai...

D. Antônio
Teu pai, e teu senhor!

D. Catarina
Meu senhor e pai... juro-vos que... juro-vos que vos quero e muito... Por quem sois, não vos irriteis contra mim!

D. Antônio
Jura que me obedecerás.

D. Catarina
Não é essa a minha obrigação?

D. Antônio
Obrigação é, e a mais grave de todas. Olha-me bem, filha; eu amo-te como pai que sou. Agora, anda, vai.

Cena V

D. Antônio de Lima, D. Catarina de Ataíde,
D. Francisca de Aragão

D. ANTÔNIO

Mas não, não vás sem falar à senhora D. Francisca de Aragão, que aí nos aparece, fresca como a rosa que desabotoou agora mesmo, ou como dizia a farsa do nosso Gil Vicente, que eu ouvi há tantos anos, por tempo do nosso sereníssimo senhor D. Manuel... Velho estou, minha formosa dama...

D. FRANCISCA

E que dizia a farsa?

D. ANTÔNIO

A farsa dizia:

> É bonita como estrela,
> Uma rosinha de abril,
> Uma frescura de maio,
> Tão manhosa, tão sutil!

Vede que a farsa adivinhava já a nossa D. Francisca de Aragão, uma frescura de maio, tão manhosa, tão sutil...

D. FRANCISCA

Manhosa, eu?

D. ANTÔNIO

E sutil. Não vos esqueça a rima, que é de lei. (*vai a sair pela porta da direita; aparece Camões*)

Cena VI

Os mesmos, CAMÕES

D. Catarina
(à parte)
Ele!

D. Francisca
(baixo a D. Catarina)
Sossegai!

D. Antônio
Vinde cá, senhor poeta das galinhas. Já me chegou aos ouvidos o vosso lindo epigrama. Lindo, sim; e estou que não vos custaria mais tempo a fazê-lo do que eu a dizer-vos que me divertiu muito... E o duque? O duque, ainda não emendou a mão? Há de emendar, que não é nenhum mesquinho.

Camões
(alegremente)
Pois El-rei deseja o contrário...

D. Antônio
Ah! Sua Alteza falou-vos disso?... Contar-mo-eis em tempo. (a D. Catarina, com intenção) Minha filha e senhora, não ides ter com a rainha? Eu vou falar a El-rei. (D. Catarina corteja-os e dirige-se para a esquerda; D. Antônio sai pela direita)

Cena VII

Os mesmos, menos D. Antônio de Lima

(D. Catarina quer sair, D. Francisca de Aragão detém-na.)

D. Francisca

Ficai, ficai...

D. Catarina

Deixai-me ir!

Camões

Fugis de mim?

D. Catarina

Fujo... Assim o querem todos.

Camões

Todos! todos quem?

D. Francisca
(*indo a Camões*)

Sossegai. Tendes, na verdade, um gênio, uns espíritos... Que há de ser? Corre a mais e mais a notícia dos vossos amores... e o senhor D. Antônio, que é pai, e pai severo...

Camões
(*vivamente, a D. Catarina*)

Ameaça-vos?

D. Catarina

Não; dá-me conselhos... bons conselhos, meu Luís. Não vos quer mal, não quer... Vamos lá; eu é que sou desatinada. Mas, passou. Dizei-nos lá esses versos de que faláveis há pouco. Um epigrama, não é? Há de ser tão bonito como os outros... menos um.

CAMÕES
Um?

D. CATARINA
Sim, o que fizestes a D. Guiomar de Blasfé.

CAMÕES
(*com desdém*)
Que monta? Bem frouxos versos.

D. FRANCISCA
Não tanto; mas eram feitos a D. Guiomar, e os piores versos deste mundo são os que se fazem a outras damas. (*a D. Catarina*) Acertei? (*a Camões*) Ora, andai, vou deixar-vos; dizei o caso de vosso epigrama, não a mim, que já o sei de cor, porém a ela que ainda não sabe nada... E que foi que vos disse El-rei?

CAMÕES
El-rei viu-me, e dignou-se chamar-me; fitou-me um pouco a sua real vista, e disse com brandura: – "Tomara eu, senhor poeta, que todos os duques vos faltem com galinhas, porque assim nos alegrareis com versos tão chistosos."

D. FRANCISCA
Disse-vos isto? É um grande espírito El-rei!

D. CATARINA
(*a D. Francisca*)
Não é? (*a Camões*) E vós que lhe dissestes?

CAMÕES

Eu? nada... ou quase nada. Era tão inopinado o louvor que me tomou a fala. E, contudo, se eu pudesse responder agora... agora que recobrei os espíritos... dir-lhe-ia que há aqui (*leva a mão à fronte*), alguma coisa mais do que simples versos de desenfado... dir-lhe-ia que... (*fica absorto um instante, depois olha alternadamente para as duas damas, entre as quais se acha*) Um sonho... Às vezes cuido conter cá dentro mais do que a minha vida e o meu século... Sonhos... sonhos! A realidade é que vós sois as duas mais lindas damas da cristandade, e que o amor é a alma do universo!

D. FRANCISCA

O amor e a espada, senhor brigão!

CAMÕES
(*alegremente*)

Por que não me dais logo as alcunhas que me hão de ter posto os poltrões do Rocio? Vingam-se com isso, que é a desforra da poltroneria... Não sabeis? Naturalmente não; vós gastais as horas nos lavores e recreios do paço; mora aqui a doce paz de espírito...

D. CATARINA
(*com intenção*)

Nem sempre.

D. FRANCISCA
(*a Camões, sorrindo*)

Isso é convosco; e eu, que posso ser indiscreta,

não me detenho a ouvir mais nada. (*dá alguns passos para o fundo*)

D. Catarina

Vinde cá...

D. Francisca

Vou-me... vou a consolar o nosso Caminha, que há de estar um pouco enfadado... Ouviu ele o que El-rei vos disse?

Camões

Ouviu; que tem?

D. Francisca

Não ouviria de boa sombra.

Camões

Pode ser que não... dizem-me que não. (*a D. Catarina*) Pareceis inquieta...

D. Catarina
(*a D. Francisca*)
Não vades, não vades; ficai um instante.

Camões
(*a D. Francisca*)
Irei eu.

D. Francisca
Não, senhor; irei eu só. (*sai pelo fundo*)

Cena VIII

CAMÕES, D. CATARINA DE ATAÍDE

CAMÕES
(*com uma reverência*)
Irei eu. Adeus, minha senhora D. Catarina de Ataíde! (*D. Catarina dá um passo para ele*) Mantenha-vos Deus na sua santa guarda.

D. CATARINA
Não... vinde cá... (*Camões detém-se*) Enfadei-vos? Vinde um pouco mais perto. (*Camões aproxima-se*) Que vos fiz eu? Duvidais de mim?

CAMÕES
Cuido que me queríeis ausente.

D. CATARINA
Luís! (*inquieta*) Vede esta sala, estas paredes... falarmos a sós... Duvidais de mim?

CAMÕES
Não duvido de vós; não duvido da vossa ternura; da vossa firmeza é que eu duvido.

D. CATARINA
Receais que fraqueie algum dia?

CAMÕES
Receio; chorareis muitas lágrimas, muitas e amargas... mas, cuido que fraqueareis.

D. Catarina

Luís! juro-vos...

Camões

Perdoai, se vos ofende esta palavra. Ela é sincera; subiu-me do coração à boca. Não posso guardar a verdade; perder-me-ei algum dia por dizê-la sem rebuço. Assim me fez a natureza, assim irei à sepultura.

D. Catarina

Não, não fraquearei, juro-vos. Amo-vos muito, bem o sabeis. Posso chegar a afrontar tudo, até a cólera de meu pai. Vede lá, estamos a sós; se nos vira alguém... (*Camões dá um passo para sair*) Não, vinde cá. Mas, se nos vira alguém, defronte um do outro, no meio de uma sala deserta, que pensaria? Não sei que pensaria; tinha medo há pouco; já não tenho medo... amor sim... O que eu tenho é amor, meu Luís.

Camões

Minha boa Catarina.

D. Catarina

Não me chameis boa, que eu não sei se o sou... Nem boa, nem má.

Camões

Divina sois!

D. Catarina

Não me deis nomes que são sacrilégios.

Camões

Que outro vos cabe?

D. CATARINA
Nenhum.

CAMÕES
Nenhum? Simplesmente a minha doce e formosa senhora D. Catarina de Ataíde, uma ninfa do paço, que se lembrou de amar um triste escudeiro, sem reparar que seu pai a guarda para algum solar opulento, algum grande cargo de camareira-mor. Tudo isso havereis, enquanto que o coitado de Camões irá morrer em África ou Ásia.

D. CATARINA
Teimoso sois! Sempre essas idéias de África.

CAMÕES
Ou Ásia. Que tem isso? Digo-vos que, às vezes, a dormir, imagino lá estar, longe dos galanteios da corte, armado em guerra, diante do gentio. Imaginai agora...

D. CATARINA
Não imagino nada; vós sois meu, tão só meu, tão somente meu. Que me importa o gentio, ou o turco, ou que quer que é, que não sei, nem quero? Tinha que ver, se me deixáveis, para ir às vossas Áfricas... E os meus sonetos? Quem mos havia de fazer, meu rico poeta?

CAMÕES
Não faltará quem vo-los faça, e da maior perfeição.

D. Catarina

Pode ser; mas eu quero-os ruins, como os vossos... como aquele da Circe, o meu retrato, dissestes vós.

Camões

(*recitando*)

Um mover de olhos, brando e piedoso,
Sem ver de quê; um riso brando e honesto,
Quase forçado; um doce e humilde gesto
De qualquer alegria duvidoso...

D. Catarina

Não acabeis, que me obrigaríeis a fugir de vexada.

Camões

De vexada! Quando é que a rosa se vexou, porque o sol a beijou de longe?

D. Catarina

Bem respondido, meu caro sol.

Camões

Deixai-me repetir que sois divina. Natércia minha, pode a sorte separar-nos, ou a morte de um ou de outro; mas o amor subsiste, longe ou perto, na morte ou na vida, no mais baixo estado, ou no cimo das grandezas humanas, não é assim? Deixai-me crê-lo, ao menos; deixai-me crer que há um vínculo secreto e forte, que nem os homens, nem a própria natureza poderia já destruir. Deixai-me crer... Não me ouvis?

D. CATARINA
(*enlevada*)
Ouço, ouço.

CAMÕES
Crer que a última palavra de vossos lábios será o meu nome. Será?... Tenha eu esta fé, e não se me dará da adversidade; sentir-me-ei afortunado e grande. Grande, ouvis bem? Maior que todos os demais homens.

D. CATARINA
Acabai!

CAMÕES
Que mais?

D. CATARINA
Não sei; mas é tão doce ouvir-vos! Acabai, acabai, meu poeta! Ou antes, não, não acabeis; falai sempre, deixai-me ficar perpetuamente a escutar-vos.

CAMÕES
Ai de nós! A perpetuidade é um simples instante, um instante em que nos deixam sós nesta sala! (*D. Catarina afasta-se rapidamente*) Olhai; só a idéia do perigo vos arredou de mim.

D. CATARINA
Na verdade, se nos vissem... Se alguém aí, por esses reposteiros... Adeus...

CAMÕES
Medrosa, eterna medrosa!

D. Catarina

Pode ser que sim; mas não está isso mesmo no meu retrato?

Um encolhido ousar, uma brandura,
Um medo sem ter culpa; um ar sereno,
Um longo e obediente sofrimento...

Camões

Esta foi a celeste formosura
Da minha Circe, e o mágico veneno
Que pôde transformar meu pensamento.

D. Catarina
(*indo a ele*)

Pois então? A vossa Circe manda-vos que não duvideis dela, que lhe perdoeis os medos, tão próprios do lugar e da condição; manda-vos crer e amar. Se ela às vezes foge, é porque a espreitam; se vos não responde, é porque outros ouvidos poderiam escutá-la. Entendeis? É o que vos manda dizer a vossa Circe, meu poeta... e agora... (*estende-lhe a mão*) Adeus!

Camões

Ide-vos?

D. Catarina

A rainha espera-me. Audazes fomos, Luís. Não desafiemos o paço... que esses reposteiros...

Camões

Deixai-me ir ver!

D. CATARINA
(*detendo-o*)
Não, não. Separemo-nos.

CAMÕES
Adeus! (*D. Catarina dirige-se para a porta da esquerda; Camões olha para a porta da direita*)

D. CATARINA
Andai, andai!

CAMÕES
Um instante ainda!

D. CATARINA
Imprudente! Por quem sois, ide-vos, meu Luís!

CAMÕES
A rainha espera-vos?

D. CATARINA
Espera.

CAMÕES
Tão raro é ver-vos!

D. CATARINA
Não afrontemos o céu... podem dar conosco...

CAMÕES
Que venham! Tomara eu que nos vissem! Bradaria a todos o meu amor, e à fé que o faria respeitar!

D. Catarina
(*aflita, pegando-lhe na mão*)
Reparai, meu Luís, reparai; onde estais, quem eu sou, o que são estas paredes... domai esse gênio arrebatado. Peço-vo-lo eu. Ide-vos em boa paz, sim?

Camões
Viva a minha corça gentil, a minha tímida corça! Ora vos juro que me vou, e de corrida. Adeus!

D. Catarina
Adeus!

Camões
(*com a mão dela presa*)
Adeus!

D. Catarina
Ide... deixai-me ir!

Camões
Hoje há luar; se virdes um embuçado diante das vossas janelas, quedado a olhar para cima, desconfiai que sou eu; e então, já não é sol a beijar de longe uma rosa, é o goivo que pede calor a uma estrela.

D. Catarina
Cautela, não vos reconheçam.

Camões
Cautela haverei; mas que me reconheçam, que tem isso? Embargarei a palavra ao importuno.

D. Catarina

Sossegai. Adeus!

Camões

Adeus! (*D. Catarina dirige-se para a porta da esquerda, e pára diante dela, à espera que Camões saia. Camões corteja-a com um gesto gracioso, e dirige-se para o fundo. – Levanta-se o reposteiro da porta da direita, e aparece Caminha. – D. Catarina dá um pequeno grito, e sai precipitadamente. – Camões detém-se. Os dois homens olham-se por um instante*)

Cena IX

Camões, Caminha

Caminha
(*entrando*)
Discreteáveis com alguém ao que parece...

Camões

É verdade.

Caminha

Ouvi de longe a vossa fala, e reconheci-a. Vi logo que era o nosso poeta, de quem tratava há pouco com alguns fidalgos. Sois o bem amado, entre os últimos de Coimbra. – Com quem discreteáveis... Com alguma dama?

Camões

Com uma dama.

CAMINHA

Certamente formosa, que não as há de outra casta nestes reais paços. Sua alteza, cuido que continuará, e ainda em bem, algumas boas tradições de El-rei seu pai. Damas formosas, e, quanto possível, letradas. São estes, dizem, os bons costumes italianos. E vós, senhor Camões, por que não ides à Itália?

CAMÕES

Irei à Itália, mas passando por África.

CAMINHA

Ah! ah! para lá deixar primeiro um braço, uma perna, ou um olho... Não, poupai os olhos, que são o feitiço dessas damas da corte; poupai também a mão, com que nos haveis de escrever tão lindos versos; isto vos digo que poupeis...

CAMÕES

Uma palavra, Sr. Pedro de Andrade, uma só palavra, mas sincera.

CAMINHA

Dizei.

CAMÕES

Dissimulais algum outro pensamento. Revelai-mo... intimo-vos que me reveleis.

CAMINHA

Ide à Itália, Sr. Camões, ide à Itália.

CAMÕES
Não resistireis muito tempo ao que vos mando.

CAMINHA
Ou à África, se o quereis... ou à Babilônia... à Babilônia é melhor; levai a harpa ao desterro, mas em vez de a pendurar de um salgueiro, como na Escritura, cantar-nos-eis a linda copla da galinha, ou comporeis umas outras voltas ao mote, que já vos serviu tão bem!

> Perdigão perdeu a pena,
> Não há mal que lhe não venha.

Ide à Babilônia, Sr. Perdigão!

CAMÕES
(*pegando-lhe no pulso*)
Por vida minha, calai-vos!

CAMINHA
Vede o lugar em que estais.

CAMÕES
(*solta-o*)
Vejo; vejo também quem sois; só não vejo o que odiais em mim.

CAMINHA
Nada.

CAMÕES
Nada?

Caminha
Coisa nenhuma.

Camões
Mentis pela gorja, senhor camareiro.

Caminha
Minto? Vede lá; ia-me deixando arrebatar, ia conspurcando com alguma vilania esta sala de El-rei. Retraí-me a tempo. Menti, dizeis vós? – Pode ser que sim, porque eu creio que efetivamente vos odeio, mas só há um instante, depois que me pagastes com uma injúria o aviso que vos dei.

Camões
Um aviso?

Caminha
Nada menos. Queria eu dizer-vos que as paredes do paço nem são mudas, nem sempre são caladas.

Camões
Não serão; mas eu as farei caladas.

Caminha
Pode ser. Essa dama era...

Camões
Não reparei bem...

Caminha
Fizestes mal; é prudência reparar nas damas; prudência e cortesia. Com quê, ides à África? Lá es-

tão os nossos em Mazagão, cometendo façanhas contra essa canalha de Mafamede; imitai-os. Vede, não deixes lá esse braço, com que nos haveis de calar as paredes e os reposteiros. É conselho de amigo.

CAMÕES
Por que seríeis meu amigo?

CAMINHA
Não digo que o seja; o conselho é que o é.

CAMÕES
Credes, então...?

CAMINHA
Que poupareis uma grande dor e um maior escândalo.

CAMÕES
Percebo-vos. Imaginais que amo alguma dama? Suponhamos que sim. Qual é o meu delito? Em que ordenação, em que escrito, em que bula, em que escritura, divina ou humana, foi já dado como delito amarem-se duas criaturas?

CAMINHA
Deixai a corte.

CAMÕES
Digo-vos que não.

CAMINHA
Oxalá que não!

CAMÕES
(à parte)
Este homem... que há neste homem? lealdade ou perfídia? (alto) Adeus, Sr. Caminha. (pára no meio da cena) Por que não tratamos de versos?... Fora muito melhor...

CAMINHA
Adeus, Sr. Camões. (Camões sai)

Cena X

CAMINHA, logo D. CATARINA DE ATAÍDE

CAMINHA
Ide, ide, magro poeta de camarins... (desce ao proscênio) Era ela, decerto, era ela que aí estava com ele, no meio do paço, esquecidos de El-rei e de todos... Oh temeridade do amor! Do amor? ele... ele... Mas seria ela deveras?... Que outra podia ser?

D. CATARINA
(espreita e entra)
Senhor... senhor!...

CAMINHA
Ela!

D. CATARINA
Ouvi tudo... tudo o que lhe dissestes... e peço-vos que não nos façais mal. Sois amigo de meu pai, ele é vosso amigo; não lhe digais nada. Fui impruden-

te, fui, mas que quereis? (*vendo que Caminha não diz nada*) Então? falai... poderei contar convosco?

CAMINHA

Comigo? (*D. Catarina, inquieta e aflita, pega-lhe na mão; ele retira-lha com aspereza*) Contar comigo! Para quê, minha senhora D. Catarina? Amais um mancebo digno, por que vós o amais... muito, não?

D. CATARINA

Muito!

CAMINHA

Muito! Muito, dizeis... E éreis vós que estáveis aqui, com ele, nesta sala solitária, juntos um do outro, a falarem naturalmente do céu e da terra... ou só do céu, que é a terra dos namorados. Que dizíeis?...

D. CATARINA
(*baixando os olhos*)

Senhor...

CAMINHA

Galanteios, galanteios, de que se há de falar lá fora... (*gesto de D. Catarina*) Ah! Cuidais que estes amores nascem e morrem no paço? – Não; passam além; descem à rua, são o mantimento dos ociosos, e ainda dos que trabalham, porque, ao serão, principalmente nas noites de inverno, em que se há de ocupar a gente, depois de fazer as suas orações? Com quê, éreis vós? Pois digo-vos que o não sabia; suspeitava, porque não podia talvez ser outra... E confessais que lhe quereis muito. Muito?

D. Catarina
Pode ser fraqueza; mas crime... onde está o crime?

Caminha
O crime está em desonrar as cãs de um nobre homem, arrastando-lhe o nome por vielas e praças; o crime está em escandalizar a corte com essas ternuras, impróprias do alto cargo que exerceis, do vosso sexo e estado... esse é o crime. E parece-vos pequeno?

D. Catarina
Bem; desculpai-me, não direis nada...

Caminha
Não sei.

D. Catarina
Peço-vo-lo... de joelhos até... (*faz um gesto para ajoelhar-se, ele impede-lho*)

Caminha
Perdereis o tempo; eu sou amigo de vosso pai.

D. Catarina
Contar-lhe-eis tudo?

Caminha
Talvez.

D. Catarina
Bem mo diziam sempre; sois inimigo de Camões.

CAMINHA

E sou.

D. CATARINA

Que vos fez ele?

CAMINHA

Que me fez? (*pausa*) D. Catarina de Ataíde, quereis saber o que me fez o vosso Camões? Não é só a sua soberba que me afronta; fosse só isso, e que me importava um frouxo cerzidor de palavras, sem arte, nem conceito?

D. CATARINA

Acabai...

CAMINHA

Também não é porque ele vos ama, que eu o odeio; mas vós, senhora D. Catarina de Ataíde, vós o amais... eis o crime de Camões. Entendeis?

D. CATARINA

(*depois de um instante de assombro*)
Não quero entender.

CAMINHA

Sim, que também eu vos quero, ouvis? – E quero-vos muito... mais do que ele, e melhor do que ele; porque o meu amor tem o impulso do ódio, nutre-se do silêncio, o desdém o avigora, e não faço alarde nem escândalo; é um amor...

D. Catarina
Calai-vos! Pela Virgem, calai-vos!

Caminha
Que me cale? Obedecerei. (*faz uma reverência*) Mandais alguma outra coisa?

D. Catarina
Não, ficai. Jurai-me que não direis coisa nenhuma...

Caminha
Depois da confissão que vos fiz, esse pedido chega a ser mofa. Que não diga nada? Direi tudo, revelarei tudo a vosso pai. Não sei se a ação é má ou boa; sei que vos amo, e que detesto esse rufião, a quem vadios deram foros de letrado.

D. Catarina
Senhor! É demais...

Caminha
Defendei-o, não é assim?

D. Catarina
Odiai-o, se vos apraz; insultá-lo, é que não é de cavaleiro...

Caminha
Que tem? O amor desprezado sangra e fere.

D. Catarina
Deixai que lhe chame um amor vilão.

CAMINHA
Sois vós agora que me injuriais. Adeus, senhora D. Catarina de Ataíde! (*dirige-se para o fundo*)

D. CATARINA
(*tomando-lhe o passo*)
Não! Agora não vos peço... intimo-vos que vos caleis.

CAMINHA
Que recompensa me dais?

D. CATARINA
A vossa consciência.

CAMINHA
Deixai em paz os que dormem. Não vos peço nada. Quereis que vos prometa alguma coisa? Uma só coisa prometo: não contar a vosso pai o que se passou. Mas, se por denúncia ou desconfiança, for interrogado por ele, então lhe direi tudo. E duas vezes farei bem: – não faltarei à verdade, que é dever de cavaleiro; e depois... chorareis lágrimas de sangue; e eu prefiro ver-vos chorar a ver-vos sorrir. A vossa angústia será a minha consolação. Onde falecerdes de pura saudade, aí me glorificarei eu. Chamai-me agora perverso, se o quereis, eu respondo que vos amo... e que não tenho outra virtude. (*vai a sair, encontra-se com D. Francisca de Aragão; corteja-a e sai*)

Cena XI

D. Catarina de Ataíde, D. Francisca de Aragão

D. Francisca
Vai afrontado o nosso poeta. Que terá ele? (*reparando em D. Catarina*) Que tendes vós?... que foi?

D. Catarina
Tudo sabe.

D. Francisca
Quem?

D. Catarina
Esse homem. Achou-nos nesta sala; eu tive medo; disse-lhe tudo.

D. Francisca
Imprudente!

D. Catarina
Duas vezes imprudente; deixei-me estar ao lado do meu Luís, a ouvir-lhe as palavras tão nobres, tão apaixonadas... e o tempo corria... e podiam espreitar-nos... Credes que o Caminha diga alguma coisa a meu pai?

D. Francisca
Talvez não.

D. Catarina
Quem sabe? Ele ama-me.

D. Francisca
O Caminha?

D. Catarina
Disse-mo agora. Que admira? Acha-me formosa, como os outros. Triste dom é esse. Sou formosa para não ser feliz, para ser amada às ocultas, odiada às escâncaras e, talvez... Se meu pai vier a saber... que fará ele, amiga minha?

D. Francisca
O senhor D. Antônio é tão severo!

D. Catarina
Irá ter com El-rei, pedir-lhe-á que o castigue, que o encarcere, não? E por minha causa... Não; primeiro irei eu... (*dirige-se para a porta da direita*)

D. Francisca
Onde ides?

D. Catarina
Vou falar a El-rei... Ou, não... (*encaminha-se para a porta da esquerda*) Vou ter com a rainha; contar-lhe-ei tudo; ela me amparará. Credes que não?

D. Francisca
Creio que sim.

D. Catarina
Irei, ajoelhar-me-ei a seus pés. Ela é rainha, mas é também mulher... e ama-me. (*sai pela esquerda*)

Cena XII

D. Francisca de Aragão, D. Antônio de Lima, *depois*
D. Manuel de Portugal

D. Francisca
(*depois de um instante de reflexão*)
Talvez chegue cedo demais. (*dá um passo para a porta da esquerda*) Não; melhor é que lhe fale... mas, se se aventa a notícia? Meu Deus, não sei... não sei... Ouço passos... (*entra D. Antônio de Lima*) Ah!

D. Antônio
Que foi?

D. Francisca
Nada, nada... não sabia quem era. Sois vós... (*risonha*) Chegaram galeões da Ásia; boas notícias, dizem...

D. Antônio
(*sombrio*)
Eu não ouvi dizer nada. (*querendo retirar-se*) Permitis?...

D. Francisca
Jesus! Que tendes?... que ar é esse? (*vendo entrar D. Manuel de Portugal*) Vinde cá, senhor D. Manuel de Portugal, vinde saber o que tem este meu bom e velho amigo, que me não quer... (*segurando na mão de D. Antônio*) Então, eu já não sou a vossa frescura de maio?...

D. Antônio
(*sorrindo, a custo*)
Sois, sois. Manhosamente sutil, ou sutilmente manhosa, à escolha; eu é que sou uma triste secura de dezembro, que me vou e vos deixo. Permitis, não? (*corteja-a e dirige-se para a porta*)

D. Manuel
(*interpondo-se*)
Deixai que vos levante o reposteiro. (*levanta o reposteiro*) Ides ter com Sua Alteza, suponho.

D. Antônio
Vou.

D. Manuel
Ides levar-lhe notícias da Índia?

D. Antônio
Sabeis que não é o meu cargo...

D. Manuel
Sei, sei; mas dizem que... Senhor D. Antônio, acho-vos o rosto anuviado, alguma coisa vos penaliza ou turva. Sabeis que sou vosso amigo; perdoai se vos interrogo. Que foi? Que há?

D. Antônio
(*gravemente*)
Senhor D. Manuel, tendes vinte e sete anos, eu conto sessenta; deixai-me passar. (*D. Manuel inclina-se, levantando o reposteiro. D. Antônio desaparece*)

Cena XIII

D. Manuel de Portugal, D. Francisca
de Aragão

D. Manuel
Vai dizer tudo a El-rei.

D. Francisca
Credes?

D. Manuel
Camões contou-me o encontro que tivera com o Caminha aqui; eu ia falar ao senhor D. Antônio; achei-o agora mesmo, ao pé de uma janela, com o dissimulado Caminha, que lhe dizia: "Não vos nego, senhor D. Antônio, que os achei naquela sala, a sós, e que vossa filha fugiu desde que eu lá entrei".

D. Francisca
Ouvistes isso?

D. Manuel
D. Antônio ficou severo e triste. "Querem escândalo?..." foram as suas palavras. E não disse outras; apertou a mão ao Caminha, e seguiu para cá... Penso que foi pedir alguma coisa a El-rei. Talvez o desterro.

D. Francisca
O desterro?

D. MANUEL

Talvez. Camões há de voltar agora aqui; disse-me que viria falar ao senhor D. Antônio. Para quê? Que outros lhe falem, sim; mas o meu Luís que não sabe conter-se... D. Catarina?

D. FRANCISCA

Foi lançar-se aos pés da rainha, a pedir-lhe proteção.

D. MANUEL

Outra imprudência. Foi há muito?

D. FRANCISCA

Pouco há.

D. MANUEL

Ide ter com ela, se é tempo, e dizei-lhe que não, que não convém falar nada. (*D. Francisca vai a sair, e pára*) Recusais?

D. FRANCISCA

Vou, vou. Pensava comigo uma coisa. (*D. Manuel vai a ela*) Pensava que é preciso querer muito aqueles dois para nos esquecermos assim de nós.

D. MANUEL

É verdade. E não há mais nobre motivo da nossa mútua indiferença. Indiferença, não; não o é, nem o podia ser nunca. No meio de toda essa angústia que nos cerca, poderia eu esquecer a minha doce Aragão? Poderíeis vós esquecer-me? Ide agora, nós que somos felizes, temos o dever de consolar os desgraçados. (*D. Francisca sai pela esquerda*)

Cena XIV

D. Manuel de Portugal, *logo* D. Antônio
de Lima

D. Manuel
Se perco o confidente dos meus amores, da minha mocidade, o meu companheiro de longas horas... Não é impossível. – El-rei concederá o que lhe pedir D. Antônio. A culpa – força é confessá-lo –, a culpa é dele, do meu Camões, do meu impetuoso poeta; um coração sem freio... (*abre-se o reposteiro, aparece D. Antônio*) D. Antônio!

D. Antônio
(*da porta, jubiloso*)
Interrogastes-me há pouco; agora hei tempo de vos responder.

D. Manuel
Talvez não seja preciso.

D. Antônio
(*adianta-se*)
Adivinhais então?

D. Manuel
Pode ser que sim.

D. Antônio
Creio que adivinhais.

D. Manuel
Sua Alteza concedeu-vos o desterro de Camões.

D. ANTÔNIO

Esse é o nome da pena; a realidade é que Sua Alteza restituiu a honra a um vassalo, e a paz a um ancião.

D. MANUEL

Senhor Antônio...

D. ANTÔNIO

Nem mais uma palavra, senhor D. Manuel de Portugal, nem mais uma palavra. – Mancebo sois; é natural que vos ponhais do lado do amor; eu sou velho, e a velhice ama o respeito. Até à vista, senhor D. Manuel, e não turveis o meu contentamento. (*dá um passo para sair*)

D. MANUEL

Se matais vossa filha?

D. ANTÔNIO

Não a matarei. Amores fáceis de curar são esses que aí brotam no meio de galanteios e versos. Versos curam tudo. Só não curam a honra os versos; mas para a honra dá Deus um rei austero, e um pai inflexível... Até à vista, senhor D. Manuel. (*sai pela esquerda*)

Cena XV

D. MANUEL DE PORTUGAL, CAMÕES

D. MANUEL

Perdido... está tudo perdido. (*Camões entra pelo fundo*) Meu pobre Luís! Se soubesses...

CAMÕES
Que há?

D. MANUEL
El-rei... El-rei atendeu às súplicas do senhor D. Antônio. Está tudo perdido.

CAMÕES
E que pena me cabe?

D. MANUEL
Desterra-vos da corte.

CAMÕES
Desterrado! Mas eu vou ter com Sua Alteza, eu direi...

D. MANUEL
(aquietando-o)
Não direis nada; não tendes mais que cumprir a real ordem; deixai que os vossos amigos façam alguma coisa; talvez logrem abrandar o rigor da pena. Vós não fareis mais do que agravá-la.

CAMÕES
Desterrado! E para onde?

D. MANUEL
Não sei. Desterrado da corte é o que é certo. Vede... não há mais demorar no paço. Saiamos.

CAMÕES
Aí me vou eu, pois, caminho do desterro, e não sei se da miséria! Venceu então o Caminha? Talvez

os versos dele fiquem assim melhores. Se nos vai dar uma nova *Eneida*, o Caminha? Pode ser, tudo pode ser... Desterrado da corte! Cá me ficam os melhores dias, e as mais fundas saudades. Crede, senhor D. Manuel, podeis crer que as mais fundas saudades cá me ficam.

D. Manuel
Tornareis, tornareis...

Camões
E ela? Já o saberá ela?

D. Manuel
Cuido que o senhor D. Antônio foi dizer-lhe em pessoa. Deus! Aí vêm eles.

Cena XVI

Os mesmos, D. Antonio de Lima,
D. Catarina de Ataíde
(*D. Antônio aparece à porta da esquerda, trazendo D. Catarina pela mão. – D. Catarina vem profundamente abatida.*)

D. Catarina
(*à parte, vendo Camões*)
Ele! Dai-me forças, meu Deus! (*D. Antônio corteja os dois, e segue na direção do fundo. Camões dá um passo para falar-lhe, mas D. Manuel contém-no. D. Catarina, prestes a sair, volve a cabeça para trás*)

Cena XVII

D. Manuel de Portugal, Camões

Camões
Ela aí vai... talvez para sempre... Credes que para sempre?

D. Manuel
Não. Saiamos!

Camões
Vamos lá; deixemos estas salas que tão funestas me foram. (*indo ao fundo e olhando para dentro*) Ela aí vai, a minha estrela, aí vai a resvalar no abismo, donde não sei se a levantarei mais... Nem eu... (*voltando-se para D. Manuel*) nem vós, meu amigo, nem vós que me quereis tanto, ninguém.

D. Manuel
Desanimais depressa, Luís. Por que ninguém?

Camões
Não saberia dizer-vos; mas sinto-o aqui no coração. Essa clara luz, essa doce madrugada da minha vida, apagou-se agora mesmo, e de uma vez.

D. Manuel
Confiai em mim, nos meus amigos, nos vossos amigos. Irei ter com eles; induzi-los-ei a...

Camões
A quê? A mortificarem um camareiro-mor, a fim

de servir um triste escudeiro, que já estará a caminho de África?

D. Manuel

Ides à África?

Camões

Pode ser; sinto umas tonteiras africanas. Pois que me fecham a porta dos amores, abrirei eu mesmo as da guerra. Irei lá pelejar, ou não sei se morrer... África, disse eu? Pode ser que Ásia também, ou Ásia só; o que me der na imaginação.

D. Manuel

Saiamos.

Camões

E agora, adeus, infiéis paredes; sede ao menos compassivas; guardai-ma, guardai-ma bem, a minha formosa D. Catarina! (*a D. Manuel*) Credes que tenho vontade de chorar?

D. Manuel

Saiamos, Luís!

Camões

E não choro, não; não choro... não quero... (*forcejando por ser alegre*) Vedes? até rio! Vou-me para bem longe. Considerando bem, Ásia é melhor; lá rematou a audácia lusitana o seu edifício, lá irei escutar o rumor dos passos do nosso Vasco. E este sonho, esta quimera, esta coisa que me flameja cá dentro, quem sabe se... Um grande sonho, senhor

D. Manuel... Vede lá, ao longe, na imensidade desses mares, nunca dantes navegados, uma figura rútila, que se debruça dos balcões da aurora, coroada de palmas indianas? É a nossa glória, é a nossa glória que alonga os olhos, como a pedir o seu esposo ocidental. E nenhum lhe vai dar o ósculo que a fecunde; nenhum filho desta terra, nenhum que empunhe a tuba da imortalidade, para dizê-la aos quatro ventos do céu... Nenhum... (*vai amortecendo a voz*) Nenhum... (*pausa, fita D. Manuel como se acordasse e dá de ombros*) Uma grande quimera, senhor D. Manuel. Vamos ao nosso desterro.

NÃO CONSULTES MÉDICO

PERSONAGENS

D. Leocádia
D. Carlota
D. Adelaide
Cavalcante
Magalhães

Um gabinete em casa de Magalhães, na Tijuca.

Cena I

MAGALHÃES, D. ADELAIDE
(*Magalhães lê um livro, D. Adelaide folheia um livro de gravuras.*)

MAGALHÃES
Esta gente não terá vindo?

D. ADELAIDE
Parece que não. Já saíram há um bom pedaço; felizmente o dia está fresco. Titia estava tão contente ao almoço! E ontem? Você viu que risadas que ela dava, ao jantar, ouvindo o Dr. Cavalcante? E o Cavalcante sério. Meu Deus, que homem triste! que cara de defunto!

MAGALHÃES
Coitado do Cavalcante! Mas que quererá ela comigo? Falou-me em um obséquio.

D. ADELAIDE
Sei o que é.

Magalhães
Que é?

D. Adelaide
Por ora é segredo. Titia quer que levemos Carlota conosco.

Magalhães
Para a Grécia?

D. Adelaide
Sim, para a Grécia.

Magalhães
Talvez ela pense que a Grécia é em Paris. Eu aceitei a legação de Atenas porque não me dava bem em Guatemala, e não há outra vaga na América. Nem é só por isso; você tem vontade de ir acabar a lua-de-mel na Europa... Mas então Carlota vai ficar conosco?

D. Adelaide
É só algum tempo. Carlota gostava muito de um tal Rodrigues, capitão de engenharia, que casou com uma viúva espanhola. Sofreu muito, e ainda agora anda meio triste; titia diz que há de curá-la.

Magalhães
(*rindo*)
É a mania dela.

D. Adelaide
(*rindo*)
Só cura moléstias morais.

MAGALHÃES

A verdade é que nos curou; mas, por muito que lhe paguemos em gratidão, fala-nos sempre da nossa antiga moléstia. "Como vão os meus doentezinhos? Não é verdade que estão curados?"

D. ADELAIDE

Pois falemos-lhe nós da cura, para lhe dar gosto. Agora quer curar a filha.

MAGALHÃES

Do mesmo modo?

D. ADELAIDE

Por ora não. Quer mandá-la à Grécia para que ela esqueça o capitão de engenharia.

MAGALHÃES

Mas em qualquer parte se esquece um capitão de engenharia.

D. ADELAIDE

Titia pensa que a vista das ruínas e dos costumes diferentes cura mais depressa. Carlota está com dezoito para dezenove anos; titia não a quer casar antes dos vinte. Desconfio que já traz um noivo em mente, um moço que não é feio, mas tem o olhar espantado.

MAGALHÃES

É um desarranjo para nós; mas, enfim, pode ser que lhe achemos lá na Grécia algum descendente de Alcibíades que a preserve do olhar espantado.

D. ADELAIDE
Ouço passos. Há de ser titia...

MAGALHÃES
Justamente! Continuemos a estudar a Grécia.
(*sentam-se outra vez, Magalhães lendo, D. Adelaide folheando o livro de vistas*)

Cena II

Os mesmos e D. LEOCÁDIA

D. LEOCÁDIA
(*pára à porta, desce pé ante pé, e mete a cabeça entre os dois*)
Como vão os meus doentezinhos? Não é verdade que estão curados?

MAGALHÃES
(*à parte*)
É isto todos os dias.

D. LEOCÁDIA
Agora estudam a Grécia; fazem muito bem. O país do casamento é que vocês não precisaram estudar.

D. ADELAIDE
A senhora foi a nossa geografia, foi quem nos deu as primeiras lições.

D. LEOCÁDIA
Não diga lições, diga remédios. Eu sou doutora, eu sou médica. Este (*indicando Magalhães*), quan-

do voltou de Guatemala, tinha um ar esquisito; perguntei-lhe se queria ser deputado, disse-me que não; observei-lhe o nariz, e vi que era um triste nariz solitário...

MAGALHÃES
Já me disse isto cem vezes.

D. LEOCÁDIA
(*voltando-se para ele e continuando*)
Esta (*designando Adelaide*) andava hipocondríaca. O médico da casa receitava pílulas, cápsulas, uma porção de tolices que ela não tomava, porque eu não deixava; o médico devia ser eu.

D. ADELAIDE
Foi uma felicidade. Que é que se ganha em engolir pílulas?

D. LEOCÁDIA
Apanham-se moléstias.

D. ADELAIDE
Uma tarde, fitando eu os olhos de Magalhães...

D. LEOCÁDIA
Perdão, o nariz.

D. ADELAIDE
Vá lá. A senhora disse-me que ele tinha o nariz bonito, mas muito solitário. Não entendi; dois dias depois, perguntou-me se queria casar, eu não sei que disse, e acabei casando.

D. LEOCÁDIA
Não é verdade que estão curados?

MAGALHÃES
Perfeitamente.

D. LEOCÁDIA
A propósito, como irá o Dr. Cavalcante? Que esquisitão! Disse-me ontem que a coisa mais alegre do mundo era um cemitério. Perguntei-lhe se gostava aqui da Tijuca, respondeu-me que sim, e que o Rio de Janeiro era uma grande cidade. "É a segunda vez que a vejo, disse ele; eu sou do Norte. É uma grande cidade, José Bonifácio é um grande homem, a rua do Ouvidor um poema, o chafariz da Carioca um belo chafariz, o Corcovado, o gigante de pedra, Gonçalves Dias, os *Timbiras*, o Maranhão..." Embrulhava tudo a tal ponto que me fez rir. Ele é doido?

MAGALHÃES
Não.

D. LEOCÁDIA
A princípio, cuidei que era. Mas o melhor foi quando se serviu o peru. Perguntei-lhe que tal achava o peru. Ficou pálido, deixou cair o garfo, fechou os olhos e não me respondeu. Eu ia chamar a atenção de vocês, quando ele abriu os olhos e disse com voz surda: "D. Leocádia, eu não conheço o Peru..." Eu, espantada, perguntei: "Pois não está comendo...?" "Não falo desta pobre ave; falo-lhe da república."

MAGALHÃES
Pois conhece a república.

D. Leocádia
Então mentiu.

Magalhães
Não, porque nunca lá foi.

D. Leocádia
(*a D. Adelaide*)
Mau! Teu marido parece que também está virando o juízo. (*a Magalhães*) Conhece então o Peru, como vocês estão conhecendo a Grécia... pelos livros.

Magalhães
Também não.

D. Leocádia
Pelos homens?

Magalhães
Não, senhora.

D. Leocádia
Então pelas mulheres?

Magalhães
Nem pelas mulheres.

D. Leocádia
Por uma mulher?

Magalhães
Por uma mocinha, filha do ministro do Peru em Guatemala. Já contei a história a Adelaide. (*D. Adelaide senta-se folheando o livro de gravuras*)

D. LEOCÁDIA
(*senta-se*)
Ouçamos a história. É curta?

MAGALHÃES
Quatro palavras. Cavalcante estava em comissão com nosso governo, e freqüentava o corpo diplomático, onde era muito bem visto. Realmente não se podia achar criatura mais dada, mais expansiva, mais estimável. Um dia começou a gostar da peruana. A peruana era bela e alta, com uns olhos admiráveis. Cavalcante, dentro de pouco, estava doido por ela, não pensava em mais nada, não falava de outra pessoa. Quando a via ficava estático. Se ela gostava dele, não sei; é certo que o animava, e já se falava em casamento. Puro engano! Dolores voltou para o Peru, onde casou com um primo, segundo me escreveu o pai.

D. LEOCÁDIA
Ele ficou desconsolado, naturalmente.

MAGALHÃES
Ah! não me fale! Quis matar-se; pude impedir esse ato de desespero, e o desespero desfez-se em lágrimas. Caiu doente, uma febre que quase o levou. Pediu dispensa da comissão, e, como eu tinha obtido seis meses de licença, voltamos juntos. Não imagina o abatimento em que ficou, a tristeza profunda; chegou a ter as idéias baralhadas. Ainda agora, diz alguns disparates, mas emenda-se logo e ri de si mesmo.

D. Leocádia

Quer que lhe diga? Já ontem suspeitei que era negócio de amores; achei-lhe um riso amargo... Terá bom coração?

Magalhães

Coração de ouro.

D. Leocádia

Espírito elevado?

Magalhães

Sim, senhora.

D. Leocádia

Espírito elevado, coração de ouro, saudades... Está entendido.

Magalhães

Entendido o quê?

D. Leocádia

Vou curar o seu amigo Cavalcante. De que é que se espantam?

D. Adelaide

De nada.

Magalhães

De nada, mas...

D. Leocádia

Mas quê?

MAGALHÃES
Parece-me...

D. LEOCÁDIA
Não parece nada; vocês são uns ingratos. Pois se confessam que eu curei o nariz de um e a hipocondria do outro, como é que põem em dúvida que eu possa curar a maluquice do Cavalcante? Vou curá-lo. Ele virá hoje?

D. ADELAIDE
Não vem todos os dias; às vezes passa-se uma semana.

MAGALHÃES
Mora perto daqui; vou escrever-lhe que venha, e, quando chegar, dir-lhe-ei que a senhora é o maior médico do século; cura o moral... Mas, minha tia, devo avisá-la de uma coisa; não lhe fale em casamento.

D. LEOCÁDIA
Oh! não!

MAGALHÃES
Fica furioso quando lhe falam em casamento; responde que só se há de casar com a morte... A senhora exponha-lhe...

D. LEOCÁDIA
Ora, meu sobrinho, vá ensinar o *padre-nosso* ao vigário. Eu sei o que ele precisa, mas quero estudar primeiro o doente e a doença. Já volto.

MAGALHÃES

Não lhe diga que eu é que lhe contei o caso da peruana...

D. LEOCÁDIA

Pois se eu mesma adivinhei que ele sofria do coração. (*sai; entra Carlota*)

Cena III

MAGALHÃES, D. ADELAIDE, D. CARLOTA

D. ADELAIDE

Bravo! está mais corada agora!

D. CARLOTA

Foi do passeio.

D. ADELAIDE

De que é que você gosta mais, da Tijuca ou da cidade?

D. CARLOTA

Eu, por mim, ficava metida aqui na Tijuca.

MAGALHÃES

Não creio. Sem bailes? sem teatro lírico?

D. CARLOTA

Os bailes cansam, e não temos agora teatro lírico.

MAGALHÃES
Mas, em suma, aqui ou na cidade, o que é preciso é que você ria; esse ar tristonho faz-lhe a cara feia.

D. CARLOTA
Mas eu rio. Ainda agora não pude deixar de rir vendo o Dr. Cavalcante.

MAGALHÃES
Por quê?

D. CARLOTA
Ele passava ao longe, a cavalo, tão distraído que levava a cabeça caída entre as orelhas do animal; ri da posição, mas lembrei-me que podia cair e ferir-se, e estremeci toda.

MAGALHÃES
Mas não caiu?

D. CARLOTA
Não.

D. ADELAIDE
Titia viu também?

D. CARLOTA
Mamãe ia-me falando da Grécia, do céu da Grécia, dos monumentos da Grécia, do rei da Grécia; toda ela é Grécia, fala como se tivesse estado na Grécia.

D. ADELAIDE
Você quer ir conosco para lá?

D. CARLOTA
Mamãe não há de querer.

D. ADELAIDE
Talvez queira. (*mostrando-lhe as gravuras do livro*) Olhe que bonitas vistas! Isto são ruínas. Aqui está uma cena de costumes. Olhe esta rapariga com um pote...

MAGALHÃES
(*à janela*)
Cavalcante aí vem.

D. CARLOTA
Não quero vê-lo.

D. ADELAIDE
Por quê?

D. CARLOTA
Agora que passou o medo, posso rir-me lembrando a figura que ele fazia.

D. ADELAIDE
Eu também vou. (*saem as duas; Cavalcante aparece à porta, Magalhães deixa a janela*)

Cena IV

CAVALCANTE *e* MAGALHÃES

MAGALHÃES
Entra. Como passaste a noite?

CAVALCANTE

Bem. Dei um belo passeio; fui até ao Vaticano e vi o papa. (*Magalhães olha espantado*) Não te assustes, não estou doido. Eis o que foi: o meu cavalo ia para um lado e o meu espírito para outro. Eu pensava em fazer-me frade; então todas as minhas idéias vestiram-se de burel, e entrei a ver sobrepelizes e tochas; enfim, cheguei a Roma, apresentei-me à porta do Vaticano e pedi para ver o papa. No momento em que Sua Santidade apareceu, prosternei-me, depois estremeci, despertei e vi que o meu corpo seguira atrás do sonho, e que eu ia quase caindo.

MAGALHÃES

Foi então que a nossa prima Carlota deu contigo ao longe.

CAVALCANTE

Também eu a vi, e, de vexado, piquei o cavalo.

MAGALHÃES

Mas, então ainda não perdeste essa idéia de ser frade?

CAVALCANTE

Não.

MAGALHÃES

Que paixão romanesca!

CAVALCANTE

Não, Magalhães; reconheço agora o que vale o mundo com as suas perfídias e tempestades. Quero achar um abrigo contra elas; esse abrigo é o claustro. Não sairei nunca da minha cela, e buscarei esquecer diante do altar...

MAGALHÃES
Olha que vais cair do cavalo!

CAVALCANTE
Não te rias, meu amigo!

MAGALHÃES
Não; quero só acordar-te. Realmente, estás ficando maluco. Não penses mais em semelhante moça. Há no mundo milhares e milhares de moças iguais à bela Dolores.

CAVALCANTE
Milhares e milhares? Mais uma razão para que eu me esconda em um convento. Mas é engano; há só uma, e basta.

MAGALHÃES
Bem, não há remédio senão entregar-te à minha tia.

CAVALCANTE
À tua tia?

MAGALHÃES
Minha tia crê que tu deves padecer de alguma doença moral – e adivinhou –, e fala de curar-te. Não sei se sabes que ela vive na persuasão de que cura todas as enfermidades morais.

CAVALCANTE
Oh! eu sou incurável!

MAGALHÃES
Por isso mesmo deves sujeitar-te aos seus remédios. Se te não curar, dar-te-á alguma distração, e é o que eu quero. (*abre a charuteira, que está vazia*) Olha, espera aqui, lê algum livro; eu vou buscar charutos. (*sai; Cavalcante pega num livro e senta-se*)

Cena V

CAVALCANTE, D. CARLOTA (*aparecendo ao fundo*)

D. CARLOTA
Primo... (*vendo Cavalcante*) Ah! perdão!

CAVALCANTE
(*erguendo-se*)
Perdão de quê?

D. CARLOTA
Cuidei que meu primo estava aqui; vim buscar um livro de gravuras de prima Adelaide; está aqui...

CAVALCANTE
A senhora viu-me passar a cavalo, há uma hora, numa posição incômoda e inexplicável.

D. CARLOTA
Perdão, mas...

CAVALCANTE
Quero dizer-lhe que eu levava na cabeça uma idéia séria, um negócio grave.

D. CARLOTA
Creio.

CAVALCANTE
Deus queira que nunca possa entender o que era! Basta crer. Foi a distração que me deu aquela postura inexplicável. Na minha família quase todos são distraídos. Um dos meus tios morreu na guerra do Paraguai por causa de uma distração; era capitão de engenharia...

D. CARLOTA
(*perturbada*)
Oh! não me fale!

CAVALCANTE
Por quê? Não pode tê-lo conhecido.

D. CARLOTA
Não, senhor; desculpe-me, sou um pouco tonta. Vou levar o livro à minha prima.

CAVALCANTE
Peço-lhe perdão, mas...

D. CARLOTA
Passe bem. (*vai até à porta*)

CAVALCANTE
Mas, eu desejava saber...

D. Carlota
Não, não, perdoe-me. (*sai*)

Cena VI

Cavalcante
(*só*)
Não compreendo; não sei se a ofendi. Falei no tio João Pedro, que morreu no Paraguai, antes dela nascer...

Cena VII

Cavalcante, D. Leocádia

D. Leocádia
(*ao fundo, à parte*)
Está pensando. (*desce*) Bom dia, Dr. Cavalcante!

Cavalcante
Como passou, minha senhora?

D. Leocádia
Bem, obrigada. Então meu sobrinho deixou-o aqui só?

Cavalcante
Foi buscar charutos, já volta.

D. Leocádia
Os senhores são muito amigos.

CAVALCANTE
Somos como dois irmãos.

D. LEOCÁDIA
Magalhães é um coração de ouro, e o senhor parece-me outro. Acho-lhe só um defeito, doutor... Desculpe-me esta franqueza de velha; acho que o senhor fala trocado...

CAVALCANTE
Disse-lhe ontem algumas tolices, não?

D. LEOCÁDIA
Tolices, é muito; umas palavras sem sentido.

CAVALCANTE
Sem sentido, insensatas, vem a dar na mesma.

D. LEOCÁDIA
(*pegando-lhe nas mãos*)
Olhe bem para mim. (*pausa*) Suspire. (*Cavalcante suspira*) O senhor está doente; não negue que está doente, moralmente, entenda-se; não negue! (*solta-lhe as mãos*)

CAVALCANTE
Negar seria mentir. Sim, minha senhora, confesso que tive um grandíssimo desgosto...

D. LEOCÁDIA
Jogo de praça?

CAVALCANTE
Não, senhora.

D. LEOCÁDIA
Ambições políticas malogradas?

CAVALCANTE
Não conheço política.

D. LEOCÁDIA
Algum livro mal recebido pela imprensa?

CAVALCANTE
Só escrevo cartas particulares.

D. LEOCÁDIA
Não atino. Diga francamente; eu sou médico de enfermidades morais, e posso curá-lo. Ao médico diz-se tudo. Ande, fale, conte-me tudo, tudo, tudo. Não se trata de amores?...

CAVALCANTE
(*suspirando*)
Trata-se justamente de amores.

D. LEOCÁDIA
Paixão grande?

CAVALCANTE
Oh! imensa!

D. Leocádia

Não quero saber o nome da pessoa, não é preciso. Naturalmente, bonita?

Cavalcante

Como um anjo!

D. Leocádia

O coração também era de anjo?

Cavalcante

Pode ser, mas de anjo mau.

D. Leocádia

Uma ingrata...

Cavalcante

Uma perversa!

D. Leocádia

Diabólica...

Cavalcante

Sem entranhas!

D. Leocádia

Vê que estou adivinhando. Console-se; uma criatura dessas não acha casamento.

Cavalcante

Já achou!

D. Leocádia

Já?

CAVALCANTE

Casou, minha senhora; teve a crueldade de casar com um primo.

D. LEOCÁDIA

Os primos quase que não nascem para outra coisa. Diga-me, não procurou esquecer o mal nas folias próprias de rapazes?

CAVALCANTE

Oh! não! Meu único prazer é pensar nela.

D. LEOCÁDIA

Desgraçado! Assim nunca há de sarar.

CAVALCANTE

Vou tratar de esquecê-la.

D. LEOCÁDIA

De que modo?

CAVALCANTE

De um modo velho, alguns dizem que já obsoleto e arcaico. Penso em fazer-me frade. Há de haver em algum recanto do mundo um claustro em que não penetre sol nem lua.

D. LEOCÁDIA

Que ilusão! Lá mesmo achará a sua namorada. Há de vê-la nas paredes da cela, no teto, no chão, nas folhas do breviário. O silêncio far-se-á boca da moça, a solidão será o seu corpo.

CAVALCANTE

Então estou perdido. Onde acharei paz e esquecimento?

D. LEOCÁDIA

Pode ser frade sem ficar no convento. No seu caso o remédio naturalmente indicado é ir pregar... na China, por exemplo. Vá pregar aos infiéis na China. Paredes de convento são mais perigosas que olhos de chinesas. Ande, vá pregar na China. No fim de dez anos está curado. Volte, meta-se no convento e não achará lá o diabo.

CAVALCANTE

Está certa que na China...

D. LEOCÁDIA

Certíssima...

CAVALCANTE

O seu remédio é muito amargo! Por que é que me não manda antes para o Egito? Também é país de infiéis.

D. LEOCÁDIA

Não serve; é a terra daquela rainha... Como se chama?

CAVALCANTE

Cleópatra? Morreu há tantos séculos!

D. LEOCÁDIA

Meu marido disse que era uma desmiolada.

CAVALCANTE

Seu marido era, talvez, um erudito. Minha senhora, não se aprende amor nos livros velhos, mas nos olhos bonitos; por isso, estou certo de que ele adorava a V. Exa.

D. LEOCÁDIA

Ah! ah! Já o doente começa a adular o médico. Não, senhor, há de ir à China. Lá há mais livros velhos que olhos bonitos. Ou não tem confiança em mim?

CAVALCANTE

Oh! tenho, tenho. Mas ao doente é permitido fazer uma careta antes de engolir a pílula. Obedeço; vou para a China. Dez anos, não?

D. LEOCÁDIA
(*levanta-se*)

Dez ou quinze, se quiser; mas antes dos quinze está curado.

CAVALCANTE

Vou.

D. LEOCÁDIA

Muito bem. A sua doença é tal que só com remédios fortes. Vá; dez anos passam depressa.

CAVALCANTE

Obrigado, minha senhora.

D. LEOCÁDIA

Até logo.

CAVALCANTE
Não, minha senhora, vou já.

D. LEOCÁDIA
Já para a China!

CAVALCANTE
Vou arranjar as malas, e amanhã embarco para a Europa; vou a Roma, depois sigo imediatamente para a China. Até daqui a dez anos. (*estende-lhe a mão*)

D. LEOCÁDIA
Fique ainda uns dias...

CAVALCANTE
Não posso.

D. LEOCÁDIA
Gosto de ver essa pressa; mas, enfim, pode esperar ainda uma semana.

CAVALCANTE
Não, não devo esperar. Quero ir às pílulas, quanto antes; é preciso obedecer religiosamente ao médico.

D. LEOCÁDIA
Como eu gosto de ver um doente assim! O senhor tem fé no médico. O pior é que daqui a pouco, talvez, não se lembre dele.

CAVALCANTE
Oh! não! Hei de lembrar-me sempre, sempre!

D. Leocádia
No fim de dois anos escreva-me; informe-me sobre o seu estado, e talvez eu o faça voltar. Mas, não minta, olhe lá; se já tiver esquecido a namorada, consentirei que volte.

Cavalcante
Obrigado. Vou ter com seu sobrinho, e depois vou arrumar as malas.

D. Leocádia
Então não volta mais a esta casa?

Cavalcante
Virei daqui a pouco, uma visita de dez minutos, e depois desço, vou tomar passagem no paquete de amanhã.

D. Leocádia
Jante, ao menos, conosco.

Cavalcante
Janto na cidade.

D. Leocádia
Bem, adeus; guardemos o nosso segredo. Adeus, Dr. Cavalcante. Creia-me: o senhor merece estar doente. Há pessoas que adoecem sem merecimento nenhum; ao contrário, não merecem outra coisa mais que uma saúde de ferro. O senhor nasceu para adoecer; que obediência ao médico! que facilidade em engolir todas as nossas pílulas! Adeus!

CAVALCANTE
Adeus, D. Leocádia. (*sai pelo fundo*)

Cena VIII

D. Leocádia, D. Adelaide

D. Leocádia
Com dois anos de China está curado. (*vendo entrar Adelaide*) O Dr. Cavalcante saiu agora mesmo. Ouviste o meu exame médico?

D. Adelaide
Não. Que lhe pareceu?

D. Leocádia
Cura-se.

D. Adelaide
De que modo?

D. Leocádia
Não posso dizer; é segredo profissional.

D. Adelaide
Em quantas semanas fica bom?

D. Leocádia
Em dez anos.

D. Adelaide
Misericórdia! Dez anos!

D. Leocádia

Talvez dois; é moço, é robusto, a natureza ajudará a medicina, conquanto esteja muito atacado. Aí vem teu marido.

Cena IX

As mesmas, Magalhães

Magalhães
(*a D. Leocádia*)
Cavalcante disse-me que vai embora; eu vim correndo saber o que é que lhe receitou.

D. Leocádia
Receitei-lhe um remédio enérgico, mas que há de salvá-lo. Não são consolações de cacaracá. Coitado! Sofre muito, está gravemente doente; mas, descansem, meus filhos, juro-lhes, à fé do meu grau, que hei de curá-lo. Tudo é que me obedeça, e este obedece. Oh! aquele crê em mim. E vocês, meus filhos? Como vão os meus doentezinhos? Não é verdade que estão curados? (*sai pelo fundo*)

Cena X

Magalhães, D. Adelaide

Magalhães
Tinha vontade de saber o que é que ela lhe receitou.

D. ADELAIDE

Não falemos disso.

MAGALHÃES

Sabes o que foi?

D. ADELAIDE

Não; mas titia disse-me que a cura se fará em dez anos. (*espanto de Magalhães*) Sim, dez anos; talvez dois, mas a cura certa é em dez anos.

MAGALHÃES
(*atordoado*)

Dez anos!

D. ADELAIDE

Ou dois!

MAGALHÃES

Ou dois?

D. ADELAIDE

Ou dez.

MAGALHÃES

Dez anos! Mas é impossível! Quis brincar contigo. Ninguém leva dez anos a sarar; ou sara antes ou morre.

D. ADELAIDE

Talvez ela pense que a melhor cura é a morte.

MAGALHÃES

Talvez. Dez anos!

D. ADELAIDE

Ou dois; não esqueças.

MAGALHÃES

Sim, ou dois; dois anos não é muito, mas, há casos... Vou ter com ele.

D. ADELAIDE

Se titia quis enganar a gente, não é bom que os estranhos saibam. Vamos falar com ela, talvez que, pedindo muito, ela diga a verdade. Não leves essa cara assustada; é preciso falar-lhe naturalmente, com indiferença.

MAGALHÃES

Pois vamos.

D. ADELAIDE

Pensando bem, é melhor que eu vá só; entre as mulheres...

MAGALHÃES

Não; ela continuará a zombar de ti; vamos juntos, estou sobre brasas.

D. ADELAIDE

Vamos.

MAGALHÃES

Dez anos!

D. ADELAIDE

Ou dois. (*saem pelo fundo*)

Cena XI

D. Carlota
(*entrando pela direita*)
Ninguém! Afinal foram-se! Esta casa anda hoje cheia de mistérios. Há um quarto de hora quis vir aqui, e prima Adelaide disse-me que não, que se tratavam aqui negócios graves. Pouco depois levantou-se e saiu; mas antes disso contou-me que mamãe é que quer que eu vá para a Grécia. A verdade é que todos me falam de Atenas, de ruínas, de danças gregas, da Acrópole... Creio que é Acropole que se diz. (*pega no livro que Magalhães estivera lendo, senta-se, abre e lê*) "Entre os provérbios gregos, há um muito fino: Não consultes médico; consulta alguém que tenha estado doente". Consultar alguém que tenha estado doente! Não sei que possa ser. (*continua a ler em voz baixa*)

Cena XII

D. Carlota, Cavalcante

Cavalcante
(*ao fundo*)
D. Leocádia! (*entra e fala de longe a Carlota, que está de costas*) Quando eu ia a sair, lembrei-me.

D. Carlota
Quem é? (*levanta-se*) Ah! doutor!

Cavalcante
Desculpe-me, vinha falar à senhora sua mãe para lhe pedir um favor.

D. Carlota
Vou chamá-la.

Cavalcante
Não se incomode; falar-lhe-ei logo. Saberá por acaso se a senhora sua mãe conhece algum cardeal em Roma?

D. Carlota
Não sei, não, senhor.

Cavalcante
Queria pedir-lhe uma carta de apresentação; voltarei mais tarde. (*corteja, sai e pára*) Ah! aproveito a ocasião para lhe perguntar ainda uma vez em que é que a ofendi?

D. Carlota
O senhor nunca me ofendeu.

Cavalcante
Certamente que não; mas ainda há pouco, falando-lhe de um tio meu, que morreu no Paraguai, tio João Pedro, capitão de engenharia...

D. Carlota
(*atalhando*)
Por que é que o senhor quer ser apresentado a um cardeal?

Cavalcante
Bem respondido! Confesso que fui indiscreto com a minha pergunta. Já há de saber que eu tenho

distrações repentinas, e quando não caio no ridículo, como hoje de manhã, caio na indiscrição. São segredos mais graves que os seus. É feliz, é bonita, pode contar com o futuro, enquanto que eu... Mas eu não quero aborrecê-la. O meu caso há de andar em romances. (*indicando o livro que ela tem na mão*) Talvez nesse.

D. Carlota

Não é romance. (*dá-lhe o livro*)

Cavalcante

Não? (*lê o título*) Como? Está estudando a Grécia?

D. Carlota

Estou.

Cavalcante

Vai para lá?

D. Carlota

Vou, com prima Adelaide.

Cavalcante

Viagem de recreio, ou vai tratar-se?

D. Carlota

Deixe-me ir chamar mamãe.

Cavalcante

Perdoe-me ainda uma vez; fui indiscreto, retiro-me. (*dá alguns passos para sair*)

D. CARLOTA

Doutor! (*Cavalcante pára*) Não se zangue comigo; sou um pouco tonta, o senhor é bom...

CAVALCANTE
(*descendo*)

Não diga que sou bom; os infelizes são apenas infelizes. A bondade é toda sua. Há poucos dias que nos conhecemos e já nos zangamos, por minha causa. Não proteste; a causa é a minha moléstia.

D. CARLOTA

O senhor está doente?

CAVALCANTE

Mortalmente.

D. CARLOTA

Não diga isso!

CAVALCANTE

Ou gravemente, se prefere.

D. CARLOTA

Ainda é muito. E que moléstia é?

CAVALCANTE

Quanto ao nome, não há acordo: loucura, espírito romanesco e muitos outros. Alguns dizem que é amor. Olhe, está outra vez aborrecida comigo!

D. Carlota
Oh! não, não, não. (*procurando rir*) É o contrário; estou até muito alegre. Diz-me então que está doente, louco...

Cavalcante
Louco de amor, é o que alguns dizem. Os autores divergem. Eu prefiro amor, por ser mais bonito, mas a moléstia, qualquer que seja a causa, é cruel e terrível. Não pode compreender este *imbroglio*; peça a Deus que a conserve nessa boa e feliz ignorância... Por que é que me está olhando assim? Quer talvez saber...

D. Carlota
Não, não quero saber nada.

Cavalcante
Não é crime ser curiosa.

D. Carlota
Seja ou não loucura, não quero ouvir histórias como a sua.

Cavalcante
Já sabe qual é?

D. Carlota
Não.

Cavalcante
Não tenho direito de interrogá-la; mas há já dez minutos que estamos neste gabinete, falando de coi-

sas bem esquisitas para duas pessoas que apenas se conhecem.

D. Carlota
(*estendendo-lhe a mão*)
Até logo.

Cavalcante
A sua mão está fria. Não se vá ainda embora; hão de achá-la agitada. Sossegue um pouco, sente-se. (*Carlota, senta-se*) Eu retiro-me.

D. Carlota
Passe bem.

Cavalcante
Até logo.

D. Carlota
Volta logo?

Cavalcante
Não, não volto mais; queria enganá-la.

D. Carlota
Enganar-me por quê?

Cavalcante
Porque já fui enganado uma vez. Ouça-me; são duas palavras. Eu gostava muito de uma moça que tinha a sua beleza, e ela casou com outro. Eis a minha moléstia.

D. Carlota
(*erguendo-se*)

Como assim?

Cavalcante
É verdade; casou com outro.

D. Carlota
(*indignada*)

Que ação vil!

Cavalcante
Não acha?

D. Carlota
E ela gostava do senhor?

Cavalcante
Aparentemente; mas, depois vi que eu não era mais que um passatempo.

D. Carlota
(*animando-se aos poucos*)

Um passatempo! Fazia-lhe juramentos, dizia-lhe que o senhor era a sua única ambição, o seu verdadeiro Deus, parecia orgulhosa em contemplá-lo por horas infinitas, dizia-lhe tudo, tudo, umas coisas que pareciam cair do céu, e suspirava...

Cavalcante
Sim, suspirava, mas...

D. Carlota

(*muito animada*)

Um dia abandonou-o, sem uma só palavra de saudade nem de consolação, fugiu e foi casar com uma viúva espanhola!

Cavalcante

(*espantado*)

Uma viúva espanhola!

D. Carlota

Ah! tem muita razão em estar doente!

Cavalcante

Mas que viúva espanhola é essa de que me fala?

D. Carlota

(*caindo em si*)

Eu falei-lhe de uma viúva espanhola?

Cavalcante

Falou.

D. Carlota

Foi engano... Adeus, Sr. Doutor.

Cavalcante

Espere um instante. Creio que me compreendeu. Falou com tal paixão que os médicos não têm. Oh! como eu execro os médicos! principalmente os que me mandam para a China.

D. CARLOTA
O senhor vai para a China?

CAVALCANTE
Vou; mas não diga nada! foi sua mãe que me deu esta receita.

D. CARLOTA
A China é muito longe!

CAVALCANTE
Creio até que está fora do mundo.

D. CARLOTA
Tão longe por quê?

CAVALCANTE
Boa palavra essa. Sim, por que ir à China, se a gente pode sarar na Grécia? Dizem que a Grécia é muito eficaz para estas feridas; há quem afirme que não há melhor para as que são feitas pelos capitães de engenharia. Quanto tempo vai lá passar?

D. CARLOTA
Não sei. Um ano, talvez.

CAVALCANTE
Crê que eu possa sarar num ano?

D. CARLOTA
É possível.

CAVALCANTE
Talvez sejam precisos dois – dois ou três.

D. Carlota
Ou três.

Cavalcante
Quatro, cinco...

D. Carlota
Cinco, seis...

Cavalcante
Depende menos do país que da doença.

D. Carlota
Ou do doente.

Cavalcante
Ou do doente. Já a passagem do mar pode ser que me faça bem. A minha moléstia casou com um primo. A sua (perdoe esta outra indiscrição; é a última) a sua casou com a viúva espanhola. As espanholas, mormente viúvas, são detestáveis. Mas, diga-me uma coisa: se uma pessoa já está curada, que é que vai fazer à Grécia?

D. Carlota
Convalescer, naturalmente. O senhor, como ainda está doente, vai para a China.

Cavalcante
Tem razão. Entretanto, começo a ter medo de morrer... Pensou alguma vez na morte?

D. Carlota

Pensa-se nela, mas lá vem um dia em que a gente aceita a vida, seja como for.

Cavalcante

Vejo que sabe muita coisa.

D. Carlota

Não sei nada; sou uma tagarela, que o senhor obrigou a dar por paus e por pedras; mas, como é a última vez que nos vemos, não importa. Agora, passe bem.

Cavalcante

Adeus, D. Carlota!

D. Carlota

Adeus, doutor!

Cavalcante

Adeus. (*dá um passo para a porta do fundo*) Talvez eu vá a Atenas; não fuja se me vir vestido de frade...

D. Carlota
(*indo a ele*)
De frade? O senhor vai ser frade?

Cavalcante

Frade. Sua mãe aprova-me, contanto que eu vá à China. Parece-lhe que devo obedecer a esta vocação, ainda depois de perdida?

D. Carlota
É difícil obedecer a uma vocação perdida.

Cavalcante
Talvez nem a tivesse, e ninguém se deu ao trabalho de me dissuadir. Foi aqui, a seu lado, que comecei a mudar. A sua voz sai de um coração que padeceu também, e sabe falar a quem padece. Olhe, julgue-me doido, se quiser, mas eu vou pedir-lhe um favor: conceda-me que a ame. (*Carlota, perturbada, volta o rosto*) Não lhe peço que me ame, mas que se deixe amar; é um modo de ser grato. Se fosse uma santa, não podia impedir que lhe acendesse uma vela.

D. Carlota
Não falemos mais nisto, e separemo-nos.

Cavalcante
A sua voz treme; olhe para mim...

D. Carlota
Adeus; aí vem mamãe.

Cena XIII

Os mesmos, D. Leocádia

D. Leocádia
Que é isto, doutor? Então o senhor quer só um ano de China? Vieram pedir-me que reduzisse a sua ausência.

CAVALCANTE
D. Carlota lhe dirá o que eu desejo.

D. CARLOTA
O doutor veio saber se mamãe conhece algum cardeal em Roma.

CAVALCANTE
A princípio era um cardeal; agora basta um vigário.

D. LEOCÁDIA
Um vigário? Para quê?

CAVALCANTE
Não posso dizer.

D. LEOCÁDIA
(*a Carlota*)
Deixa-nos sós, Carlota; o doutor quer fazer-me uma confidência.

CAVALCANTE
Não, não, ao contrário... D. Carlota pode ficar. O que eu quero dizer é que um vigário basta para casar.

D. LEOCÁDIA
Casar a quem?

CAVALCANTE
Não é já, falta-me ainda a noiva.

D. LEOCÁDIA
Mas quem é que me está falando?

CAVALCANTE
Sou eu, D. Leocádia.

D. LEOCÁDIA
O senhor! o senhor! o senhor!

CAVALCANTE
Eu mesmo. Pedi licença a alguém...

D. LEOCÁDIA
Para casar?

Cena XIV

Os mesmos, MAGALHÃES, D. LEOCÁDIA

MAGALHÃES
Consentiu, titia?

D. LEOCÁDIA
Em reduzir a China a um ano? Mas ele agora quer a vida inteira.

MAGALHÃES
Estás doido?

D. LEOCÁDIA
Sim, a vida inteira, mas é para casar. (*D. Carlota fala baixo a D. Adelaide*) Você entende, Magalhães?

CAVALCANTE
Eu, que devia entender, não entendo.

D. ADELAIDE
(que ouviu D. Carlota)
Entendo eu. O Dr. Cavalcante contou as suas tristezas a Carlota, e Carlota, meio curada do seu próprio mal, expôs sem querer o que tinha sentido. Entenderam-se e casam-se.

D. LEOCÁDIA
(a Carlota)
Deveras? *(D. Carlota baixa os olhos)* Bem; como é para saúde dos dois, concedo; são mais duas curas!

MAGALHÃES
Perdão; estas fizeram-se pela receita de um provérbio grego que está aqui neste livro. *(abre o livro)* "Não consultes médico; consulta alguém que tenha estado doente."

LIÇÃO DE BOTÂNICA

PERSONAGENS

D. Helena
D. Leonor
D. Cecília
Barão Sigismundo de Kernoberg

Lugar da cena: Andaraí.

ATO ÚNICO

(*Sala em casa de D. Leonor. Portas ao fundo, uma à direita do espectador.*)

Cena I

D. LEONOR, D. HELENA, D. CECÍLIA
(*D. Leonor entra, lendo uma carta, D. Helena e D. Cecília entram do fundo*)

D. HELENA

Já de volta!

D. CECÍLIA
(*a D. Helena, depois de um silêncio*)
Será alguma carta de namoro?

D. HELENA
(*baixo*)

Criança!

D. Leonor
Não me explicarão isto?

D. Helena
Que é?

D. Leonor
Recebi ao descer do carro este bilhete. "Minha senhora. Permita que o mais respeitoso vizinho lhe peça dez minutos de atenção. Vai nisto um grande interesse da ciência." Que tenho eu com a ciência?

D. Helena
Mas de quem é a carta?

D. Leonor
Do barão Sigismundo de Kernoberg.

D. Cecília
Ah! o tio de Henrique!

Leonor
De Henrique! Que familiaridade é essa?

D. Cecília
Titia, eu...

D. Leonor
Eu quê?... Henrique!

D. Helena
Foi uma maneira de falar na ausência... Com que então o Sr. barão Sigismundo de Kernoberg pede-lhe

dez minutos de atenção, em nome e por amor da ciência. Da parte de um botânico é por força alguma égloga.

D. Leonor
Seja o que for, não sei se deva receber um senhor a quem nunca vimos. Já o viram alguma vez?

D. Cecília
Eu nunca.

D. Helena
Nem eu.

D. Leonor
Botânico e sueco: duas razões para ser gravemente aborrecido. Nada, não estou em casa.

D. Cecília
Mas quem sabe, titia, se ele quer pedir-lhe... sim... um exame no nosso jardim?

D. Leonor
Há por todo esse Andaraí muito jardim para examinar.

D. Helena
Não, senhora, há de recebê-lo.

D. Leonor
Por quê?

D. Helena

Porque é nosso vizinho, porque tem necessidade de falar-lhe, e, enfim, porque, a julgar pelo sobrinho, deve ser um homem distinto.

D. Leonor

Não me lembrava do sobrinho. Vá lá; aturemos o botânico. (*sai pela porta do fundo, à esquerda*)

Cena II

D. Helena, D. Cecília

D. Helena

Não me agradece?

D. Cecília

O quê?

D. Helena

Sonsa! Pois não adivinhas o que vem cá fazer o barão?

D. Cecília

Não.

D. Helena

Vem pedir a tua mão para o sobrinho.

D. Cecília

Helena!

D. HELENA
(*imitando-a*)

Helena!

D. CECÍLIA

Juro...

D. HELENA

Que o não amas.

D. CECÍLIA

Não é isso.

D. HELENA

Que o amas?

D. CECÍLIA

Também não.

D. HELENA

Mau! Alguma coisa há de ser. *Il faut qu'une porte soit ouverte ou fermée.* Porta neste caso é coração. O teu coração há de estar fechado ou aberto...

D. CECÍLIA

Perdi a chave.

D. HELENA
(*rindo*)

E não o podes fechar outra vez. São assim todos os corações ao pé de todos os Henriques. O teu Henrique viu a porta aberta, e tomou posse do lugar. Não escolheste mal, não; é um bonito rapaz.

D. CECÍLIA

Oh! uns olhos!

D. HELENA

Azuis.

D. CECÍLIA

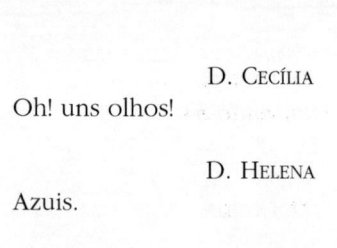

Como o céu.

D. HELENA

Louro...

D. CECÍLIA

Elegante...

D. HELENA

Espirituoso...

D. CECÍLIA

E bom...

D. HELENA

Uma pérola. (*suspira*) Ah!

D. CECÍLIA

Suspiras?

D. HELENA

Que há de fazer uma viúva falando... de uma pérola?

D. CECÍLIA

Oh! tens naturalmente em vista algum diamante de primeira grandeza.

D. Helena

Não tenho, não; meu coração já não quer jóias.

D. Cecília

Mas as jóias querem o teu coração.

D. Helena

Tanto pior para elas: hão de ficar em casa do joalheiro.

D. Cecília

Veremos isso. (*sobe*) Ah!

D. Helena

Que é?

D. Cecília
(*olhando para a direita*)

Um homem desconhecido que lá vem; há de ser o barão.

D. Helena

Vou avisar titia. (*sai pelo fundo, à esquerda*)

Cena III

D. Cecília, Barão

D. Cecília

Será deveras ele? Estou trêmula... Henrique não me avisou de nada... Virá pedir-me?... Mas não, não, não pode ser ele... Tão moço!... (*o barão aparece*)

BARÃO

(*à porta, depois de profunda cortesia*)

Creio que a Excelentíssima Sra. D. Leonor Gouvêa recebeu uma carta... Vim sem esperar a resposta.

D. CECÍLIA

É o Sr. barão Sigismundo de Kernoberg? (*o barão faz um gesto afirmativo*) Recebeu. Queira entrar e sentar-se. (*à parte*) Devo estar vermelha...

BARÃO

(*à parte, olhando para Cecília*)

Há de ser esta.

D. CECÍLIA

(*à parte*)

E titia não vem... Que demora!... Não sei que lhe diga... estou tão vexada... (*o barão tira um livro da algibeira e folheia-o*) Se eu pudesse deixá-lo... É o que vou fazer. (*sobe*)

BARÃO

(*fechando o livro e erguendo-se*)

V. Exa. há de desculpar-me. Recebi hoje mesmo este livro da Europa; é obra que vai fazer revolução na ciência; nada menos que uma monografia das gramíneas, premiada pela Academia de Estocolmo.

D. CECÍLIA

Sim? (*à parte*) Aturemo-lo, pode vir a ser meu tio.

Barão
As gramíneas têm ou não têm perianto? A princípio adotou-se a negativa, posteriormente... V. Exa. talvez não conheça o que é o perianto...

D. Cecília
Não, senhor.

Barão
Perianto compõe-se de duas palavras gregas: *peri*, em volta, e *anthos,* flor.

D. Cecília
O envólucro da flor.

Barão
Acertou. É o que vulgarmente se chama cálix. Pois as gramíneas eram tidas... (*aparece D. Leonor ao fundo*) Ah!

Cena IV

Os mesmos, D. Leonor

D. Leonor
Desejava falar-me?

Barão
Se me dá essa honra. Vim sem esperar resposta à minha carta. Dez minutos apenas.

D. Leonor
Estou às suas ordens.

D. Cecília
Com licença. (*à parte, olhando para o céu*) Ah! minha Nossa Senhora! (*retira-se pelo fundo*)

Cena V

D. Leonor, Barão
(*D. Leonor senta-se, fazendo um gesto ao barão que a imita*)

Barão
Sou o barão Sigismundo de Kernoberg, seu vizinho, botânico de vocação, profissão e tradição, membro da Academia de Estocolmo, e comissionado pelo governo da Suécia para estudar a flora da América do Sul. V. Exa. dispensa a minha biografia? (*D. Leonor faz um gesto afirmativo*) Direi somente que o tio de meu tio foi botânico, meu tio botânico, eu botânico, e meu sobrinho há de ser botânico. Todos somos botânicos de tios a sobrinhos. Isto de algum modo explica minha vinda a esta casa.

D. Leonor
Oh! o meu jardim é composto de plantas vulgares.

Barão
(*gracioso*)
É porque as melhores flores da casa estão dentro de casa. Mas V. Exa. engana-se; não venho pedir nada do seu jardim.

D. Leonor
Ah!

Barão

Venho pedir-lhe uma coisa que lhe há de parecer singular.

D. Leonor

Fale.

Barão

O padre desposa a igreja; eu desposei a ciência. Saber é o meu estado conjugal; os livros são a minha família. Numa palavra, fiz voto de celibato.

D. Leonor

Não se case.

Barão

Justamente. Mas, V. Exa. compreende que, sendo para mim ponto de fé que a ciência não se dá bem com o matrimônio, nem eu devo casar, nem... V. Exa. já percebeu.

D. Leonor

Coisa nenhuma.

Barão

Meu sobrinho Henrique anda estudando comigo os elementos da botânica. Tem talento, há de vir a ser um luminar da ciência. Se o casamos, está perdido.

D. Leonor

Mas...

BARÃO
(à parte)
Não entendeu. (alto) Sou obrigado a ser mais franco. Henrique anda apaixonado por uma de suas sobrinhas, creio que esta que saiu daqui, há pouco. Impus-lhe que não voltasse a esta casa; ele resistiu-me. Só me resta um meio: é que V. Exa. lhe feche a porta.

D. LEONOR
Sr. barão!

BARÃO
Admira-se do pedido? Creio que não é polido nem conveniente. Mas é necessário, minha senhora, é indispensável. A ciência precisa de mais um obreiro: não o encadeiemos no matrimônio.

D. LEONOR
Não sei se devo sorrir do pedido...

BARÃO
Deve sorrir, sorrir e fechar-nos a porta. Terá os meus agradecimentos e as bençãos da posteridade.

D. LEONOR
(sorrindo)
Não é preciso tanto; posso fechá-la de graça.

BARÃO
Justo. O verdadeiro benefício é gratuito.

D. Leonor

Antes, porém, de nos despedirmos, desejava dizer uma coisa e perguntar outra. (*o barão curva-se*) Direi primeiramente que ignoro se há tal paixão da parte de seu sobrinho; em segundo lugar, perguntarei se na Suécia estes pedidos são usuais.

Barão

Na geografia intelectual não há Suécia nem Brasil; os países são outros: astronomia, geologia, matemáticas; na botânica, são obrigatórios.

D. Leonor

Todavia, à força de andar com flores... deviam os botânicos trazê-las consigo.

Barão

Ficam no gabinete.

D. Leonor

Trazem os espinhos somente.

Barão

V. Exa. tem espírito. Compreendo a afeição de Henrique a esta casa. (*levanta-se*) Promete-me então...

D. Leonor
(*levantando-se*)

Que faria no meu caso?

Barão

Recusava.

D. Leonor
Com prejuízo da ciência?

Barão
Não, porque nesse caso a ciência mudaria de acampamento, isto é, o vizinho prejudicado escolheria outro bairro para seus estudos.

D. Leonor
Não lhe parece que era melhor ter feito isso mesmo, antes de arriscar um pedido ineficaz?

Barão
Quis primeiro tentar fortuna.

Cena VI

D. Leonor, Barão, D. Helena

D. Helena
(*entra e pára*)
Ah!

D. Leonor
Entra, não é assunto reservado. O Sr. barão de Kernoberg... (*ao barão*) É minha sobrinha Helena. (*a Helena*) Aqui o Sr. barão vem pedir que o não perturbemos no estudo da botânica. Diz que seu sobrinho Henrique está destinado a um lugar honroso na ciência, e... Conclua, Sr. barão.

BARÃO
Não convém que se case, a ciência exige o celibato.

D. LEONOR
Ouviste?

D. HELENA
Não compreendo...

BARÃO
Uma paixão louca de meu sobrinho pode impedir que... Minhas senhoras, não desejo roubar-lhes mais tempo... Confio em V. Exa., minha senhora... Ser-lhe-ei eternamente grato. Minhas senhoras. (*faz uma grande cortesia e sai*)

Cena VII

D. HELENA, D. LEONOR

D. LEONOR
(*rindo*)
Que urso!

D. HELENA
Realmente...

D. LEONOR
Perdôo-lhe em nome da ciência. Fique com as suas ervas, e não nos aborreça mais, nem ele nem o sobrinho.

D. HELENA
Nem o sobrinho?

D. LEONOR
Nem o sobrinho, nem o criado, nem o cão, se o houver, nem coisa nenhuma que tenha relação com a ciência. Enfada-te? Pelo que vejo, entre o Henrique e a Cecília há tal ou qual namoro?

D. HELENA
Se promete segredo... há.

D. LEONOR
Pois acabe-se o namoro.

D. HELENA
Não é fácil. O Henrique é um perfeito cavalheiro; ambos são dignos um do outro. Por que razão impedirmos que dois corações...

D. LEONOR
Não sei de corações, não hão de faltar casamentos a Cecília.

D. HELENA
Certamente que não, mas os casamentos não se improvisam nem se projetam na cabeça; são atos do coração, que a igreja santifica. Tentemos uma coisa.

D. LEONOR
Que é?

D. HELENA
Reconciliemo-nos com o barão.

D. LEONOR

Nada, nada.

D. HELENA

Pobre Cecília!

D. LEONOR

É ter paciência, sujeite-se às circunstâncias... (*a D. Cecília, que entra*) Ouviste?

D. CECÍLIA

O que, titia?

D. LEONOR

Helena te explicará tudo. (*a D. Helena baixo*) Tira-lhe todas as esperanças. (*indo-se*) Que urso! Que urso!

Cena VIII

D. HELENA, D. CECÍLIA

D. CECÍLIA

Que aconteceu?

D. HELENA

Aconteceu... (*olha com tristeza para ela*)

D. CECÍLIA

Acaba.

D. HELENA

Pobre Cecília!

D. Cecília
Titia recusou a minha mão?

D. Helena
Qual! O barão é que se opõe ao casamento.

D. Cecília
Opõe-se!

D. Helena
Diz que a ciência exige o celibato do sobrinho. (*D. Cecília encosta-se a uma cadeira*) Mas sossega; nem tudo está perdido; pode ser que o tempo...

D. Cecília
Mas quem impede que ele estude?

D. Helena
Mania de sábio. Ou então, evasiva do sobrinho.

D. Cecília
Oh! não! é impossível; Henrique é uma alma angélica! Respondo por ele. Há de certamente opor-se a semelhante exigência...

D. Helena
Não convém precipitar as coisas. O barão pode zangar-se e ir-se embora.

D. Cecília
Que devo então fazer?

D. Helena
Esperar. Há tempo para tudo.

D. Cecília

Pois bem, quando Henrique vier...

D. Helena

Não vem, titia resolveu fechar a porta a ambos.

D. Cecília

Impossível!

D. Helena

Pura verdade. Foi uma exigência do barão.

D. Cecília

Ah! conspiram todos contra mim. (*põe as mãos na cabeça*) Sou muito infeliz! Que mal fiz eu a essa gente? Helena, salva-me! Ou eu mato-me! Anda, vê se descobres um meio...

D. Helena
(*indo sentar-se*)

Que meio?

D. Cecília
(*acompanhando-a*)

Um meio qualquer que não nos separe!

D. Helena

Há um.

D. Cecília

Qual? Dize.

D. Helena

Casar.

D. Cecília

Oh! não zombes de mim! Tu também amaste, Helena; deves respeitar estas angústias. Não tornar a ver o meu Henrique é uma idéia intolerável. Anda, minha irmãzinha. (*ajoelha-se inclinando o corpo sobre o regaço de D. Helena*) Salva-me! És tão inteligente, que hás de achar por força alguma idéia; anda, pensa!

D. Helena
(*beijando-lhe a testa*)
Criança! Supões que seja coisa tão fácil assim?

D. Cecília
Para ti há de ser fácil.

D. Helena

Lisonjeira! (*pega maquinalmente no livro deixado pelo barão sobre a cadeira*) A boa vontade não pode tudo; é preciso... (*tem aberto o livro*) Que livro é este?... Ah! talvez do barão.

D. Cecília
Mas vamos... continua.

D. Helena.
Isto há de ser sueco... trata talvez de botânica. Sabes sueco?

D. Cecília

Helena!

D. Helena

Quem sabe se este livro pode salvar tudo? (*depois de um instante de reflexão*) Sim, é possível. Tratará de botânica?

D. Cecília

Trata.

D. Helena

Quem te disse?

D. Cecília

Ouvi dizer ao barão, trata das...

D. Helena

Das...

D. Cecília

Das gramíneas?

D. Helena

Só das gramíneas?

D. Cecília

Não sei; foi premiado pela Academia de Estocolmo.

D. Helena

De Estocolmo. Bem. (*levanta-se*)

D. Cecília
(*levantando-se*)

Mas que é?

D. Helena

Vou mandar-lhe o livro...

D. Cecília

Que mais?

D. Helena

Com um bilhete.

D. Cecília
(*olhando para a direita*)

Não é preciso; lá vem ele.

D. Helena

Ah!

D. Cecília

Que vais fazer?

D. Helena

Dar-lhe o livro.

D. Cecília

O livro, e...

D. Helena

E as despedidas.

D. Cecília

Não compreendo.

D. HELENA
Espera e verás.

D. CECÍLIA
Não posso encará-lo; adeus.

D. HELENA
Cecília! (*D. Cecília sai*)

Cena IX

D. HELENA, BARÃO

BARÃO
(*à porta*)
Perdão, minha senhora; eu trazia um livro há pouco...

D. HELENA
(*com o livro na mão*)
Será este?

BARÃO
(*caminhando para ela*)
Justamente.

D. HELENA
Escrito em sueco, penso eu...

BARÃO
Em sueco.

D. HELENA
Trata naturalmente de botânica.

BARÃO
Das gramíneas.

D. HELENA
(*com interesse*)
Das gramíneas!

BARÃO
De que se espanta?

D. HELENA
Um livro publicado...

BARÃO
Há quatro meses.

D. HELENA
Premiado pela Academia de Estocolmo?

BARÃO
(*admirado*)
É verdade. Mas...

D. HELENA
Que pena que eu não saiba sueco!

BARÃO
Tinha notícia do livro?

D. HELENA
Certamente. Ando ansiosa por lê-lo.

BARÃO
Perdão, minha senhora. Sabe botânica?

D. HELENA
Não ouso dizer que sim, estudo alguma coisa; leio quando posso. É ciência profunda e encantadora.

BARÃO
(*com calor*)
É a primeira em todas.

D. HELENA
Não me atrevo a apoiá-lo, porque nada sei das outras e poucas luzes tenho de botânica, apenas as que pode dar um estudo solitário e deficiente. Se a vontade suprisse o talento...

BARÃO
Por que não? *Le génie, c'est la patience*, dizia Buffon.

D. HELENA
(*sentando-se*)
Nem sempre.

BARÃO
Realmente, estava longe de supor que, tão perto de mim, uma pessoa tão distinta dava algumas horas vagas ao estudo da minha bela ciência.

D. HELENA
Da sua esposa.

Barão
(sentando-se)

É verdade. Um marido pode perder a mulher, e se a amar deveras, nada a compensará neste mundo, ao passo que a ciência não morre... Morremos nós, ela sobrevive com todas as graças do primeiro dia, ou ainda maiores, porque cada descoberta é um encanto novo.

D. Helena

Oh! tem razão!

Barão

Mas, diga-me V. Exa.: tem feito estudo especial das gramíneas?

D. Helena

Por alto... por alto...

Barão

Contudo, sabe que a opinião dos sábios não admitia o perianto... (*D. Helena faz sinal afirmativo*) Posteriormente reconheceu-se a existência do perianto. (*novo gesto de D. Helena*) Pois este livro refuta a segunda opinião.

D. Helena

Refuta o perianto?

Barão

Completamente.

D. Helena

Acho temeridade.

Barão

Também eu supunha isso... Li-o, porém, e a demonstração é claríssima. Tenho pena que não possa lê-lo. Se me dá licença, farei uma tradução portuguesa e daqui a duas semanas...

D. Helena

Não sei se deva aceitar...

Barão

Aceite; é o primeiro passo para me não recusar segundo pedido.

D. Helena

Qual?

Barão

Que me deixe acompanha-lá em seus estudos, repartir o pão do saber com V. Exa. É a primeira vez que a fortuna me depara uma discípula. Discípula é, talvez, ousadia da minha parte...

D. Helena

Ousadia, não; eu sei muito pouco; posso dizer que não sei nada.

Barão

A modéstia é o aroma do talento, como o talento é o esplendor da graça. V. Exa. possui tudo isso.

Posso compará-la à violeta – *viola odorata* de Lineu –, que é formosa e recatada...

D. HELENA
(*interrompendo*)
Pedirei licença à minha tia. Quando será a primeira lição?

BARÃO
Quando quiser. Pode ser amanhã. Tem certamente notícia da anatomia vegetal...

D. HELENA
Notícia incompleta.

BARÃO
Da fisiologia?

D. HELENA
Um pouco menos.

BARÃO
Nesse caso, nem a taxonomia, nem a fitografia...

D. HELENA
Não fui até lá.

BARÃO
Mas há de ir... Verá que mundos novos se lhe abrem diante do espírito. Estudaremos, uma por uma, todas as famílias, as orquídeas, as jasmíneas, as rubiáceas, as oleáceas, as narcíseas, as umbelíferas, as...

D. HELENA
Tudo, desde que se trate de flores.

BARÃO
Compreendo: amor de família.

D. HELENA
Bravo! um cumprimento!

BARÃO
(*folheando o livro*)
A ciência os permite.

D. HELENA
(*à parte*)
O mestre é perigoso. (*alto*) Tinham-me dito exatamente o contrário; disseram-me que o Sr. barão era... não sei como diga... era...

BARÃO
Talvez um urso.

D. HELENA
Pouco mais ou menos.

BARÃO
E sou.

D. HELENA
Não creio.

BARÃO
Por que não crê?

D. Helena
Por que o vejo amável.

Barão
Suportável apenas.

D. Helena
Demais, imaginava-o uma figura muito diferente, um velho macilento, melenas caídas, olhos encovados.

Barão
Estou velho, minha senhora.

D. Helena
Trinta e seis anos.

Barão
Trinta e nove.

D. Helena
Plena mocidade.

Barão
Velho para o mundo. Que posso eu dar ao mundo senão a minha prosa científica?

D. Helena
Só uma coisa lhe acho inaceitável.

Barão
Que é?

D. HELENA

A teoria de que o amor e a ciência são incompatíveis.

BARÃO

Oh! isso...

D. HELENA

Dá-se o espírito à ciência e o coração ao amor. São territórios diferentes, ainda que limítrofes.

BARÃO

Um acaba por anexar o outro.

D. HELENA

Não creio.

BARÃO

O casamento é uma bela coisa, mas o que faz bem a uns, pode fazer mal a outros. Sabe que Mafoma não permite o uso do vinho aos seus sectários. Que fazem os turcos? Extraem o suco de uma planta, da família das papaveráceas, bebem-no, e ficam alegres. Esse licor, se nós o bebêssemos, matar-nos-ia. O casamento, para nós, é o vinho turco.

D. HELENA
(*erguendo os ombros*)
Comparação não é argumento. Demais, houve e há sábios casados.

BARÃO

Que seriam mais sábios se não fossem casados.

D. HELENA
Não fale assim. A esposa fortifica a alma do sábio. Deve ser um quadro delicioso para o homem que despende as suas horas na investigação da natureza, fazê-lo ao lado da mulher que o ampara e anima, testemunha de seus esforços, sócia de suas alegrias, atenta, dedicada, amorosa. Será vaidade de sexo? Pode ser, mas eu creio que o melhor prêmio do mérito é o sorriso da mulher amada. O aplauso público é mais ruidoso, mas muito menos tocante que a aprovação doméstica.

BARÃO
(*depois de um instante de hesitação e luta*)
Falemos da nossa lição.

D. HELENA
Amanhã, se minha tia consentir. (*levanta-se*) Até amanhã, não?

BARÃO
Hoje mesmo, se o ordenar.

D. HELENA
Acredita que não perderei o tempo?

BARÃO
Estou certo que não.

D. HELENA
Serei acadêmica de Estocolmo?

BARÃO
Conto que terei essa honra.

D. HELENA
(*cortejando*)
Até amanhã.

BARÃO
(*o mesmo*)
Minha senhora! (*D. Helena sai pelo fundo, esquerda, o barão caminha para a direita, mas volta para buscar o livro que ficara sobre a cadeira ou sofá*)

Cena X

BARÃO, D. LEONOR

BARÃO
(*pensativo*)
Até amanhã! Devo eu cá voltar? Talvez não devesse, mas é interesse da ciência... a minha palavra empenhada... O pior de tudo é que a discípula é graciosa e bonita. Nunca tive discípula, ignoro até que ponto é perigoso... Ignoro? Talvez não... (*põe a mão no peito*) Que é isto?... (*resoluto*) Não, sicambro! Não hás de adorar o que queimaste! Eia, volvamos às flores e deixemos esta casa para sempre. (*entra D. Leonor*)

D. LEONOR
(*vendo o barão*)
Ah!

BARÃO
Voltei há dois minutos; vim buscar este livro. (*cumprimentando*) Minha senhora!

D. LEONOR

Sr. barão!

BARÃO
(*vai até à porta e volta*)
Creio que V. Exa. não me fica querendo mal?

D. LEONOR
Certamente que não.

BARÃO
(*cumprimentando*)
Minha senhora!

D. LEONOR
(*idem*)
Sr. barão!

BARÃO
(*vai à porta e volta*)
A senhora D. Helena não lhe falou agora?

D. LEONOR
Sobre quê?

BARÃO
Sobre umas lições de botânica...

D. LEONOR
Não me falou em nada...

BARÃO
(*cumprimentando*)
Minha senhora!

D. Leonor
(*idem*)

Sr. barão! (*barão sai*) Que esquisitão! Valia a pena cultivá-lo de perto.

Barão
(*reaparecendo*)

Perdão...

D. Leonor

Ah! Que manda?

Barão
(*aproxima-se*)

Completo a minha pergunta. A sobrinha de V. Exa. falou-me em receber algumas lições de botânica. V. Exa. consente? (*pausa*) Há de parecer-lhe esquisito este pedido, depois do que tive a honra de fazer-lhe há pouco...

D. Leonor

Sr. barão, no meio de tantas cópias e imitações humanas...

Barão

Eu acabo: sou original.

D. Leonor

Não ouso dizê-lo.

Barão

Sou; noto, entretanto, que a observação de V. Exa. não responde à minha pergunta.

D. Leonor

Bem sei; por isso mesmo é que a fiz.

Barão

Nesse caso...

D. Leonor

Nesse caso, deixe-me refletir.

Barão

Cinco minutos?

D. Leonor

Vinte e quatro horas.

Barão

Nada menos?

D. Leonor

Nada menos.

Barão
(*cumprimentando*)

Minha senhora!

D. Leonor
(*idem*)

Sr. barão! (*sai o barão*)

Cena XI

D. Leonor, D. Cecília

D. Leonor

Singular é ele, mas não menos singular é a idéia de Helena. Para que quererá ela aprender botânica?

D. Cecília

(*entrando*)

Helena! (*D. Leonor volta-se*) Ah! é titia.

D. Leonor

Sou eu.

D. Cecília

Onde está Helena?

D. Leonor

Não sei, talvez lá em cima. (*D. Cecília dirige-se para o fundo*) Onde vais?...

D. Cecília

Vou...

D. Leonor

Acaba.

D. Cecília

Vou consertar o penteado.

D. Leonor

Vem cá; conserto eu. (*D. Cecília aproxima-se de D. Leonor*) Não é preciso, está excelente. Dize-me: estás muito triste!

D. Cecília
(*muito triste*)
Não, senhora; estou alegre.

D. Leonor
Mas, Helena disse-me que tu...

D. Cecília
Foi gracejo.

D. Leonor
Não creio; tens alguma coisa que te aflige; hás de contar-me tudo.

D. Cecília
Não posso.

D. Leonor
Não tens confiança em mim?

D. Cecília
Oh! toda!

D. Leonor
Pois eu exijo... (*vendo Helena, que aparece à porta do fundo, esquerda*) Ah! chegas a propósito.

Cena XII

D. Leonor, D. Cecília, D. Helena

D. Helena
Para quê?

D. Leonor
Explica-me que história é essa que me contou o barão?

D. Cecília
(*com curiosidade*)
O barão?

D. Leonor
Parece que estás disposta a estudar botânica.

D. Helena
Estou.

D. Cecília
(*sorrindo*)
Com o barão?

D. Helena
Com o barão.

D. Leonor
Sem o meu consentimento?

D. Helena
Com o seu consentimento.

D. Leonor
Mas de que te serve saber botânica?

D. Helena
Serve para conhecer as flores dos *bouquets*, para não confundir jasmíneas com rubiáceas, nem bromélias com umbelíferas.

D. LEONOR

Com quê?

D. HELENA

Umbelíferas.

D. LEONOR

Umbe...

D. HELENA

... líferas. Umbelíferas.

D. LEONOR

Virgem santa! E que ganhas tu com esses nomes bárbaros?

D. HELENA

Muita coisa.

D. CECÍLIA
(*à parte*)

Boa Helena! Compreendo tudo.

D. HELENA

O perianto, por exemplo; a senhora talvez ignore a questão do perianto... a questão das gramíneas...

D. LEONOR

E dou graças a Deus!

D. CECÍLIA
(*animada*)

Oh! deve ser uma questão importantíssima!

D. Leonor
(espantada)

Também tu!

D. Cecília

Só o nome! Perianto! É nome grego, titia; um delicioso nome grego. (*à parte*) Estou morta por saber do que se trata.

D. Leonor

Vocês fazem-me perder o juízo! Aqui andam bruxas, decerto. Perianto de um lado, bromélias de outro; uma língua de gentios, avessa à gente cristã. Que quer dizer tudo isso?

D. Cecília

Quer dizer que a ciência é uma grande coisa e que não há remédio senão adorar a botânica.

D. Leonor

Que mais?

D. Cecília

Que mais? Quer dizer que a noite de hoje há de estar deliciosa, e poderemos ir ao teatro lírico. Vamos, sim? Amanhã é o baile do conselheiro, e sábado o casamento da Júlia Marcondes. Três dias de festas! Prometo divertir-me muito, muito, muito. Estou tão contente! Ria-se, titia; ria-se e dê-me um beijo!

D. Leonor

Não dou, não, senhora. Minha opinião é contra a botânica, e isto mesmo vou escrever ao barão.

D. HELENA
Reflita primeiro; basta amanhã!

D. LEONOR
Há de ser hoje mesmo! Esta casa está ficando muito sueca; voltemos a ser brasileiros. Vou escrever ao urso. Acompanha-me, Cecília; hás de contar-me o que há. (*saem*)

Cena XIII

D. HELENA, BARÃO

D. HELENA
Cecília deitou tudo a perder... Não se pode fazer nada com crianças... Tanto pior para ela. (*pausa*) Quem sabe se tanto melhor para mim? Pode ser. Aquele professor não é assaz velho, como convinha. Além disso, há nele um ar de diamante bruto, uma alma apenas coberta pela crosta científica, mas cheia de fogo e luz. Se eu viesse a arder ou cegar... (*levanta os ombros*) Que idéia! Não passa de um urso, como titia lhe chama, um urso com patas de rosas.

BARÃO
(*aproximando-se*)
Perdão, minha senhora. Ao atravessar a chácara, ia pensando no nosso acordo, e, sinto dizê-lo, mudei de resolução.

D. HELENA
Mudou?

Barão
(aproximando-se)

Mudei.

D. Helena
Pode saber-se o motivo?

Barão
São três. O primeiro é o meu pouco saber... Ri-se?

D. Helena
De incredulidade. O segundo motivo...

Barão
O segundo motivo é o meu gênio áspero e despótico.

D. Helena
Vejamos o terceiro.

Barão
O terceiro é a sua idade. Vinte e um anos, não?

D. Helena
Vinte e dois.

Barão
Solteira?

D. Helena
Viúva.

Barão
Perpetuamente viúva?

D. Helena
Talvez.

Barão
Nesse caso, quarto motivo: a sua viuvez perpétua.

D. Helena
Conclusão: todo o nosso acordo está desfeito.

Barão
Não digo que esteja; só por mim não o posso romper. V. Exa. porém avaliará as razões que lhe dou, e decidirá se ele deve ser mantido.

D. Helena
Suponha que respondo afirmativamente.

Barão
Paciência! obedecerei.

D. Helena
De má vontade?

Barão
Não; mas com grande desconsolação.

D. Helena
Pois, Sr. barão, não desejo violentá-lo; está livre.

Barão
Livre, e não menos desconsolado.

D. Helena
Tanto melhor!

BARÃO

Como assim?

D. HELENA

Nada mais simples: vejo que é caprichoso e incoerente.

BARÃO

Incoerente, é verdade.

D. HELENA

Irei procurar outro mestre.

BARÃO

Outro mestre! Não faça isso.

D. HELENA

Por quê?

BARÃO

Porque... (*pausa*) V. Exa. é inteligente bastante para dispensar mestres.

D. HELENA

Quem lho disse?

BARÃO

Adivinha-se.

D. HELENA

Bem; irei queimar os olhos nos livros.

BARÃO

Oh! seria estragar as mais belas flores do mundo!

D. Helena
(*sorrindo*)
Mas então nem mestres nem livros.

Barão
Livros, mas aplicação moderada. A ciência não se colhe de afogadilho; é preciso penetrá-la com segurança e cautela.

D. Helena
Obrigada. (*estendendo-lhe a mão*) E visto que me recusa as suas lições, adeus.

Barão
Já!

D. Helena
Pensei que queria retirar-se.

Barão
Queria e custa-me. Em todo o caso, não desejava sair sem que V. Exa. me dissesse francamente o que pensa de mim. Bem ou mal?

D. Helena
Bem e mal.

Barão
Pensa então...

D. Helena
Penso que é inteligente e bom, mas caprichoso e egoísta.

Barão
Egoísta!

D. Helena
Em toda a força da expressão. (*senta-se*) Por egoísmo, – científico, é verdade, – opõe-se às afeições de seu sobrinho; por egoísmo, recusa-me as suas lições. Creio que o Sr. barão nasceu para mirar-se no vasto espelho da natureza, a sós consigo, longe do mundo e seus enfados. Aposto que, desculpe a indiscrição da pergunta, – aposto que nunca amou?

Barão
Nunca.

D. Helena
De maneira que nunca uma flor teve a seus olhos outra aplicação, além do estudo?

Barão
Engana-se.

D. Helena
Sim?

Barão
Depositei algumas coroas de goivos no túmulo de minha mãe.

D. Helena
Ah!

BARÃO
Há em mim alguma coisa mais do que eu mesmo. Há a poesia das afeições por baixo da prova científica. Não a ostento, é verdade; mas sabe V. Exa. o que tem sido a minha vida? Um claustro. Cedo perdi o que havia mais caro: a família. Desposei a ciência, que me tem servido de alegrias, consolações e esperanças. Deixemos, porém, tão tristes memórias...

D. HELENA
Memórias de homem; até aqui eu só via o sábio.

BARÃO
Mas o sábio reaparece e enterra o homem. Volto à vida vegetativa... se me é lícito arriscar um trocadilho em português, que eu não sei bem se o é. Pode ser que não passe de aparência. Todo eu sou aparências, minha senhora, aparências de homem, de linguagem e até de ciência.

D. HELENA
Quer que o elogie?

BARÃO
Não; desejo que me perdoe.

D. HELENA
Perdoar-lhe o quê?

BARÃO
A incoerência de que me acusava há pouco.

D. Helena
Tanto perdôo que o imito. Mudo igualmente de resolução, e dou de mão ao estudo.

Barão
Não faça isso!

D. Helena
Não lerei uma só linha de botânica, que é a mais aborrecível ciência do mundo.

Barão
Mas o seu talento...

D. Helena
Não tenho talento; tinha curiosidade.

Barão
É a chave do saber.

D. Helena
Que monta isso? A porta fica tão longe!

Barão
É certo, mas o caminho é de flores.

D. Helena
Com espinhos.

Barão
Eu lhe quebrarei os espinhos.

D. Helena
De que modo?

BARÃO
Serei seu mestre.

D. HELENA
(*levanta-se*)
Não! Respeito os seus escrúpulos. Subsistem, penso eu, os motivos que alegou. Deixe-me ficar na minha ignorância.

BARÃO
É a última palavra de V. Exa.?

D. HELENA
Última.

BARÃO
(*com ar de despedida*)
Nesse caso... aguardo as suas ordens.

D. HELENA
Que se não esqueça de nós.

BARÃO
Crê possível que me esquecesse?

D. HELENA
Naturalmente: um conhecimento de vinte minutos.

BARÃO
O tempo importa pouco ao caso. Não me esquecerei nunca mais destes vinte minutos, os melhores

da minha vida, os primeiros que hei realmente vivido. A ciência não é tudo, minha senhora. Há alguma coisa mais, além do espírito, alguma coisa essencial ao homem, e...

D. HELENA

Repare, Sr. barão, que está falando à sua ex-discípula.

BARÃO

A minha ex-discípula tem coração, e sabe que o mundo intelectual é estreito para conter o homem todo; sabe que a vida moral é uma necessidade do ser pensante.

D. HELENA

Não passemos da botânica à filosofia, nem tanto à terra, nem tanto ao céu. O que o Sr. barão quer dizer, em boa e mediana prosa, é que estes vinte minutos de palestra não o enfadaram de todo. Eu digo a mesma coisa. Pena é que fossem só vinte minutos, e que o Sr. barão volte às suas amadas plantas; mas é força ir ter com elas, não quero tolher-lhe os passos. Adeus! (*inclinando-se como a despedir-se*)

BARÃO
(*cumprimentando*)
Minha senhora! (*caminha até à porta e pára*) Não transporei mais esta porta?

D. HELENA
Já a fechou por suas próprias mãos.

Barão
A chave está nas suas.

D. Helena
(*olhando para as mãos*)
Nas minhas?

Barão
(*aproximando-se*)
Decerto.

D. Helena
Não a vejo.

Barão
É a esperança. Dê-me a esperança de que...

D. Helena
(*depois de uma pausa*)
A esperança de que...

Barão
A esperança de que... a esperança de...

D. Helena
(*que tem tirado uma flor de um vaso*)
Creio que lhe será mais fácil definir esta flor.

Barão
Talvez.

D. Helena
Mas não é preciso dizer mais: adivinhei-o.

BARÃO
(*alvoroçado*)

Adivinhou?

D. HELENA

Adivinhei que queria a todo o transe ser meu mestre.

BARÃO
(*friamente*)

É isso.

D. HELENA

Aceito.

BARÃO

Obrigado.

D. HELENA

Parece-me que ficou triste?...

BARÃO

Fiquei, pois que só adivinhou metade do meu pensamento. Não adivinhou que eu... por que o não direi? di-lo-ei francamente... Não adivinhou que...

D. HELENA

Que...

BARÃO
(*depois de alguns esforços para falar*)
Nada... nada...

D. Leonor
(*dentro*)
Não admito!

Cena XIV

D. Helena, Barão, D. Leonor, D. Cecília

D. Cecília
(*entrando pelo fundo com D. Leonor*)
Mas titia...

D. Leonor
Não admito, já disse! Não te faltam casamentos. (*vendo o barão*) Ainda aqui!

Barão
Ainda e sempre, minha senhora.

D. Leonor
Nova originalidade.

Barão
Oh! não! A coisa mais vulgar do mundo. Refleti, minha senhora, e venho pedir para meu sobrinho a mão de sua encantadora sobrinha. (*gesto de Cecília*)

D. Leonor
A mão de Cecília!

D. Cecília
Que ouço!

BARÃO
O que eu lhe pedia há pouco era uma extravagância, um ato de egoísmo e violência, além de descortesia que era, e que V. Exa. me perdoou, atendendo à singularidade das minhas maneiras. Vejo tudo isso agora...

D. LEONOR
Não me oponho ao casamento, se for do agrado de Cecília.

D. CECÍLIA
(*baixo a D. Helena*)
Obrigada! Foste tu...

D. LEONOR
Vejo que o Sr. barão refletiu.

BARÃO
Não foi só reflexão, foi também resolução.

D. LEONOR
Resolução?

BARÃO
(*gravemente*)
Minha senhora, atrevo-me a fazer outro pedido.

D. LEONOR
Ensinar botânica a Helena? Já me deu vinte e quatro horas para responder.

BARÃO
Peço-lhe mais do que isso; V. Exa. que é, por assim dizer, irmã mais velha de sua sobrinha, pode intervir junto dela para... (*pausa*)

D. LEONOR
Para...

D. HELENA
Acabo eu. O que o Sr. barão deseja é a minha mão.

BARÃO
Justamente!

D. LEONOR
(*espantada*)
Mas... Não compreendo nada.

BARÃO
Não é preciso compreender; basta pedir.

D. HELENA
Não basta pedir; é preciso alcançar.

BARÃO
Não alcançarei?

D. HELENA
Dê-me três meses de reflexão.

BARÃO
Três meses é a eternidade.

D. HELENA
Uma eternidade de noventa dias.

BARÃO
Depois dela, a felicidade ou o desespero?

D. HELENA
(*estendendo-lhe a mão*)
Está nas suas mãos a escolha. (*a D. Leonor*) Não se admire tanto, titia; tudo isto é botânica aplicada.

O MIOLO DESTE LIVRO FOI IMPRESSO EM
PAPEL CHAMOIS FINE DUNAS 80 G/M²,
PRODUZIDO PELA
RIPASA S/A CELULOSE E PAPEL
A PARTIR DE EUCALIPTOS PLANTADOS
EM SEUS PARQUES FLORESTAIS.

Cromosete
Gráfica e editora ltda.

Impressão e acabamento.
Rua Uhland, 307 - Vila Ema
03283-000 - São Paulo - SP
Tel./Fax: (011) 6104-1176
Email: cromosete@uol.com.br